大学生
入学教育

苏 立 主编

《大学生入学教育》编写人员

主　编：苏 立
编　者：邓喜英　方　燕　丁　锋　刘伟才　刘睿智
　　　　王酉琪　史　雯　宁高倩　骆又麟　张　霞
　　　　彭佳媛　丁文韬　李凌云

化学工业出版社

·北京·

内容简介

本教材从高职院校大学生群体出发，契合大学生的心理认知特点及成长规律，主要从认识高职、学习方法教育、理想信念教育、爱国主义教育、文明礼仪教育、国防教育、法制纪律教育、安全教育、心理健康教育、道德习惯教育、校园文化教育、就业创业教育、经济资助普及等方面，结合最新政策文件阐述大学生入学教育的内容和要求。本书设计有案例和知识链接等，增加趣味性和可读性；每章设置有本章导读，每章后设计有思考与讨论，有助于做到知行合一，达到学以致用的效果。

本书适合作为高等职业院校公共基础课教材。

图书在版编目（CIP）数据

大学生入学教育 / 苏立主编 . --北京：化学工业出版社，2024.8.--ISBN 978-7-122-45821-6

I. G645.5

中国国家版本馆 CIP 数据核字第 2024NP0384 号

责任编辑：张雨璐　迟　蕾　李植峰　　装帧设计：张　辉
责任校对：宋　玮

出版发行：化学工业出版社
　　　　（北京市东城区青年湖南街 13 号　邮政编码 100011）
印　　装：河北鑫兆源印刷有限公司
787mm×1092mm　1/16　印张 14½　字数 358 千字
2024 年 9 月北京第 1 版第 1 次印刷

购书咨询：010-64518888　　　　售后服务：010-64518899
网　　址：http://www.cip.com.cn
凡购买本书，如有缺损质量问题，本社销售中心负责调换。

定　　价：45.00 元　　　　　　　　　　版权所有　违者必究

前 言
PREFACE

著名教育学家蔡元培指出："大学者，囊括大典，网罗众家之学府也。"大学是知识的海洋，是梦想和实现梦想的地方。大学生都是带着对理想的执着追求、对青春的浪漫期待走来的。大学新生入学教育是大学人才培养的第一课，也是大学生思想政治教育的重要开端。成功的新生入学教育，能够帮助新生顺利完成从高中生活到大学生活的华丽转身，更快地适应大学生活；教育引导高职新生更深刻地理解职业教育，顺利完成从高中生到高职生的角色转变，科学规划职业发展；教育引导高职新生树立正确的世界观、人生观、价值观，扣好人生第一粒扣子；教育引导高职新生培育良好心态，养成良好习惯，帮助其健康成长、成才，顺利完成学业。

本教材面向高职生，旨在教育引导高职生守住政治底线，做政治上的明白人；守住道德底线，做文明守礼的大学生；守住学业底线，做合格大学生；守住纪律底线，做遵规守纪的大学生；守住安全底线，做幸福安康的大学生。贯彻落实立德树人的根本要求，充分发挥高职新生入学教育的育人功能，提升高职新生入学教育的育人实效，培育能担当民族复兴大任的时代新人。

本教材共八章，主要内容包括走进高职、悦纳学习、文明修身、悦纳自己、习惯养成、校园文化、就业创业、经济资助。

第一章介绍了我国高等职业教育的历史沿革，以及高等职业教育的性质和特征，高职学生的优势和发展所必备的核心能力，帮助新生认识高职，从而完成从学生到国家需要的高素质技术技能型人才的蜕变。

第二章阐述了大学生应该树立的正确学习观，端正学习态度，介绍了大学的学习方法以及如何做好学业规划，走出迷茫，悦纳学习。

第三章从理想信念教育、爱国主义教育、文明礼仪教育、国防教育、法制纪律教育、安全教育等六个角度阐释大学生应做一个有信仰、有道德、爱社会、爱国家之人，能够立大志、明大德、守规矩，文明修身。

第四章从心理适应、心理调适、人际沟通、婚恋生活等四个方面来阐述大学生应树立积极乐观的人生态度、保持理性平和的心理状态、把握健康正确的婚恋观，拥抱美好生活。

第五章讲述大学生道德习惯、生活习惯等养成的内容、意义和方法，旨在培育大学生良好的习惯，为大学生成长成才打下坚实基础。

第六章简要介绍社团文化、科技文化、艺术文化和实践文化等高校校园文化，鼓励学生在各类校园文化中熏陶情怀，领悟使命。

第七章简要论述大学生职业生涯规划设计、就业观指导和创新能力培育，涵养以实用为导向的职业知识、以专业为导向的职业技能、以价值为导向的职业观念、以结果为导向的职业思维、以敬业为导向的职业态度、以成功为导向的职业心理等职业素质，为自己的职业生涯发展积蓄含金量。

第八章简单阐述国家的各类资助政策，并教育引导学生要学会感恩、学会励志，做诚信之人。

本教材由湖南环境生物职业技术学院苏立担任主编。第一章和第二章由苏立编写，第三章由邓喜英、刘睿智、王酉琪编写，第四章由张霞、彭佳媛编写，第五章由史雯、丁文韬编写，第六章由方燕、刘伟才编写，第七章由丁锋、李凌云编写，第八章由宁高倩、骆又麟编写。苏立负责全书的统稿。

本书在编写过程中参考和借鉴了新生入学教育研究方面的文献资料，在此向相关作者一并表示真诚的感谢！

由于编者水平有限，书中不足之处在所难免，恳请批评指正，并对本书提出宝贵意见，以便我们在修订中不断完善。

苏　立

目　录
CONTENTS

第一章　走进高职 …… 1

　　第一节　高等职业教育的历史沿革 …………………………………… 1
　　第二节　高职与学生发展 ……………………………………………… 9

第二章　悦纳学习 …… 15

　　第一节　大学的学习观 ………………………………………………… 15
　　第二节　大学的学习方法 ……………………………………………… 24
　　第三节　大学的学业规划 ……………………………………………… 32

第三章　文明修身 …… 39

　　第一节　理想信念教育 ………………………………………………… 39
　　第二节　爱国主义教育 ………………………………………………… 47
　　第三节　文明礼仪教育 ………………………………………………… 59
　　第四节　国防教育 ……………………………………………………… 66
　　第五节　法制纪律教育 ………………………………………………… 71
　　第六节　安全教育 ……………………………………………………… 82

第四章　悦纳自己 …… 96

　　第一节　心理适应 ……………………………………………………… 96
　　第二节　心理调适 ……………………………………………………… 105
　　第三节　人际沟通 ……………………………………………………… 116
　　第四节　婚恋生活 ……………………………………………………… 123

第五章　习惯养成　132

第一节　大学生道德习惯养成 …………………………………… 132
第二节　大学生生活习惯养成 …………………………………… 139
第三节　大学生行为习惯养成教育 ……………………………… 144
第四节　大学生运动习惯养成 …………………………………… 150

第六章　校园文化　156

第一节　社团文化 ………………………………………………… 156
第二节　科技文化 ………………………………………………… 162
第三节　艺术文化 ………………………………………………… 167
第四节　实践文化 ………………………………………………… 172

第七章　就业与创业　183

第一节　职业生涯规划 …………………………………………… 183
第二节　就业观念指导 …………………………………………… 191
第三节　创新能力培育 …………………………………………… 198

第八章　经济资助　205

第一节　我国高校学生资助概述 ………………………………… 205
第二节　感恩与诚信 ……………………………………………… 215

参考文献　223

第一章 走进高职

> 使无业者有业、使有业者乐业。
> ——黄炎培

 本章导读

高职是什么？怎样读好高职？本章的学习让我们从时间的维度了解高等职业教育的历史沿革，以及高等职业教育的性质及特征，明悉高职学生的发展能力，从而完成从一名学生向国家需要的高素质技术技能型人才的蜕变。

第一节 高等职业教育的历史沿革

职业教育，是培养高素质技术技能型人才的摇篮，是使受教育者具有从事具体职业或是实现自身职业生涯发展的科学文化知识、职业修养与道德、专业技术技能等综合素质和职业行动能力而实施的教育。职业教育包括职业方面的学校教育及培训。现如今，高等职业教育已成为我国高等教育体系的重要组成部分，属于高层次教育，高等职业教育分为高等职业专科教育、高等职业本科教育、研究生层次职业教育，专门培养高素质技术技能型人才，为中国特色社会主义现代化建设添砖加瓦。教职成〔2011〕9号文件强调，职业教育要以对接产业为切入点，强化职业教育办学特色。以经济社会发展需求为依据，坚持以服务为宗旨、以就业为导向，创新体制机制，推进产教结合，实行校企合作、工学结合，促进专业与产业对接、课程内容与职业标准对接、教学过程与生产过程对接、学历证书与职业资格证书对接、职业教育与终身学习对接。

据统计，2022年，全国共有高职（专科）学校1489所；职业本科招生7.63万人，比2021年增长84.39%。高职（专科）招生538.98万人，另有五年制高职转入专科招生54.29万人。全国高职（专科）学校专任教师61.95万人；普通、职业高校校舍建筑面积113080.55万平方米，比上年增长3.97%。普通、职业高校生均占地面积51.63平方米；生均校舍建筑面积25.21平方米；生均教学科研仪器设备值为17527.82元。

一、我国高等职业教育的发展历程

职业教育的雏形是学徒制，通俗的话说就是师父教徒弟，三百六十行，行行出状元，这是中国对职业教育的早期理解，也是"职业化"轨道的源头。但我国最早的以职业学校形式出现的职业教育，是晚清政治家、军事家左宗棠于1866年12月在福州创办的福建船政学堂。1904年1月，由张百熙、张之洞、荣庆等奏拟的《奏定学堂章程》施行，这年为癸卯年，所以又称癸卯学制，这是中国近代第一个以教育法令公布并在全国普遍实行的学制，它根据初等教育、中等教育、高等教育等几个阶段的划分，对学校教育课程设置、教育行政及学校管理等作了明确规定；对中国近代教育产生了重大影响。1918年5月，中国职业教育先驱黄炎培先生亲手在上海创办了中国第一所现代意义上的职业学校——中华职业学校。1922年11月，北洋政府发布《学校系统改革案》，叫新学制，又称壬戌学制，至此，实业教育正式被职业教育取代，凸显了职业教育的地位。1928年5月15日，民国政府在南京举行的第一次全国教育会议通过了《中华民国教育系统案》（戊辰学制），在高等教育部分有如下说明：中国自采行专门学校制度后，趋重政法一途，流弊滋多，嗣又因受改变大学运动的影响，对专门学校益不注重，乃改为设立专科学校的制度，以注重实科。从此，专门学校改称为专科学校。1929年8月，民国政府发布《专科学校组织法》，重新规定专科学校应"以教授应用科学，养成技术人才"为目标。同时，中国教育家黄炎培、蔡元培、陈嘉庚等人的职业教育思想，也为中国职业教育制度改革做出了重要贡献。纵观我国高等职业教育的发展史，具体可分为萌芽期、曲折发展期、探索发展期、快速发展期及转型发展期。

（一）我国高等职业教育的萌芽

1921年，中国共产党由红船诞生，受苏联影响，中国共产党人尤为重视工人运动，也重视工农职业教育，在全国各地大举兴办工人补习学校、农民运动讲习所等。1931年，中国共产党在中央苏区设立了教育人民委员部，由无产阶级革命家、文学家和宣传家瞿秋白任部长，中国革命家和教育家徐特立任代部长、副部长。由此，我党先后成立了中国工农红军大学、中央党校、中央军委无线电学校、中央农业学校、中央列宁师范学校等，并以此为基础，进行职业教育研究，制定一系列章程。仅1935～1945年，我党各根据地的职业教育就得到了极大发展。从军队到农民，均接受了教育，这也为中国职业教育的厚积薄发积累了大量的经验。如成立的中国人民抗日军事政治大学（学校开办期间，共培养十多万名抗日干部，对于取得抗日战争和解放战争的胜利起了重大作用）、陕北公学（现为中国人民大学）、鲁迅艺术学院、鲁迅师范学校等，办学理念以坚持理论联系实际、学以致用等为原则，学习内容主要有政治、军事、职业技能等。此外，成立的陕甘宁边区农业学校、晋察冀军区白求恩卫生学校、苏皖地区财经干部学校等也培养了大批的农业干部、卫生干部和财经干部。1946～1949年三年间，我国东北、华北和华中解放区教育事业均发展迅速，各类农业职业学校、地方干部训练班、卫生学校、高等职业学校等如雨后春笋般成立。

（二）我国高等职业教育的曲折发展

中华人民共和国成立初期，国内建设百废待兴，经济水平落后，因此，职业教育定位为培养初等和中等职业教育人才。1951年10月1日政务院发布《关于改革学制的决定》，产生了中华人民共和国第一个学制,而《关于改革学制的决定》的重点就是大力发展中等职业教育。1952年6月至9月,中华人民共和国政府大规模调整了全国高等学校的院系设置,把中华民国时期效仿英式、美式构建的高校体系改造成效仿苏联式的高校体系,将一些专科学校拆分后设立新的中专学校或合并到其他一流本科学校。1966~1976年间,由于大学及专科学校学制被压缩,因职业的需要,兴起了厂办学校、职工学校和成人学校等工人大学,这类学校实行脱产或半脱产学习。

(三)我国高等职业教育的探索发展

改革开放以来,随着我国经济社会的快速发展,人才短缺是当时社会的重大问题,于是职业院校纷纷筹建起来。于1980年8月在南京市成立的金陵职业大学,翻开了我国高等职业教育的新篇章。1985年中共中央印发《关于教育体制改革的决定》,明确指出:"要积极发展高等职业技术院校,逐步建立起一个从初级到高级、行业配套、机构合理又能与普通教育相互沟通的职业技术教育体系。"高等职业院校由此拓展至22个省区市,共建立包括高等职业技术师范院校、短期职业大学和高等技术专科学校在内的127所高职院校。为了大力发展职业技术教育,1991年国务院印发《关于大力发展职业技术教育的决定》,1993年国务院颁布《中国教育改革和发展纲要》,明确提出20世纪末我国职业教育的发展目标,指出职业技术教育是现代教育的重要组成部分,各地要积极发展多样化高中后教育,对未升入高等学校的高中生要进行职业技术培训等内容。1994年全国教育工作会议召开,明确提出"通过现有职业大学、部分高等专科学校和独立设置的成人高校改革办学模式,调整培养目标来发展高等职业教育;在仍不能满足时,经批准利用少数具备条件的重点中等专业学校改制或举办高职班的方式作为补充",即后来被统称为"三改一补"的发展高等职业教育基本方针,拓展了高等职业教育的办学发展道路,为高等职业教育下一步的大发展奠定了政策基础。1995年国家密集出台了有利于高等职业教育发展的政策和文件,极大地促进了职业教育快速发展。1996年《中华人民共和国职业教育法》颁布,第一次从法律上明确了高等职业教育的地位。将职业教育划分为初等、中等、高等职业学校教育,高等职业教育由高职院校或者普通高等学校来实施。1998年《中华人民共和国高等教育法》颁布,非常明确地提出高等职业教育是高等教育的组成部分,确认了高等职业教育的高等教育属性。这一时期,虽然受人才观念的制约,高等职业教育发展比较缓慢。此时高等职业院校办学规模还比较小、教学设施还不完备、教学资源还不到位,办学方式基本采用"短期、收费、走读、自主就业"等方式,但是高等职业教育不但没有止步不前,反而实现了自我发展,逐步开展了有益探索。

(四)我国高等职业教育的快速发展

1998年11月,中央制定了以"拉动内需、刺激消费、促进经济增长、缓解就业压力"为目标的扩招计划。1999年底,第一次全国高职高专教育教学工作会议召开,教育部强调高等职业教育对我国经济和社会发展所做出的巨大贡献,发展高等职业教育非常必要而且紧迫。2002年国务院印发《关于大力推进职业教育改革与发展的决定》,《决定》从以下几个方面对大力推进职业教育提出了要求:深刻认识职业教育在社会主义现代化建设中的重要地位,明确"十五"期间职业教育改革与发展的目标;推进管理体制和办学体制改革,促进职业教育与经济建设、社会发展紧密结合;深化教育教学改革,适应社会和企业需求;采取切实措施,加快农村和西部地区职业教育发展;严格实施就业准入制度,加强职业教育与劳动就业的联系；多渠道筹集资金，增加职业教育经费投入；加强领导，推动职业教育持续健康发展。推进职业教育改革与发展，提高职业教育质量，培养和造就亿万高素质劳动大军，为21世纪中国经济和社会可持续发展服务。2006年11月，教育部、财政部发布《关于实施国家示范性高等职业院校建设计划加快高等职业教育改革与发展的意见》（教高〔2006〕14号），文件要求按照地方为主、中央引导、突出重点、协调发展的原则，选择办学定位准确、产学结合紧密、改革成绩突出、制度环境良好、辐射能力较强的高等职业院校，进行重点支持，带动全国高等职业院校办出特色，提高水平。从全国1200余所高职院校中确定100所国家示范性高职建设院校，开展高等职业教育质量提升工程。2011年9月，教育部、财政部发布《关于支持高等职业学校提升专业服务产业发展能力的通知》（教职成〔2011〕11号），文件指出，以提升专业服务产业发展能力为出发点，整体提高高等职业院校办学水平和人才培养质量，提高高等职业教育服务国家经济发展方式转变和现代产业体系建设的能力，重点支持高等职业学校专业建设，中央财政投入二十亿元，直接促进全国高等职业教育整体质量的提升。这一时期，高等职业教育得到快速发展。

（五）我国高等职业教育新的转型发展

党的十八大以来，我国处于近代以来最好的发展时期，世界处于百年未有之大变局，高等职业教育也迎来了新的转型发展阶段。2014年国务院印发《关于加快发展现代职业教育的决定》，要求现代职业教育要服务经济社会发展和人的全面发展，推动专业设置与产业需求对接，课程内容与职业标准对接，教学过程与生产过程对接，毕业证书与职业资格证书对接，职业教育与终身学习对接。提高青年就业能力，并要求各职业院校产教融合、特色办学。至此，高等职业教育进入了创新发展及探索发展本科层次职业教育阶段。2019年，中共中央、国务院印发《中国教育现代化2035》，将职业教育服务能力显著提升作为发展目标，建成一批中国特色高水平职业院校和专业。同年，国务院印发的《国家职业教育改革实施方案》，是对五至十年内职业教育改革做出的总体要求及顶层设计，提出将推进高等职业教育高质量发展。此外，教育部、财政部两部门启动"双高计划"，即到2035年，建设一批中国特色高水平高职学校和专业，达到国际先进水平。2020年教育部等九部门对高等职业教育启动"提质培优"行动计划，即办好公平有质量、类型特色突出的职业教育，提质培优、增值赋能、以质图强，加快推进职业教育现代化，更好地支撑我国经济社会持续健康发展。

二、我国高等职业教育的改革发展成就

我国高等职业教育经过萌芽发展、曲折发展、探索发展、快速发展、转型发展，规模不断扩大，业已形成涵盖各层次、多领域的职业教育实践体系、健全的人才培养模式和多元的研究力量。

（一）各层次、多领域的职业教育实践体系

我国高等职业教育是以职业院校为运营主体，院校性质以公办院校为主体，同时以民办院校为辅。公办学校的费用来源依靠政府财政支出，民办院校具有一定的市场化能力，可以通过进入资本市场扩大自身规模，同时，民办院校也是我国教育结构中重要的组成部分。根据教育部《2022年全国教育事业发展统计公报》公布的数据，全国共有民办高校764所，

占全国高校总数的比例为 25.36%。其中，普通本科学校 390 所；本科层次职业学校 22 所；高职（专科）学校 350 所；成人高等学校 2 所。民办普通、职业本专科在校生 924.89 万人，比 2021 年增加 79.15 万人，占全国普通、职业本专科在校生的比例为 25.27%。

我国高等职业教育已经全面覆盖，形成了专科性、综合性并存的高等职业教育办学格局。2014 年 5 月 2 日，国务院发布《国务院关于加快发展现代职业教育的决定》（国发〔2014〕19 号）提出，加快构建现代职业教育体系，创新发展高等职业教育，专科高等职业院校要密切产学研合作，培养服务区域发展的技术技能人才，重点服务企业特别是中小微企业的技术研发和产品升级，加强社区教育和终身学习服务。探索发展本科层次职业教育。建立以职业需求为导向、以实践能力培养为重点、以产学结合为途径的专业学位研究生培养模式。研究建立符合职业教育特点的学位制度。原则上中等职业学校不升格为或并入高等职业院校，专科高等职业院校不升格为或并入本科高等学校，形成定位清晰、科学合理的职业教育层次结构。2019 年 1 月，国务院印发《国家职业教育改革实施方案》，鼓励高校培养具有"工匠精神"的应用型技能人才。方案指出，职业教育与普通教育是两种不同教育类型，具有同等重要地位。2019 年 6 月，教育部正式批准首批 15 所本科职业教育试点高校由"职业学院"正式更名为"职业大学"，同时升格为本科院校。2020 年 6 月 22 日，教育部正式批准了第二批 6 所本科职业教育试点高校，它们由"职业学院"正式更名为"职业大学"。2020 年，专科层次职业教育在校生达到 1480 万人，接受本科层次职业教育的学生达到一定规模。2021 年，5 所独立学院或与高职专科高校合并转设为职业本科学校。2022 年 4 月 18 日，职业教育法修订草案三审稿提请十三届全国人大常委会审议。

高等职业教育师资也得到了极大改善，已形成了教学素养高、专业性强、数量足的队伍。本科层次职业学校、高职（专科）学校、中等职业学校专任教师由 2017 年的 132.2 万人增长到 2022 年的 136.6 万人，新增 4.4 万人，为加快建立现代职业教育体系提供了有力师资保障。职业教育教师培训力度不断增强，2017 年至 2022 年，中央财政共安排 41 亿元实施职业院校教师素质提高计划，"职教国培"示范引领项目培训骨干教师校长 2400 名，培养了一批职业教育改革带头人。职业教育教师培养培训体系不断健全，五年来高水平学校和行业企业共同组建 170 个国家级"双师型"教师培训基地，实现校企资源优势互补。

我国已建成全世界规模最大的职业教育体系，大学普惠性已得到根本释放。2023 年 7 月 6 日，国新办就"加快建设教育强国 办好人民满意的教育"举行发布会。教育部介绍，目前我国已建成全世界规模最大的职业教育体系，中高职学校每年培养 1000 万左右的高素质技术技能人才，源源不断为经济社会发展输送人才。新时代十年，我国各级各类教育普及水平实现了历史性跨越，一个服务 14 亿多人口，面向每个人、更加开放灵活的教育体系日渐完善。我们将坚持以人民为中心的发展思想，把高质量发展作为各级各类教育的生命线，夯实基础教育基点，扬起高等教育龙头，打造职业教育重要增长极，加快建设全民终身学习的学习型社会。当前我国接受高等教育人口达到 2.5 亿人，新增劳动力平均受教育年限 14 年，高等教育助力我国劳动力素质结构发生重大变化。我国把加快建设中国特色、世界一流的大学和优势学科作为重中之重，大力加强基础学科、新兴学科、交叉学科建设，实施好基础学科拔尖人才培养、卓越工程师和卓越医师培养等重大项目，聚力攻克高层次拔尖创新人才培养能力不足这一难题。推动建设省域现代职业教育体系和市域产教联合体、行业产教融合共同体，构建"一体两翼"格局，培养高素质技术技能人才。当前和今后相当一段时期职业教育改革发展的主要目标就是建立现代职业教育体系。教育部和有关省份正在共同探索省域现代职业教育建设新模式,鼓励地方围绕国家重大战略布局和本地区产业发展需求,一省一策,形成符合地方实际的省情和教情的现代职业教育体系,营造一种有利于职业教育发展的制度、环境和生态。

(二)高等职业教育的人才培养目标

2000年,教育部发布《教育部关于加强高职高专教育人才培养工作的意见》,《意见》指出,高职高专教育人才培养模式的基本特征是:以培养高等技术应用型专门人才为根本任务;以适应社会需要为目标、以培养技术应用能力为主线设计学生的知识、能力、素质结构和培养方案,毕业生应具有基础理论知识适度、技术应用能力强、知识面较宽、素质高等特点;以"应用"为主旨和特征构建课程和教学内容体系;实践教学的主要目的是培养学生的技术应用能力,并在教学计划中占有较大比重;"双师型"(既是教师,又是工程师、会计师等)教师队伍建设是提高高职高专教育教学质量的关键;学校与社会用人部门结合、师生与实际劳动者结合、理论与实践结合是人才培养的基本途径;高职高专不同类型的院校都要按照培养高等技术应用型专门人才的共同宗旨和上述特征,相互学习、共同提高、协作攻关、各创特色。

高职高专教育是我国高等教育的重要组成部分,培养拥护党的基本路线,适应生产、建设、管理、服务第一线需要,德、智、体、美、劳全面发展的技术技能型人才;学生应在具有必备的基础理论知识和专门知识的基础上,重点掌握从事本专业领域实际工作的基本能力和基本技能,具有良好的职业道德和敬业精神。

在各类高职高专院校中,培养人才是根本任务,教学工作是中心工作,教学改革是各项改革的核心,提高质量是永恒的主题。各级教育行政部门及高职高专院校都要根据形势的发展变化和本地区、学校的实际情况,不断明确办学指导思想。当前,特别要处理好数量与质量、改革与建设、教学工作与其他工作的关系。越是在事业规模发展较快的时期,越要重视和加强人才培养工作,积极推进教学改革,不断提高教育质量。

高职高专教育的教学建设与改革,必须以改革教育思想和教育观念为先导。要在教学建设与改革的过程中,逐步探索建立适应我国社会主义现代化建设需要,能顺利实现高职高专人才培养目标的高职高专教育思想和教育观念,并使之系统化,促进高职高专教育的建设与改革。要主动适应社会经济发展对高职高专教育的需要,全面推进素质教育,树立科学的人才观、质量观和教学观。各地方教育行政部门、高职高专院校要结合教学建设与改革实践中出现的新情况、新问题,深入开展教育思想和教育观念的讨论,促进这些问题的解决和教育思想、教育观念的更新。

专业设置是社会需求与高职高专实际教学工作紧密结合的纽带。专业建设是学校教学工作主动、灵活地适应社会需求的关键环节。要根据高职高专教育的培养目标,针对地区、行业经济和社会发展的需要,按照技术领域和职业岗位(群)的实际要求设置和调整专业。专业口径可宽可窄,宽窄并存。同时,要妥善处理好社会需求的多样性、多变性与学校教学工作相对稳定性的关系。尽快组织制订《高职高专教育专业设置指南》,指导高职高专院校的专业设置工作。要尽快组织高职高专教育各大类专业教学指导委员会,指导有关专业的教学工作;要以人才培养模式改革为重点,开展高职高专专业教学改革试点工作。

专业人才培养方案是人才培养工作的总体设计和实施蓝图。在制订高职高专教育人才培养方案的过程中,要遵循教育教学规律,处理好社会需求与实际教学工作的关系,广泛开展社会调查，并尽可能请社会用人单位参与专业培养计划的制订工作；要处理好知识、能力与素质的关系，以适应社会需求为目标、以培养专业技术能力为主线来设计培养方案；要处理好基础理论知识与专业知识的关系，既要突出人才培养的针对性和应用性，又要让学生具备一定的可持续发展能力；要处理好教师与学生的关系，在发挥教师在教学工作中主导作用的同时，突出学生的主体作用，调动学生的学习积极性。针对高职高专教育学生来源多样化的趋势，要研究制订适应不同生源实际状况的培养方案，或在同一培养方案的实施过程中充分考虑不同生源的实际需要。

三、我国高等职业教育的发展趋势展望

随着《中华人民共和国职业教育法》《国家职业教育改革实施方案》（简称"职教20条"）等法令的颁布，高职教育的重要性日益凸显。导向鼓励学生选择高职教育，以满足就业市场对技术型人才的需求。

（一）职业教育要加强校企合作，重视技能技术应用

《关于推动现代职业教育高质量发展的意见》直接明确了职业学校要积极与头部企业开展多方位的技术协作，可以校企共建技术技能创新平台、专业化技术转移机构、大学科技园、科技企业孵化器、众创空间，用以服务地方中小微企业技术升级和产品研发。并支持各职业院校将实训基地设立在企业，形成校企共培，以延伸职业院校的办学空间，加强学校与企业的联系。此外，职业院校在人才培养、专业规划、课程设置、教材开发、教学设计、教学实施方面，吸纳行业头部企业深度参与，形成共建专业、共建课程，设立订单式培养专业及班级。鼓励行业头部企业主导建立全国性及行业性质的相关职教集团，以推进职业教育向实体经济持续输送优秀人才。支持企业接收学生实习实训，引导企业按岗位总量的一定比例设立学徒岗位。严禁向学生违规收取实习实训费用。各地要把促进企业参与校企合作、培养技术技能人才作为产业发展规划、产业激励政策、乡村振兴规划制定的重要内容，对产教融合型企业给予"金融＋财政＋土地＋信用"组合式激励，按规定落实相关税费政策。工业和信息化部门要把企业参与校企合作的情况，作为各类示范企业评选的重要参考。教育、人力资源社会保障部门要把校企合作成效作为评价职业学校办学质量的重要内容。国有资产监督管理机构要支持企业参与和举办职业教育。鼓励金融机构依法依规为校企合作提供相关信贷和融资支持。积极探索职业学校实习生参加工伤保险办法。加快发展职业学校学生实习实训责任保险和人身意外伤害保险，鼓励保险公司对现代学徒制、企业新型学徒制保险专门确定费率。职业学校通过校企合作、技术服务、社会培训、自办企业等所得收入，可按一定比例作为绩效工资来源。

（二）职业教育要重视就业创业、重视人才供需匹配

2022年修订的《中华人民共和国职业教育法》，将促进就业创业作为立法目的之一，并明确提出职业教育质量评价应当突出就业导向；2022年12月，中共中央办公厅、国务院办公厅印发《关于深化现代职业教育体系建设改革的意见》，再次明确职业教育是促进就业的重要途径。这些举措在政策和法律层面将职业教育与促进就业的关系拉得更近、理得更顺，为发挥好职业教育的就业促进功能提供了科学引导和坚实保障。2022年工业和信息化部人才交流中心发布《工业和信息化部人才交流中心关于开展产教融合专业合

作建设试点工作的通知》，首批产教融合专业合作建设试点单位分本科、高职、中职、技工四个类别共209所院校。建设试点工作主要针对新一代信息技术、智能制造、新能源汽车、数字化转型等工业和信息化重点工作领域相关的专业群。省级以上双高院校、高水平专业群建设院校优先合作。在未来，产教融合的力度将进一步提升，促进产业人才供给和需求的有效匹配。

（三）职业教育要积极"拥抱"数字化

2022年，清华大学教育研究院发布的《职业教育信息化发展报告》(2021版)对995所职业院校开展了调查，结果显示，超过74%的职校教师正在利用信息化技术开展教学工作，学生对信息化的学习效果认可度超过58%，对虚拟仿真实训认可度高达90%，仅有3.82%的学生没有使用过虚拟仿真实训软件。

2023年，职业教育的数字化转型正如火如荼地进行。教育部办公厅发布的《关于加快推进现代职业教育体系建设改革重点任务的通知》明确提出建设职业教育信息化标杆学校、建设职业教育示范性虚拟仿真实训基地等任务，为数字化赋能职业教育新生态提供指引。

2023年6月，教育部印发了《全国职业教育智慧大脑院校中台（高职/中职）数据标准及接口规范（试行）》和《全国职业院校大数据中心建设指南》，对数字化手段参与职业教育全过程的各个方面提出了具体要求。

2023年7月，教育部印发《关于加快推进现代职业教育体系建设改革重点任务的通知》，提出到2025年，建成300所左右全国性信息化标杆学校，带动建设1000所左右区域性信息化标杆学校，推动信息技术与职业院校办学深度融合。

2023年8月公布的《职业教育信息化标杆学校建设指南》明确指出了职业教育信息化标杆学校建设的任务，要求各院校丰富拓展数字化应用场景，扩大数字化资源供给，利用数字化手段推进教学与评价改革，提高数据治理能力。

教育部提出了非常具体的要求，职业院校数字平台建设都可以和这些文件对标对表。可以说，新政策、新规范为职业教育的数字化改革指明了方向。

（四）职业教育要重视国际化高质量发展

随着时代的发展，越来越多的民族企业走出国门，迫切需要职业教育提供人才和技能支撑，职教发展国际化势在必行。2020年6月，教育部等八部门印发的《关于加快和扩大新时代教育对外开放的意见》中明确指出，教育对外开放是教育现代化的鲜明特征和重要推动力，要以习近平新时代中国特色社会主义思想为指导，推动应用型本科、职业院校配合企业"走出去"，协同办学，共同发展。同年9月，教育部等九部门印发的《职业教育提质培优行动计划（2020—2023年）》也指出，要提升职业教育的国际影响力。党的二十大报告强调并就"推进高水平对外开放"进行了战略部署，坚持优先发展教育，坚持高水平对外开放，建设教育强国。在全球化的大环境下，职业教育正成为社会发展重要支柱，高等职业教育国际化是高等职业教育快速发展的必然趋势，是提高国家竞争力的必要手段。教育国际化作为高职院校新时代、新发展的有机组成部分，为教育对外开放实现高质量内涵式发展提供强劲动力。高职教育国际化发展对于不断提高国际化人才培养的规格和质量，支撑区域产业国际化竞争力，提升国家经济水平具有重要的意义和价值。持续推进创新职业教育国际化发展的理念和模式，对于进一步凝聚共识、走好新时期职业教育国际化高质量发展之路具有重要的现实意义。

在未来，可以预见职业教育的培养目标将以就业创业为目标，重视技能技术，与企业一起，打造高质量的高技能型人才，在不久的将来，职业教育将迎来一个更为辉煌的时代。

第二节 高职与学生发展

一、高职教育的性质及特征

高职的全称是高等职业教育，是大学专科层次的教育形式。经中华人民共和国教育部批准允许部分国家示范性高职院校建设单位从 2008 年开始招收四年制本科。高职学生毕业时颁发国家承认学历的普通高等学校专科（三年制）或本科（四年制）毕业证书，并享受普通高校毕业生的同等待遇。

（一）高职教育是我国高等教育的重要组成部分

高职教育是我国高等教育重要的组成部分。中华人民共和国教育部颁布文件《教育部关于全面提高高等职业教育教学质量的若干意见》（教高〔2006〕16 号）明确指出，高等职业教育作为高等教育发展中的一个类型，肩负着培养面向生产、建设、服务和管理第一线需要的高技能人才的使命，在我国加快推进社会主义现代化建设进程中具有不可替代的作用。1999 年 6 月全国教育工作会上，中共中央国务院颁布的《加快教育改革全面推进素质教育的决定》指出，高等职业教育是高等教育的重要组成部分。要大力发展高等职业教育，培养一大批具有一定理论知识和较强实践能力的技术应用型人才。2004 年教育部发布的《关于以就业为导向深化高等职业教育改革的若干意见》指出，高等职业教育是我国高等教育体系的重要组成部分，也是我国职业教育体系的重要组成部分。至此，高等职业教育得到了广泛的关注，高等职业院校数量、在校生人数和毕业生人数大幅增长，现如今，高职教育的规模已经占了普通高校总量的 54%。

（二）高等职业教育是高层次的职业教育

百年大计，教育为本。教育是国家发展、社会进步的基础。国家经济要发展，就离不开人才的培育，这是各类教育的根本性质。而高等职业教育的人才培养模式，就是以对受教育者输出技术为目的。即高等职业教育相比普通的高等教育，其实在办学形式、招生对象和课程设置上，区别不是很大，而在培养目标上，高等职业教育是培养生产、管理、服务第一线的实用型人才。

职业是由于生产力的发展导致的社会分工形成的产物，也正因为社会分工，才能让人们专注于某些具体的事务，从而在具体的事务中形成思考，进而推动人类社会的进步。在奴隶社会和封建社会，职业是由统治阶级强制分配的，"劳心者治人，劳力者治于人。"统治者高官厚禄，不劳而获；被统治者五行八作，从事被歧视的职业。到了资本主义社会，劳动者有了选择职业的自由。但是，因为各种因素的制约，这种职业"自由"事实上是不可能平等的。我国近现代著名的民主革命家、职业教育家黄炎培先生就深刻地揭露了旧中国教育与生产脱离后的种种弊端，并创办了中华职业学校作为职业教育实践，也为国家培养职业人才。

黄炎培先生认为，职业学校不宜离开某种区域过远，总须邻近这种职业社会，才有办法。深刻地说明了职业教育的地域性。他强调，职业学校的专业设置完全须根据那时候当地的状况，教学内容要贴近于将来服务的需要，职业学校的基础是完全筑于社会的需要上。黄炎培先生的精辟论述，完美地阐述了职业教育的性质。

我国的职业教育按层次分为初等职业教育、中等职业教育及高等职业教育。1996年5月《职业教育法》颁布，该法令对职业教育的地位作用、体系结构、方针原则等问题作出了原则规范，同时也明确了高等职业教育是高等教育的组成部分，是职业教育的高层次，为我国高等职业教育的发展提供了法律保障。2019年1月24日，由国务院印发实施的《国家职业教育改革实施方案》（简称"职教20条"）明确提到，职业教育与普通教育是两种不同教育类型，具有同等重要地位。改革开放以来，职业教育为我国经济社会发展提供了有力的人才和智力支撑，现代职业教育体系框架全面建成，服务经济社会发展能力和社会吸引力不断增强，具备了基本实现现代化的诸多有利条件和良好工作基础。该文件阐述了高等职业教育与普通高等教育的平等关系，属于相同教育层次，只是教育类型的区别。高中毕业生通过努力可以进行大学本科学习、硕士学习一直到博士，高职学生也可以通过努力一直读到博士。如果把高等职业教育定位于专科，甚至是低于普通高等教育，那是对高等职业教育的不了解，也不符合知识经济时代的发展趋势。

特征是指一事物不同于其他事物的特点而具有的自身独有的特殊征象或标志。高等职业教育的特征是由其性质决定的。教育部等六部门《关于印发〈高职扩招专项工作实施方案〉的通知》（教职成〔2019〕12号）指出，为适应产业升级和经济结构调整对技术技能人才越来越紧迫的需求，把发展高等职业教育作为缓解当前就业压力、解决高技能人才短缺的战略之举，坚持中央统筹、地方主责、系统化推进、质量型扩招，以现代职业教育的大改革大发展，加快培养国家发展急需的各类技术技能人才，让更多青年凭借一技之长实现人生价值，让三百六十行人才荟萃、繁星璀璨。这份文件对正确地把握高等职业教育的特征有着十分重要的意义。首先，把握了高等职业教育的特征，在专业设置上才能更加地贴近社会、了解企业需求，才能够做到产、学、研三者融合，实现高等职业教育的人才培养目标；其次，把握了高等职业教育的特征，才能在办学体制和办学机制上更加明确，才能正确地探索其改革和发展的规律。

二、高职教育培养

（一）高职教育的培养目标，决定了高职院校学生在技术技能上的应用

随着改革开放的持续深入，现如今，中国已成为世界第二大经济体，中国企业在世界经济中屡创奇绩，同时，在党中央的领导下，中小企业及乡镇企业也如雨后春笋一样发展了起来，这些企业主要以制造或者服务类企业为主，这就使得生产、管理及服务的第一线技术技能型人才非常缺乏，这种现实需要就促成了我国高职教育体系的建成和完善。因此，高职教育的培养目标就是培养一批能奋战在第一线的技术技能型人才，也就是应用型人才。无论是种花种草，还是养牛养羊，这些掌握技术技能的"能工巧匠"，都将成为我国"大国工匠"的潜力军。这也是高职院校学生区别于普通高等学校学生的一个重要特征，高职院校学生学习的内容都是技术，是能够直接应用在职业上的。因此，教师的教育重点在于产教融合、工学结合，把课堂办到生产第一线。与工厂、企业对接，将重实操、重技术的动手能力贯穿于

整个高职学习的全过程，而普通高等学校的学生培养主要是理论学习及学术研究，即偏理论、偏学术，做科研类人才。

（二）高职教育的本质属性，决定了高职院校学生的"职业性"

高职教育是一个集专业知识学习、技能培训以及职业道德培养于一身的教育领域。三者缺一不可，不可分割，否则，就难以培养出为国家经济建设出力的优秀人才。培养专业知识丰富、技术技能扎实及职业道德修养良好的学生，是高职教育的目标和方向。如果只强调专业知识和技术技能，学生可能会缺乏职业道德，在工作中没有使命感及责任心，很难专心地对待工作，且毫无责任担当。此外，高职院校学生未来的工作岗位也决定了其在校阶段的"职业性"。如护理专业在校期间的校服采用"白衣天使"职业装，其他专业的学生也有与之对应的校服职业装，主要是为了使学生更快适应岗位，融入工作，在相似的环境中学习。高职院校学生在学校的日常学习中，必须关注并掌握职业岗位所需要的知识及能力，这也是很多高职院校学生在入校时就关注的内容，并马上开始考取相关专业的从业证书、技术证书及资格证书的准备等。其实在这些相关考试中，都会有与之岗位匹配的职业道德能力测试。这就使得学生不但要掌握相关知识和技能，还要熟悉相关岗位的职业道德、职业操守及行业规范。每个高职学生的实训、实习、实操其实就是对这些知识、技能及职业道德能力的复习和巩固。而普通高等学校的教学重点并不侧重于技术技能，这也是高职学生的一个重要特征。

三、高职学生发展

纵观全球，人才与劳动力素质的竞争是各个国家国力强弱的重要表现。党的二十大报告指出，我们已建成世界上规模最大的教育体系，我国也已建成全世界规模最大的职业教育体系，职业教育走完了极不平凡的历程。党的二十大报告对职业教育重视程度之高更是前所未有，报告进一步强调了要优化职业教育的类型定位。《国家职业教育改革实施方案》《关于深化现代职业教育体系建设改革的意见》等一系列制度文件，都对如何办好新时代职业教育进行了顶层设计、提供了办学指南。职业教育的四梁八柱已经构筑，发展路径清晰，制度体系基本健全。蓝图已经绘就，奋斗正当其时。在制度、组织等外部因素万事俱备的情况下，高职教育下的学生还需增强自身认识、增加学习关键能力的驱动力，从简单的就业观念向职业终身发展上转变，确立自己的职业目标，制定自己的职业发展规划，努力学习并掌握更多的关键能力，为自己的终生职业生涯做好准备、奠定坚实的基础。

（一）高职院校学生区别于普通高校学生的特征

1. 较大的心理落差

不可否认的一个事实是，一些学生选择进入高职院校的根本原因，是因为高考失利，无奈地进入了高职院校学习。所以，与普通高等学校学生相比，高职学生会表现出一定的自卑、懊恼，感觉没面子，对不起父母的期待，同时，也对未来的职业充满未知的恐惧。当他们不情愿地进入到高职院校，其心理状态一时不能摆正，在学习上缺少动力，没有精神，这种消极的情绪非常不利于学生的成长，同时也会对身边的同学及朋友产生不良的影响。因此，高职学生需要正视这种心理落差，不能任由这种消极情绪左右自己。学校需要对高职院校学生开展职业道德教育,通过教育疏导,使学生认同高职教育目标及理念,埋下一颗"大国工匠"的种子,积极面对工作与生活。

2. 学习主动性不强

职业教育与本科教育同属高等教育,与本科教育有着同等重要的地位。主要表现在高职教育为社会培养输出的是专业的技术技能型人才,用以满足社会发展和国家建设需要;另一方面,高职教育作为就业教育,为需要就业的学生提供了学习机会和保障,为社会稳定做出了贡献。所以,国家近年来大力发展职业教育。然而,出于对高职教育的偏见,加之大部分学生在外求学,远离父母,以及大学的培养模式与高中学校不同,使得部分高职学生学习主动性不强,学习动力不足,没有准确定位自己的人生目标。

3. 注重自我和个性

目前,在校的高职院校学生大部分是独生子女,较容易形成骄纵、自我的性格。特别对城市学生而言,大部分的孩子没有吃过苦,一直在父母无微不至的照顾下长大,使学生对自己的职业没有清晰的概念,注重主张自我,张扬个性。而对农村学生而言,父母外出打工,陪伴农村学生的只有老人,由于父母未参与孩子的成长,爷爷奶奶又容易对孩子溺爱及百依百顺,这也容易造成孩子张狂的自我心理。这样的现实情况使一部分学生到了高职院校之后,要么沉浸在自己的小天地中,不愿与他人交流;要么因为性格方面的原因,不会与人交流;要么自我意识膨胀,不屑与他人交流。

4. 就业压力大

就业是关乎社会发展和稳定的大事,随着国家扩招政策的实施,大学毕业生人数逐年增加,就业形势严峻。可以说,在就业问题上,无论高职院校学生还是本科学生都有压力,但是,从市场的反应上看,高职院校的学生就业压力更大。目前,经济的增长速度有所放缓,部分企业在招聘过程中还是存在唯学历的现实情况,一些高职院校学生因为学历上的问题对前途充满了迷惑、茫然,产生自卑、学无所用的心理。

(二) 高职学生关键能力培养

1. 是提升自身素质和就业竞争力的客观要求

高职学生须充分认识关键能力是提升自身素质和就业竞争力的客观需要。现如今,我国已迈入了新时代,不断地有新技术对传统行业进行着冲击,新兴的职业及岗位不断刷新我们的认知,同时,因为新技术,这些职业和岗位智能化程度高、技术技能更新快、复合能力要求高,要想顺利地完成工作,必须要根据已有知识自主学习,拥有解决实际问题的能力,且还需具备一定的创新精神和团队协作能力。这些能力影响着高职学生的就业竞争力。

2. 是实现自身职业生涯可持续发展的必要条件

新时代,产业经济转型发展后的社会是高科技水平与高能力素质并重的社会,高职学生必须看到职业的演变和产业结构及劳动力结构的变化,可谓日新月异,"变化"对劳动者提出了更高的能力要求。因此,劳动者必须具备相应的素质:第一,拥有较强的灵活应变能力,具备适用于不同工作场域的可迁移能力,具备一定的创造性解决问题的能力,可以适应岗位变化和职业异动;第二,具有团队精神,懂得与人交流、合作,具有一定的管理能力和组织领导力;第三,爱岗敬业,积极主动参与生产,并能够及时发现并解决问题。劳动力的分工随着知识创新加速和职业结构深层次变化而变化，由单一工种变为复合工种，过去简单纯粹的职业也逐渐发展为综合职业，这就需要高职培养的学生既会操作、通晓生产，又具备创新和知识迁移能力，能有效应对职业生涯发展过程中不断出现的问题，做到可持续发展。

3. 是实现民族复兴的内在要求

新时代，我国要全面建设社会主义现代化国家，进一步发展经济科技文化，提高综合国力，就必须重视劳动力的素质提升，劳动力关键能力的提升是实现经济社会快速转型发展的支撑。我国要走出一条拥有中国特色的，拥有现代化产业体系和经济结构，资源节约、环境友好的和谐发展之路，培养高素质复合型的劳动者成为重中之重。"中国制造2025"国家战略加速了多学科、多专业的交叉融合，学科专业的综合性日益增强，对高职人才培养提出新的更高的要求，"一技在手，终身无忧"的观念已一去不复返。因此，高职学生应努力学习关键能力，对于实现中华民族伟大复兴应具有高度的使命感和责任感。

4. 正确评估与认识自我发掘个人特质

客观、准确且全面的评估与认识自我是高职学生做出职业规划的前提条件，需采用科学的方式方法才能正确实现自我认知，对自己的职业兴趣、性格、价值观和现有能力都要进行剖析。如何正视自身优缺点，对职业有什么偏好，适合怎样的职业都是该环节的核心，也是正确评估自我特质的关键。首先，应了解自己的职业兴趣。职业兴趣是个体针对某项职业活动存在较为稳定而持久的心理倾向，是个体探究某种职业或从事某种职业活动所表现出的个性倾向，受该倾向影响，个体对某种职业会报以优先的关注，并表现出向往的情感。只有明确自身的职业兴趣，才能做出合理的职业规划。其次，要了解自己的性格。性格是人对现实的态度和行为所表现出的稳定心理特征。人与人的性格迥异，是构成个体差异的重要因素。再次，高职学生应确立自身的价值观，简单而言，价值观是个体对周边事物意义的评价与感受。高职学生应立足可持续发展角度，结合自身实际，确立科学、正面的价值观。最后，高职学生应了解自身已经具备的能力。从心理学角度看，能力是一种心理特征，是顺利完成活动的必要心理条件，无论从事什么职业，都需要相应的能力作为保障。准确地评估自身已具备的能力，有利于后续在学习实践中更有针对性地进行补强。

5. 加强沟通交流完善自我认知

准确自我认知的过程绝不是靠学生自我摸索、思考就够的，也不是仅仅通过教师单向灌输和说教就可以完成的，学生自我认知的过程也是人格发展的过程，需要学生通过参与一定的交流活动、测试、情境化的职业展示等，逐渐领悟的。首先，学生需完成科学的职业兴趣及职业性格测试，让学生对自己的性格特点、兴趣爱好以及现有的职业能力形成一个直观的印象。同时，该类测试也让学生了解自身的职业倾向性和个人特质，引导其选择与自身性格、兴趣较为匹配的职业。其次，学生个人应多与辅导员、教师和同学交流，通过交流，可从对方口中了解更多自身的性格特点，也可以得到较为客观的评价和择业建议。教师的引导与同学的互动都是高职学生完善自我认识的重要途径。最后，学生应多参与社团活动和社会实践，通过真实情境的交流、学习、实践，不但有利于学生完善自我认知，同时也有利于关键能力的培养。

6. 确立终身发展意识调整自身择业心态

随着政策导向和高职院校教育观念改变，越来越多的高职院校已从原有的就业为导向的培养目标转变为学生终身发展为导向的人才培养目标。然而，每个学生在高职就读阶段，是否从思想上逐步了解、建立、明确终身发展的教育目标，恐怕还要打个问号。从当前高职学生的择业心理就反映出诸多问题,特别是当面对社会、企业给予学生足够多的机会时,高职毕业生却不知作何选择。由于"慢就业"的思潮盛行,不少学生"等、靠、要"的依赖心理严重,在择业中十分被动;有的学生则有攀比和从众的心理,随大流或盲目追逐热门职业;更有甚者,在择业时居然出现了焦虑、困惑甚至抑郁。这些心态的产生往往源于最初自我认知的不准确,也没有在学习过程中好好锻炼自身的关键能力,最终导致其择业不顺利,或在职场中受挫,影响高职学生的自信心。

思考与讨论

1. 高职教育的定位是什么?
2. 高等职业教育的人才培养目标是什么?
3. 高职学生需要培养哪些关键能力?

第二章 悦纳学习

> 立身以立学为先，立学以读书为本。
>
> ——欧阳修

 本章导读

本章主要介绍大学的学习观、学习方法和学业规划，包括在大学中应该具备的正确学习态度和学习目标，探讨大学学习的目标和意义；着重介绍大学学习的方法和技巧，包括如何高效地学习和提高学习效果，高效学习的原则和策略，以及如何采取科学的步骤来进行学业规划。我们还将分享成功的学习方法案例，以期为大家在以后的学习中提高效率，取得事半功倍的效果。

第一节 大学的学习观

学习观是指对学习的态度和看法。它是学习动机、学习方式和学习目标的基础。在大学中，应该树立正确的学习观，培养积极的学习态度，并确立明确的学习目标，以提高学习成效和获得全面的发展。

一、大学学习观的概念和特点

（一）大学学习观的概念

大学学习观，旨在确定学习标准和方法，引导大家积极进取、探求知识、思考问题、创造性地思考解决问题，既强调学科的知识和技能，又注重整体的素质和创新思维，促进全面发展和自我实现。

在大学中，学习不仅仅是为了拿到一个学位或一个好工作，它的目的是让大家在知识的广阔天地里探索和发现自己的兴趣和潜能，学习如何思考、判断和解决问题。这样的学习需要主动探索、积极思考，并且注重创新和实践，强调培养批判性思维能力。这种思维方式能够使大家在面对复杂的现实问题时,能够清晰地识别和评估不同的选项、权衡利弊、找出最佳解决方案。但养成批判性思维方式并非一蹴而就,需要不断地训练和提升,可以通过参与各种实践和学习,比如实验训练、小组讨论、实践课程等,还包括培养大家的领导才能和社交技能。在大学里,我们将会与不同背景的人结交朋友,也会有机会在社交中提高自己的交际和共处技能。另外,大学还提供了很多机会让大家承担一些负责的角色,我们需要在这样的环境中学会控制自己的情绪、管理复杂的人际关系并领导一支团队。

正确的学习观不仅仅是指学习的方法,更是指一个人的学习态度和价值观。它要求我们要对学习充满热情、提高自我管理技能、探求知识的深度和广度、积极实践并掌握自己专业领域的知识与技能、养成创新思维和批判思考。

(二) 大学学习观的特点

1. 主动参与学习

我们应该把自己的学习视为自己的事业,积极主动地投入到学习中去。这不仅包括上课听讲、完成作业、准备考试等基本学习任务,更包括主动探索、独立思考、积极参与课外活动等方面。首先,积极主动地参与课堂活动是培养主动学习的必要手段。在课堂上,我们应该积极主动地提问、发表自己的见解,与老师和同学进行交流和互动。这样不仅可以使自己更好地理解课堂知识,还可以培自己的表达能力和思维能力。其次,对于课外学习,我们也应该积极主动地参与其中。比如,可以积极参加各种学术讲座、社团活动等,了解不同的学术领域和文化背景,扩展自己的视野和知识面。同时,还可以参与科研项目、社会实践等,了解真实的社会和现实问题,积累实践经验和思考能力。对于大家来说,积极主动参与学习与学习活动可以帮助我们更好地掌握知识和技能,发展自己的潜能和个性,成为更具有竞争力和创造力的综合型人才。

2. 注重实践能力和创造力的培养

学习过程中,我们不仅应该掌握理论知识,还应该具备实际操作和创造力。对于实践能力的培养,一方面可以在课堂中参与实验教学和实践活动。对于创造力的培养,我们应该具备开放的思维和创新意识。注重实践能力和创造力的培养是学习观的重要特点。我们应该具备发展实际操作和创新能力的意识,通过课堂学习和实践活动的有机结合,培养自己的职业素养和竞争力。

3. 追求全面的发展

我们在学习中不仅应该关注专业技能的培养,还应该注重思想和文化素养、身心健康和社交力的发展。对于思想和文化素养,应该具备广博的文化知识和深刻的人文理解,关注重大世界问题和社会变迁。对于身心健康,应该注重综合素质的提升。对于社交能力,我们应该具备广泛的人际关系和社交能力。大学生活不仅是学习的场所,也是交际的场所。在交际中增长见识,认识多样性,提高合作能力和领导力。

二、正确的学习态度

(一) 大学生常见的学习态度

目前的大学生大致有以下几种学习与生存状态。

1. "规划奋进"型

这类学生由于"对自己将来做什么,过什么样的生活"等有比较清晰认知,知道自己的梦想和追求,并能够自觉地付之于实践。所以,他们学习目的比较明确,学习态度积极认真,学习动力充足,如考职业资格证书,考英语三级、四级、专升本……,图书馆和教室、草坪等场所都可以看见他们奋发读书的身影。

2. "半推半就"型

这类学生由于自己所选择的专业并非自己真实意愿,或是不得已而为之,或是父母做主代办、自己被动接受,或者是自己一时冲动等,所以学习自觉性不强,学习动力不足。学习如同"赶牛"般,老师、家长鞭策一下,就走一下,否则就"悠哉游哉",甚至不动,变得"佛系",处于"躺平"状态。

3. "模糊迷茫"型

这类学生对自己所学专业认识不清,对自己未来发展处于彷徨、迷茫之中,表现出相当地不自信,甚至有些自卑。为此,他们学习时而冲劲十足,时而索然无味,妄自菲薄,放任自我,沦为"手机控""电游迷"。

4. "漫不经心"型

这类学生对自己的未来与专业学习处于一种"梦幻"式状态,倏地"灵光一闪":"不行,我要好好学学";瞬间又忽然"唉声叹气":"何必搞得这么累呢"。于是,他们在学习上表现为"脚踩西瓜皮,滑到哪里算哪里""走一步看一步"。

5. "混日子"型

他们当中有"坐吃山空"、高傲冷漠的"啃老族",温水煮青蛙,把自己的一切寄托于"好父母",享受着"无忧无虑"的生活;有逃避现实、自暴自弃的孔乙己式的人物;有沉溺于手机、网络而不能自拔的"手机奴隶";有持"读书无用""与世无争"等偏见而"佛系躺平"的"宅男宅女"等。他们把大学生活当作"到此一游",把学习看作负担,不思进取,厌学、"混日子"成为了他们的生存法则,"混文凭"是他们的终极目标,"无拘无束,我行我素"是他们的行事风格。

(二)正确的学习态度

正确的学习态度是指养成积极主动的学习习惯,采用正确的学习方法,以求达到学习的目的和效果。如果你认可自己是一名大学生,那么,你就要为之而努力奋斗,做好自己的"分内事"。作为大学生的"分内事"是什么呢?学习是我们大学生的首要任务。而大学生的学习,又不外乎为两件最基本的事情。

1. 学会做人,解决为什么人的问题

这是一个涉及品行锤炼、人格涵养的根本问题。简言之,就是"我是谁?我要做一个什么样的人?"这是一个极其重要又是每个人必须长期思考与修炼的终身课题。"修身、齐家、治国、平天下",是我国传统儒家古哲圣贤"内圣外王"修炼的基本路径;"德才兼备""德智体美劳全面发展",是党和国家对大学生的基本要求。因此,你是想成为一个"有品、有为、有位"的"精品"大学生呢?还是做一个"无品、无为、无位"的"次品"或"赝品"?我想这个答案是显而易见的。古人云:"非学无以立德"。要做一个人格健全、品行高尚的大学生,就需要不断学习并内化为自己的品质。对此,要学习些什么呢?

一是要学习中国古典的文、史、哲等人文社会科学知识，汲取中国传统优秀文化中格物致知、见心知性、为人处世的修炼功夫与智慧力量，做到慎独，不断锤炼心性，做一个有涵养、有品质的中国人。

二是要学习中国共产党党史、新中国史、改革开放史和社会主义发展史，深刻认识中国共产党为什么"能"、马克思主义为什么"行"、中国特色社会主义为什么"好"等重大问题，厚植家国情怀，增强"四个意识"，坚定"四个自信"，做到"两个维护"，做一个"心中有党、心中有国、心中有民"的青年学子。

三是要学习红色革命文化和社会主义先进文化，汲取伟大建党精神、红船精神、井冈山精神、长征精神、延安精神、"两弹一星"精神、载人航天精神、劳模精神、脱贫攻坚精神、抗疫精神等中国共产党的"精神谱系"中所蕴含的智慧、情感、意志、理想、信念、人格、审美等内核，内化为自己的"魂"和人格品质。

四是要向毛泽东、朱德、周恩来等老一辈无产阶级革命家，方志敏、夏明翰、董存瑞、雷锋等英雄烈士，于敏、孙家栋、屠呦呦、袁隆平等改革先锋、国家勋章和国家荣誉称号获得者学习，见贤思齐，学习他们的信念坚定、革命奉献、艰苦奋斗、精益求精、专注等精神，做一个理想远大、积极乐观、意志坚定的大学生。

2. 学会做事，解决"本领恐慌"的问题

这是一个涉及强化技能、增强能力的重要问题。我们应该成为一个懂经营管理、会实践操作的高素质技术技能型人才，那么我们又应学习什么呢？

一是要学习专业知识。当然，这不能仅限于书本知识，还应多看看本专业领域的文献书籍等，了解掌握本专业发展的前沿性知识和研究动态。

二是要学习掌握职业核心能力方面的知识与技能。这包括了交流表达、数字应用、创新革新、自我提高、与人合作、解决问题、信息处理、外语应用等方面的知识与技能。这些知识技能恰恰是影响我们发展、决定我们职业生涯能够走多远、飞多高的"核心要素"和"关键因素"。

三是要学习社会实践知识。"实践出真知"，我们不仅要从社会实践中学习书本上所没有的知识，还要将自己所学的知识应用于实践，去检验、去琢磨、去领悟，去提炼实践经验与教训、工作思路与方法等，深化自己的认知，优化自己的知识结构。

（三）学习态度对学习的影响

学习态度是影响学习成果的关键之一，它对我们的学习效果和未来的发展都有着重要的影响。首先，正确的学习态度往往能为学习保持高度的激情和动力，从而更容易取得好的学习成绩。其次，能够在学习中挖掘更多的知识和技能，具有更好的探究精神和解决问题的能力。最后，正确的学习态度还能为我们的未来职业发展打下基础，使我们更加自信，适应社会的要求。

（四）树立正确的学习态度的方法

1. 明确学习目标

学习前需要为自己制定明确的学习目标，明确学习什么、达到什么目标。这目标要具有可量化性和可实现性，让自己能够更好地掌握学习内容和前进的方向。

2. 制定学习计划和时间表

为自己的学习制定详细的计划和时间表，将学习时间分配到不同的时间段，使学习更有规律和计划性。这样可以保证自己能够持续地学习，提高效率。

3. 寻找良好的学习环境和方式

建立适合自己的学习环境和方式，例如选择适合自己的学习地点，使用合适的学习工具和资源。这样可以让学习更加愉悦和高效，提高学习效果。

4. 养成良好的学习习惯

养成良好的学习习惯，每天规律地复习学习内容，做好笔记，注重语言和思维的训练，坚持不懈去追求学习的目标和效果。

5. 不断反思和调整

对自己的学习成果和过程进行反思和总结，为学习过程做好记录和回顾。及时调整学习策略和方法，以适应不同阶段的学习需求和挑战。

总之，正确的学习态度是学习成功的关键之一。建立正确的学习态度，需要在学习前对自己进行规划和定位，养成良好的学习习惯，并不断总结和调整学习方式。只有坚持不懈地追求学习的目标，才能取得卓越的成绩和发展。

三、学习的价值观和动力

学习不仅仅是为了应付考试，而是为了提高自我能力和实现个人价值。通过塑造正确的学习价值观和激发积极的学习动力，可以使我们更好地投入学习、提高学习效果，并在个人成长和职业发展中取得成功。

首先，学习的价值观是指对学习的认知和信仰。我们应该从根本上认识到学习的重要性和价值，不仅仅是为了追求高分或通过考试。学习是人类不断进步、发展和创造的基石，是提高生活质量、实现个人价值的重要手段。我们应该意识到通过学习可以获取新的知识、技能和经验，丰富自己的思维和视野，培养创新能力和解决问题的能力。通过学习，可以不断提升自己的综合素质，为个人的职业发展和实现人生意义创造更多的机遇。

其次，学习的动力是推动我们积极投入学习的力量。学习动力来源于对学习目标的追求，对知识和技能的渴望，以及对个人成长和自我实现的追求。积极的学习动力能够激发主动参与学习、深入思考和持续努力的能力。通过树立正确的学习动机，可以更好地应对学习中的挑战和困难，克服学习的阻力，保持学习的热情和动力。同时，还需要意识到自我激励和自我管理的重要性，学会设定清晰的学习目标、合理规划学习任务，并制定积极的学习计划来推动学习的进展。

要树立正确的学习价值观和激发积极的学习动力，可以采取以下几个方面的措施：

（1）明确学习目标和意义　我们应该明确自己学习的目标，并理解学习的意义和价值。无论是提高职业竞争力、实现个人成长，还是为了贡献社会，都应该明白为何要去学习，以及学习对个人和社会的重要性。

（2）开发兴趣和发展自我　我们应该积极探索自己的兴趣和潜力，发现自己对某个学科或领域的热爱，并深入学习和发展。通过追求个人兴趣，可以提高学习的动力和投入程度，并在自我成长和职业发展中取得成功。

（3）建立良好的学习习惯和自我激励机制　学习是一个长期而持续的过程，我们应该培养良好的学习习惯,制定合理的学习计划,并坚持执行。此外,还可以建立自我激励机制,奖励自己的努力和成就,激发学习的动力和持久性。

(4)借鉴榜样和他人的经验　我们可以从成功的榜样和经验中汲取灵感和动力。观察和学习那些在学业上取得卓越成就的人,了解他们是如何树立正确的学习价值观并保持积极的学习动力的,从中获取启发和借鉴,进一步提升自己的学习能力和素质。

总之,学习的价值观和动力对我们的学习具有重要的影响。树立正确的学习价值观有助于我们理解学习的意义,激发学习的热情和动力。有效的学习动力能够推动我们积极投入学习,克服学习中的挑战和困难。通过培养正确的学习价值观和激发积极的学习动力,可以更好地投入学习、提高学习效果,并在个人成长和职业发展中取得成功。

四、合理的学习压力和应对策略

学习的压力是大学学习过程中常常面临的一个重要问题。适当的学习压力可以激发学习动力和积极性,促使我们更加努力地学习。然而,过度的学习压力可能会导致学习效果下降和心理健康问题的出现。因此,我们需要建立合理的学习压力和应对策略,以保持健康的学习状态。

1. 设定合理的学习目标

合理的学习目标是建立合理的学习压力的基础。应该根据自己的能力和时间来设定学习目标,确保目标既具有挑战性又可达到。设定具体而明确的学习目标,可以帮助我们更好地规划学习任务和时间,减轻压力的同时提高学习效果。

2. 学会时间管理

有效的时间管理对于减轻学习压力至关重要。可以制定周、月和学期的学习计划,并将其细化为具体的学习任务和时间段,以确保每项任务得到适当的分配和完成。合理安排学习时间可以提高学习效率,并减少学习压力。

3. 寻求支持和帮助

不应该孤立地面对学习压力。可以寻求家人、朋友或辅导员的支持和鼓励。互相交流和倾诉,分享学习经验和困惑,可以帮助我们减轻压力,并从他人的经验中获得启示和建议。

4. 培养良好的学习习惯

良好的学习习惯可以帮助我们在学习过程中更好地掌控情况和减轻压力。可以通过合理安排休息时间、保持良好的睡眠质量、均衡的饮食及定期的体育锻炼等来保持身心健康。同时,还可以通过合理分配学习时间和任务,避免拖延和时间浪费,提高学习效率和质量。

五、追求全面的发展

(一) 学习并不只是追求知识的积累

学习是一种获取新知识和技能的过程,可以帮助个人提高自身综合素质,扩大知识面,提高自己的竞争力。在现代社会,知识的更新换代速度非常快,单纯的知识几乎无法满足个人的需求,仅仅追求知识积累是不够的。学习的本质是为了实现个人的全面发展。只有注重全面发展，才能使学习达到更高的水平。全面发展包括各个方面，如身体、心理、智力、道德等。首先是身体的发展。身体锻炼和健康饮食都需要注意，身体健康才能保证学习的效率。其次是心理的发展。心理健康是一个人全面发展的必备条件，适当的心态调节可以帮助我们更好地学习和处理人际关系。再次是智力的发展，这是学习的基础，唯有不断地扩大知识面才能有更好的竞争力。最后是道德的发展，道德素养是人类最基本的价值观的基础，需要时刻铭记。

全面发展是个人的一项长期任务，需要付出不懈的努力。没有人是一蹴而就的，需要付出很多的时间，始终保持对自己的要求和对未来的期望。同时，也要注重时间的规划和管理，学会更好地平衡学习、生活和其他需要。最终，全面发展会让自己成为更独立、聪明、健康、有道德的个体，为未来的发展奠定扎实的基础。

(二) 实现全面发展

1. 开展多元化的学习方式

多元化的学习方式是实现全面发展的重要途径。多元化的学习方式是指通过参加各种课外活动，如文艺社团、实践活动、志愿服务、体育运动等，拓展我们的知识和技能，提高个人素质和发展潜能。多元化的学习方式不仅帮助我们更好地完成学业任务，还有助于促进全面发展。

首先，参加文艺团可以帮助我们发展自己的审美能力和文学、艺术素养。文艺社团不仅可以让我们更深入地了解文学和艺术，还能提高艺术表现力。可以参加学校的戏剧、音乐、摄影、模特等社团，通过表演、演讲、展览等方式表达自我，同时让我们感受到与他人交流的快乐，提高了社交能力和人际交往能力。

其次，参加实践活动能够巩固理论知识和增强我们的动手能力。实践活动包括参观展览、夏令营、社区服务、科技创新等。积极参与实践活动能够促使理论联系实际，加深对知识的理解和掌握，同时锻炼我们的动手能力和实践能力，懂得了如何去解决问题。实践活动的经历还能使我们发现自己的兴趣和潜能，使自己更加有自信，更有勇气去尝试和创造。

再次，参与志愿服务活动提高我们的社会责任感和爱心，学会爱护他人。志愿服务活动可以选择各种不同的方向，如关爱环境、帮助偏远地区的学生、义务劳动等。这些活动可以培养我们的公益精神和责任感，同时团队合作能力也会得到锻炼。此外，通过为人民服务，也能加深对社会现实的了解和认识，从而对未来的自己和整个社会有一个更加深刻的认识。

最后，参加体育运动能够锻炼身体素质，提高身体健康水平。如篮球、足球、排球、击剑、游泳等。通过体育活动，锻炼体魄，同时也可以释放压力，让我们更加健康、积极和充满活力。参加体育活动还能帮助我们培养团队合作能力、克服困难的毅力和坚韧性，提高自信心和自我控制力。

总之，多元化的学习可以帮助我们发展各方面的能力和素质，为未来的学习和发展打下坚实的基础。在学习之余，我们应该积极参与各种课外活动，更能充分体验和享受生活的多彩。

2. 培养综合思维能力

综合思维能力是实现全面发展的重要条件。它是高级思维能力中最为重要的一种，是对单一思维方式的越层提升和进化。综合思维不是一种固定的思维方式，而是一种动态的思维过程，能够跨越多维度、多层次整合所需的信息，包含逻辑思维、创造性思维、想象力、判断等。

首先，逻辑思维能力是综合思维的基础。逻辑思维是一种按照逻辑法则思考、判定和推理的思维方式。逻辑思维能力强的人思考问题清晰、条理分明，能够准确地表达自己的观点和理解，能够更好地处理问题并更容易取得成功。逻辑思维力在诸多领域都发挥着巨大的作用，如法律、管理、科技等。

其次，创造性思维能力是综合思维的重要组成部分。创造性思维是指能够在诸多限制和问题面前寻求新的、合理的解决方案的思维方式。创造性思维能力强的人具有更大胆的思考方式和创造力，能够为组织或团队带来创新、挑战和前进的动力。在不同的职业发展中，尤其是在科技、设计等领域，创造性思维能力是从事这些工作的关键之一。

再次，想象力也是综合思维中重要组成部分。想象力是指通过自己的知识、思考和体验，以及运用创造性思维和语境信息，从而创建新的想象世界和想法的能力。想象力强的人能够产生独特的想法，打破传统观念和局限，从而创造出更有价值的东西。想象力在文学、艺术、影视等领域发挥着重要作用，同时，企业管理、营销策略等方面也需要具有一定的想象力。

最后，判断力是综合思维中非常关键的部分。判断力是指基于专业知识和理性思考，杜绝非理性因素，即时、正确做出决策的能力。判断力强的人能够快速做出无误和高效的决策，对于组织和个人的成功都至关重要。在面对众多选项时，判断力能够指导我们做出更加明智的选择。

因此，综合思维在职业发展和个人全面发展中扮演了极其重要的角色。综合思维的培养需要多方面经验、学习和思考，建议大家在思考问题时，应该具备全局思考能力，多角度地分析问题，建立起综合思维模型来考虑问题的方方面面，才能更好地进步。

3. 注重发展情感、个性和社交能力

学习不仅仅为我们提供技能和知识，更是探索自我和人生的过程。在这个过程中，应该注重个人的情感、个性以及社交能力的培养。学习可以让我们更适应不断变化的生活环境，并使我们真正成为一个"全面发展"的人。

首先，情感发展在我们的生活中扮演着非常重要的角色。情感稳定的人更倾向于做出更理性的决策，这可以减少因情绪波动而引起的焦虑、压力和烦恼。情感发展还可以增加我们的快乐感和满足感，使我们更容易满足于自己的生活。因此，我们应该学会自我反省和自我意识，以了解我们所感受到的情绪，并在学习和生活中找到适当的方式来管理它们。

其次，个性的成长可以让我们在学习和生活中更容易地发挥优势。个性不同的人之间存在很大的差异，例如有些人对于个性特点和价值观有着特别明确的认识，这可以让他们更容易地评估自己在某些领域的能力和优势，并找到最适合自己的学习方式。同样，一个人的个性也可以影响到与同事和朋友的相处方式。通过了解自己和他人的个性，我们可以更好地处理日常交往中出现的冲突，建立更健康的人际关系。

最后，社交能力的发展可以让我们更好地适应社交环境。社交对于我们而言非常重要。社交技能可以让我们更容易与他人交流，并在团队工作和合作中发挥作用。

4. 积极参加身体锻炼

一个健康的体魄是大学生全面发展的重要保证之一。应该养成良好的生活习惯，合理安排时间，保证充足睡眠和饮食，适量锻炼身体，保持精力充沛，更好地面对学业和生活中的各种挑战。首先，保证足够的睡眠和饮食，每天至少需要7~8小时的睡眠，这样才能保证身体得到充分休息和恢复。其次，我们在进行身体锻炼的时候要注意保护自己的身体，防止受伤或劳损。要选择适合自己的锻炼方式和强度，不宜过度或不当的锻炼，以免造成身体上的损伤。

在大学学习中，树立正确的学习观对我们具有重要意义。一是正确的学习观可以培养对知识的兴趣和热情，激发主动学习的动力，更加积极主动地探索和发现知识的乐趣，从而提高学习效果。二是正确的学习观鼓励我们积极参与学习过程，包括参与课堂讨论、提出问题和解决问题，这种参与能够培养批判性思维和分析能力，帮助理解和应用所学的知识，更好地解决复杂的问题。三是正确的学习观强调跨学科学习的重要性，鼓励将不同学科的知识进行整合和应用，培养综合思考能力，使我们能够从多个角度看待和解决问题，提高综合素质和适应能力。四是正确的学习观能认识到学习是一生的事业，鼓励保持终身学习的态度，主动追求新知识，利用各种资源和机会进行学习和知识更新，不断提升自己的能力和竞争力。五是正确的学习观对个人发展具有积极的促进作用，能够全面发展自己的认知、思维和技能，提高自身的学术能力和综合素质，为未来的职业发展和个人成就奠定坚实的基础。

案例　　　　　　学习是探索知识的旅程

李明是一名大学生，他对学习充满了热情，对知识的追求使他成为一个积极主动的学习者，并在学习的过程中逐渐形成了自己的学习观。

观点一：探索知识是兴趣驱动

李明相信，学习的核心在于培养对知识的兴趣。他不仅仅追求成绩，更注重从知识中获取乐趣和满足感。他主动参加各类学术研讨会和讲座，拓宽自己的学科视野。他喜欢尝试新的学习方法和工具，以更好地理解和应用所学的知识。

观点二：学习过程需要积极参与

李明认为，学习是一个互动的过程，积极参与是取得成功的关键。他积极参加课堂讨论，与教师和同学们进行学术交流，分享自己的观点和理解。他善于提出问题和解决问题，通过批判性思维和分析深入研究学科内容。

观点三：跨学科学习很重要

李明认为，现代社会对综合能力的需求越来越高，跨学科学习是必不可少的。他主动选择跨学科的课程，将不同学科的知识进行整合和应用。他相信，通过跨学科学习，可以培养综合思考和解决复杂问题的能力，提高自身的竞争力。

观点四：持续学习很重要

李明坚信，学习是一生的事业，持续学习是不断进步的关键。他抱着追求卓越的态度，定期参加各类培训和学术研讨会，持续更新自己的知识和技能。他善于利用网络资源和学术期刊，保持对最新研究成果的关注，并将其应用到实际学习和生活中。

> 李明的学习观体现了对知识的兴趣驱动、积极参与学习过程、跨学科学习和持续学习的重要性。他将学习视为一次探索知识的旅程，不断追求知识的深度和广度，提高自己的学术能力和综合素质。这种学习观对他的学习成果和个人发展起到了积极的促进作用。

第二节　大学的学习方法

大学学习是大家获取知识，培养能力、思维和态度的重要时期。大学学习方法的选择和运用对于学习效果和综合能力的培养具有至关重要的影响。因此，正确选择和灵活运用大学学习方法对于大学生来说是非常重要的。

一、大学生该怎么学

大学学习有别于小学、初中、高中等阶段的学习。学习的主动性完全掌握在自己的手中，真正是"我的地盘，我做主"。这就需要明确以下几点。

（一）要有终身学习思想

众所周知，在知识更新上有一个"知识半衰期"的说法。联合国教科文组织的研究表明，18 世纪的知识更新周期是 80～90 年；19 世纪到 20 世纪初，知识更新周期缩短为 30 年；20 世纪 80～90 年代，许多学科的知识更新周期缩短为 5 年；进入 21 世纪，这个周期已缩短至 2～3 年。也有人说，农耕时代，一个人读几年书，就可以用一辈子；工业经济时代，一个人读十几年书，才够用一辈子；知识经济时代，一个人必须学习一辈子，才能跟上时代前进的脚步。所以说，人的一生只充一次电的时代已经过去，只有成为一块高效的"蓄电池"，进行不间断的、持续的充电，才能不断地、持续地释放能量。要让学习成为一种生活方式，一种进步必需品。

（二）要有良好的学习态度

学习过程中，我们不能以"事忙""课太多""无空余时间"等诸多理由，使自己精神懈怠，逃避学习；也不能因沉迷网络游戏、耽于手机娱乐、懒于睡觉而遗忘学习，更不能被"读书无用""混文凭""佛系""躺平"等消极思想和心态支配自我而抵制学习。相反，我们要端正学习态度，正确处理学习、生活与休闲娱乐的关系，以甘当小学生的心态、"归零思维"和吃苦吃亏的心理准备，以积极向上的精神状态和不断探求学的姿态，弘扬勤学精神，把学习放在重要的位置上，以"每天一小步、每月一中步、每年一大步"的毅力，不间断地、持续地充电，努力学习各方面知识，努力在实践中增长才干。

（三）要有学习的自律性

这是决定我们是否能够学有所动、学有所成的重要保障。如果一个人没有足够的学习自律性，就不会持之以恒地学习，也就不会有什么丰硕的学习成果。相反，一个人只有保持强大的学习自律性，才能克服各种诱惑和消极因素的侵扰，全身心地遨游于知识的海洋里，汲取知识的力量，充实自己、提高自己。

（四）要有善学的方法思维

不讲方法的学习，事倍功半，甚至做"无用功"。只有善学，才能事半功倍。所以，我们要坚持全面、系统、富有探索精神的学习，既要抓住学习重点，也要注意拓展学习领域；既要向书本学习，也要向实践学习；既要向人民群众学习，向专家学者学习，也要向国外有益经验学习；既学理论知识，又学实践知识；既学专业知识，又学人文社会知识；坚持"学思用贯通、知信行统一"，理论联系实际，学思践悟，解决实际问题。

（五）要在做事中学炼本领

本领是做出来的，不是幻想出来。这就要求我们应积极加入学校或院部所提供的各种学生组织、社团，积极参加各级各类的活动，锻炼自己。当然，这要求我们需做到：一是克服"官本位"思想，参加任何的学生组织、社团等，不是为了"当官做老爷"，指手画脚，而是要树立"为师生服务"的思想，耐心、苦学、苦干，不以物喜，不以己悲，不乱于心，不困于情，历练心性，锤炼本领。二是克服"精致利己主义"思想，不以"是否有用""是否对己是否有利"作为自己当学生干部的行为价值标准，而应树立"能力本位"思想，一切以能否提高自身能力为评判标准，积极参加各种活动，利用各种平台，学习提升，发展自我。

二、正确学习方法的重要性

（一）提高学习效果

每个人的学习能力和习惯都不相同，学习需求和目标也是不同的。大学学习方法可以根据自身情况来选择和运用。有的人注重记忆和掌握事实，有的人更注重理解和应用。根据自己的学习需求和目标，选择适合的学习方法可以更好地满足个体化的学习需求。例如，对于记忆和掌握事实的需求，可以采用记忆技巧和复习方法来加强记忆；而对于理解和应用性的需求，可以运用案例分析和实际练习来提高应用能力。选择适合自己的学习方法还能够激发兴趣和动力。当学习变得有趣和有意义时，学生会更加投入和专注，提高学习效果。例如，通过运用互动学习方法、案例研究和小组讨论等形式，可以增加学习的参与度和兴趣，激发学生的学习动力，并推动学习效果的提高。选择适合自己的学习方法还能够提升个人学习效能。当学生使用一种适合自己的学习方法，能够更自信地应对学习任务，自觉地发挥自己的潜力，提高学习效果。随着学习效能的提升，学生将更有信心和动力去面对学习困难，克服挑战，并取得更好的学习结果。因此，正确选择适合自己的学习方法可以帮助大学生更好地掌握学习内容，提高学习效果。

（二）培养自主学习能力

大学学习是一个自主学习的过程，需要独立思考和自主安排学习时间。选择适合自己的学习方法可以帮助我们更好地设定学习目标和制定学习计划。不同的学习方法有不同的特点和优势，通过了解自己的学习风格和需求，我们可以选择适合自己的方法，使学习目标更具体、更具可操作性，并制定合理的计划，帮助自己更好地安排学习时间和任务。

另外，选择适合自己的学习方法可以培养我们的主动学习能力和批判思维。自主学习需要主动去寻找和筛选信息，分析和评估知识的可信度和适用性。通过选择适当的学习方法，如集中阅读、独立研究、探究性学习等，我们可以培养批判性思维和自主学习的意识，逐渐建立起自己的判断能力和学习方式。选择适合自己的学习方法可以帮助我们提高自我调控和自我管理能力。自主学习需要学生具备自我掌控和自我约束的能力，能够有效地分配时间和精力。通过选择适合自己的学习方法，我们可以更好地安排学习时间，调整学习进度，提高自我管理的能力，并逐渐建立起自己的学习方式。选择适合自己的学习方法还可以帮助我们培养有益的学习习惯。大学学习不仅仅是为了获取专业知识，更重要的是培养学习能力和自我发展的能力。通过选择适合自己的学习方法并加以运用，我们可以提高自主学习的效果，激发学习的兴趣和动力，使自己成为一个持续学习和不断进步的学习者。总之，选择适合自己的学习方法可以帮助我们提高自主学习的能力，逐渐建立起自己的学习方式和习惯。

（三）培养团队合作能力

大学生活中，合作学习也是学习的重要形式之一。通过合作学习，我们可以与其他同学进行互动和交流，共同解决问题和完成任务，可以帮助培养团队合作能力和社交能力。通过合作学习，我们与其他同学可以进行互动和交流，分享不同的观点、经验和思考方式。这种互动和交流可以帮助我们更全面地理解和掌握学习内容，从不同的角度思考问题，拓宽我们的思维和视野。另外，合作学习可以帮助我们共同解决问题和完成任务。通过与其他同学合作，我们可以结合自己的专业知识和技能，共同制定解决方案，集思广益，实现优势互补。通过合作解决问题，我们可以培养团队合作和协作能力，学会与他人合作共同实现目标。合作学习是一种社交性的学习形式，通过与其他同学的合作，我们可以建立良好的人际关系，增进社交能力。在合作学习中，我们需要倾听和尊重他人的意见，有效地与他人进行沟通和协商。这种社交能力对于今后的职业发展和人际交往都至关重要。合作学习鼓励学生们共同思考和解决问题，通过与他人的合作，我们可以共同分析和评估问题，提出多种可能的解决方案，并进行选择和实施，提高批判思维和解决问题的能力。

（四）培养创新思维能力

选择适合自己的学习方法可以帮助培养创新思维和批判性思维能力，提高解决问题的能力。选择适合自己的学习方法可以培养创新思维。例如，通过开放性的问题解答和案例研究等学习方法，鼓励我们从不同角度思考问题，提出新颖的观点和解决方案。这种学习方法有助于打破传统思维定式，培养创新思维和独立思考能力。选择适合自己的学习方法还可以提高批判性思维能力。通过深入阅读、独立研究和与他人的讨论等学习方法，可以学会辩证分析、评估和批判学术文献和观点，有助于我们对所学知识进行深入思考，发现问题的本质。选择适合自己的学习方法也可以提高问题解决能力。一方面，通过解决复杂的问题和实践项目等学习方法，可以提高我们在面对问题时的应变能力和创新能力。另一方面，还可以促进理论与实践的有机结合，通过项目驱动的学习、实习和实践活动等学习方法，我们能够将所学知识应用到实际生活和职业领域，有助于提升解决问题的能力。总之，选择适合自己的学习方法可以帮助培养创新思维和批判性思维能力，在面对复杂的问题时更有信心和能力，寻找创新和有效的解决方案，提高解决问题的能力。

（五）发展终身学习能力

通过选择适合自己的学习方法，可以培养独立学习和终身学习的意识，使我们在毕业后也能够适应工作和生活的变化。大学学习强调自主学习和独立思考的能力。选择适合自己的学习方法，学会自主寻找和整理学习资料，制定学习计划，分析和解决学习难题。通过独立学习，我们能够培养自主学习和主动探索的能力，逐渐形成自己的学习方式和习惯。大学学习强调培养终身学习的意识。通过选择适合自己的学习方法，并将其应用于自己的学习过程中，我们可以逐渐培养持续学习的习惯和意识。终身学习意识涵盖了持续学习、更新知识、学会学习新技能等方面，能够使我们在毕业后也能够保持学习的活力和动力，不断适应社会的发展。另外，通过选择适合自己的学习方法，我们可以提高学习的效率和质量，并培养学习能力。学习能力包括信息获取与处理、逻辑思维、问题解决和批判性思考等各个方面，通过学习方法的选择和运用，我们能够提高这些学习能力，并将其应用于不断的学习和实践中。所以，借助适合自己的学习方法和技巧，我们能够培养独立学习和自主探索的能力，同时也能够保持持续学习和适应变化的意识。通过终身学习的理念和实践，我们能够持续不断地学习和发展，适应工作和生活的变化，实现个人的终身成长和发展。

三、高效学习的原则和策略

（一）细化学习目标和计划

在大学生的学习过程中，细化学习目标和制定明确的学习计划是取得高效学习的关键原则和策略之一。将大的学习目标分解为小的具体任务，并制定明确的学习计划，可以帮助我们更有条理地进行学习，提高学习的效果和效率。

首先，将大的学习目标分解为小的具体任务是实现高效学习的重要步骤之一。大的学习目标往往庞大而抽象，难以直接实施和衡量。通过将目标细分为具体的任务，可以更清晰地了解需要完成的具体内容和步骤。例如，如果学习目标是提高英语口语能力，我们可以将这一目标分解为每天练习口语对话、背诵口语材料、参加英语角等具体任务。这样一来，就能够更有针对性地制定学习计划，每天都有具体的任务去完成，逐步实现整体目标。

其次，制定明确的学习计划对于高效学习至关重要。学习计划应该包括具体的学习任务、时间安排和学习资源。可以根据自己的学习目标和时间安排，将学习任务合理地分配在不同的时间段内。例如，可以将每天的学习时间划分为不同的阶段，分别用于阅读、复习、做练习等不同的学习活动。还可以预留一些弹性时间，用于处理意外情况或进行额外的学习。此外，应该充分利用各种学习资源，如图书馆、网络资源、学习小组等，以支持学习计划和任务完成。

（二）制定合理的学习时间表

除了细化学习目标和制定明确的学习计划外，还有一些策略可以帮助我们实现高效学习。可以运用时间管理的技巧，合理安排学习时间和休息时间，避免拖延和浪费时间。可以使用时间管理工具，如时间表、待办清单等，帮助我们更好地掌控时间。

我们可以根据自己的学习目标和时间安排，将学习任务合理地分配在不同的时间段内。

制定学习时间表时，可以考虑每天的学习时间、学习任务的优先级和紧迫程度，将每天的学习时间按照学习任务的优先级和紧迫程度进行划分。学习时间表制定后，应加强自我规范，自觉遵守学习时间表，完成学习任务，实现当日事当日毕。同时，还应该考虑到自己的学习能力和习惯，合理安排休息时间，避免过度疲劳。

（三）主动参与学习

在大学的学习过程中，积极主动地参与课堂讨论和活动，加强对学习内容的理解和应用是非常重要的。通过主动参与学习，可以主动思考问题、交流和分享知识，激发学习动力，提高学习效果和质量。

一方面，积极参与课堂讨论和活动可以加深对学习内容的理解。在课堂上，教师会引导我们进行讨论和思考，通过与同学们的交流和讨论，可以帮助更好地理解抽象的概念和理论。在参与讨论的过程中，可以表达自己的观点、回答问题，并听取他人的观点和意见。通过与他人的互动和思想碰撞，可以激发出新的想法和见解，从而加深对学习内容的理解。

另一方面，积极参与课堂讨论和活动可以加强学习内容的应用能力。在课堂上，教师会引导大家进行实际案例分析和问题解决，将学习内容与实际情境相结合。通过积极参与课堂活动，我们可以将所学的理论知识应用到实践中，提高解决问题的能力和技巧。此外，参与课堂活动还可以增加我们的实践经验，培养课程外扩展能力和创新能力。

因此，我们应该积极参与课堂讨论和活动，主动与老师和同学进行沟通和交流，努力提高学习效果和学习质量。同时，还应该充分利用互联网和其他社交平台，参与和分享有关学习的信息和资源，扩大学习的范围和深度。

（四）借助小组讨论和合作学习

在大学的学习过程中，借助小组讨论和合作学习，能够激发学习自主性和自觉性；可以互相学习和交流，拓宽视野，加深对学习内容的理解，提高学习效果；还可以培养团队合作能力和社交技巧。

小组讨论和合作学习可以培养主动学习的意识和习惯。参与小组讨论和合作学习需要我们主动思考问题，促进我们主动学习的态度，积极参与和贡献自己的观点和见解，共同探索解决问题的方法。通过这种主动参与的方式，能够提高学习动力和自我激励能力。

另外，通过参与小组讨论和合作学习，也可以加强我们的学习效果。通过和同学们互动，学生可以从不同的角度和思维方式中获得新的见解和观点，拓宽自己的思维方式，促进自己的学习和成长。此外，合作学习还可以培养我们的团队合作能力和沟通能力，增强我们的合作意识和社交能力。

（五）创建舒适的学习环境

创建一个安静、整洁和舒适的学习环境是有效学习的关键。一个良好的学习环境可以帮助我们集中注意力，提高学习效率，增强学习动力和积极性。以下是关于如何营造这样一个学习环境的一些措施和建议。

首先，保持安静是创造有效学习环境的基本条件之一。噪声会分散注意力，干扰思维，影响集中精神学习。因此，选择一个能够避免噪声干扰的地方进行学习，如图书馆、自习室或安静的角落；避免一些可能会产生噪声的干扰源，如电视、音乐、游戏机等，以确保学习环境的安静。

其次,保持学习环境的整洁和有序。一个干净、整洁的学习环境可以帮助我们保持专注和清晰的思维。学习时,确保桌面整洁,有必要的学习工具。同时,定期清理和整理学习区域,避免杂物和垃圾的堆积,保持一个舒适的学习环境。

再次,营造一个舒适的学习环境对于长时间的学习效果至关重要。可以选择一个舒适的座位和符合人体工学的桌椅,以确保身体的舒适和健康。确保室内的温度适宜,为学习提供一个舒适的环境。此外,还可以适当调整光线,选择柔和的灯光,避免眩光对眼睛的刺激。

(六) 合理利用图书馆、电子资源和学习辅助工具

在大学的学习过程中,利用图书馆、电子资源和学习辅助工具可以获得更多的学习资源和资料,从而提高学习效果和质量。

首先,图书馆是一个重要的学习资源中心。我们可以利用图书馆的丰富藏书和参考资料来满足自己的学习需求。在图书馆,可以借阅各种学科领域的书籍和杂志,从中获取更广泛的知识和信息。此外,图书馆还提供独立的学习区域供我们使用,可以在安静的环境中进行自习和阅读。

其次,电子资源是利用互联网获取学习资料的重要途径。可以利用各种电子图书馆、学术搜索引擎和在线学习平台等电子资源来获取丰富的学习资源和资料,例如最新的学术论文、研究报告和学科领域的其他相关资料等。还可以通过在线学习平台参加各种学习课程和培训,拓宽知识面和提升技能。

学习辅助工具也是提高学习效果的重要资源。学习辅助工具可以提供更便捷和高效的学习方式和工具,帮助学生更好地组织学习,提高学习效率。例如,学习管理工具可以帮助制定学习计划、设置学习提醒,并跟踪学习进度。学习笔记工具可以帮助记录和整理课堂笔记和学习要点。学习字典和翻译工具可以帮助快速查找词汇和翻译文本。通过合理运用这些学习辅助工具,可以提高学习效果和效率。

此外,还可以利用学习社区和学习小组进行学习资源和资料的分享与交流。学习社区是一个学习者之间互相帮助和交流学习经验的平台,可以通过在学习社区中提问、回答回复等方式获取更多的学习资源和资料。在学习小组中,可以与其他同学分享自己的学习心得和经验,共同解决学习中遇到的问题,提高学习效果。

四、常用的学习方法和技巧

(一) 高效的阅读和理解

高效的阅读和理解是学习的关键环节之一。首先,制定阅读计划。在开始阅读新的内容之前,制定一个明确的阅读计划可以帮助我们更有目的地进行阅读。阅读计划可以包括预习、精读和复习。预习可以帮助我们在正式阅读前对文章有个大致的了解,提前对一些生词或概念进行学习。精读时,应集中注意力、避免分心,以便更好地理解和消化所阅读的内容。复习阶段是为了加深对文章的理解和记忆,可以通过总结、背诵等方式进行。

其次,使用批注和摘要的方式记录并理解重要信息。阅读时,我们可以通过批注或标记关键内容、划重点、写下问题等方式来加深对文章的理解。这些批注可以作为复习的依据,帮助快速回顾和理解文章的重点内容。此外,还可以通过写摘要的方式归纳和总结各个段落

或章节的主要内容,加深对整个文章的理解和把握。

(二) 有效的笔记和整理

有效的笔记和整理对于学习的深度消化和记忆是非常重要的。以下是一些有效的笔记和整理方法技巧。可以根据自己的学习风格和理解能力选择适合自己的笔记方式,如线性笔记、思维导图、表格等。线性笔记适合有条理且更注重逻辑关系的学习内容,思维导图适合将知识进行关联和组织的学习内容。通过使用适合自己的笔记方式,可以更好地整理和理解知识。在整理完笔记后,应定期回顾和复习已记录的内容。这样可以巩固记忆、加深对知识点的理解,发现并弥补理解不足的地方。此外,不同科目或主题的笔记可以整理成一个全面的知识框架,方便整体地掌握和复习。

(三) 有效的复习和巩固

复习和巩固是学习过程中至关重要的一步。在开始复习之前,制定一个有条理的复习计划可以帮助将复习任务分解为小的模块,并合理安排复习时间。定期进行复习,可以看到自己的学习进度,及时进行调整和补充。可以运用各种方法复习知识,例如自测、讲解等,复习的方式可以多样化。

(四) 利用图表和图像

利用绘制图表、制作概念图、思维导图等可视化工具来整理和归纳知识。这些图形化的工具可以帮助加深对知识结构和关系的理解,提高记忆和复习效果。图表和图像可以显示知识之间的关系和联系。通过制作概念图或思维导图,可以将不同的概念、主题和信息用图示的方式展示,清晰地显示它们之间的逻辑关系和层次结构。这有助于我们更好地理解和记忆知识,并帮助建立知识的全局观。另外,图表和图像还能提高记忆和复习效果。通过编制图表、制作概念图和思维导图,可以将复杂的知识整合成简单、易于记忆的形式。当知识以图形化的方式表现出来,直观化、立体化等会强化视官感觉,增加了记忆的联结点,提高了学习的效果。此外,还能辅助复习和回顾,图表和图像是复习和回顾知识的有力工具。在复习过程中,我们可以使用之前绘制的图表、概念图和思维导图作为复习的参考资料。这些图像化的工具可以帮助回顾和复习知识,抓住重点和关键信息,加速对知识的回忆和理解,提高复习的效率和质量。总之,利用图表和图像是一种有效的学习方法和技巧。通过绘制图表、制作概念图和思维导图等可视化工具,我们可以更好地整理和归纳知识,加深对知识结构和关系的理解,有助于提高记忆和复习效果,帮助我们更有效地掌握和应用所学的知识。

(五) 多渠道学习

多渠道学习是一种强调多样性和综合性的学习方式,可以帮助我们全面掌握知识,加深理解和记忆,拓宽视野,提高学习效果和效率,培养综合性和应用性能力。通过多渠道学习,我们可以从不同的角度和来源获取知识,阅读书籍、学术论文和其他文献可以提供深入和系统化的知识,而观看教学视频、听讲座和参加讨论则可以提供实践和案例的经验。综合不同渠道的学习资源,可以帮助我们更全面地掌握知识。不同的渠道可以以不同的形式和方式呈现信息,如文字、图像、声音和实际操作等。这样的多样性可以激发学习者的兴趣和好奇心,提高学习的参与度和专注度,从而加深对知识的理解和记忆。不同的渠道可能来自于不同的领域、不同的文化和不同的背景，提供了各自独特的观点和见解。通过接触多种渠道的学习资源，学习者可以拓宽自己的视野。不同的渠道可能针对不同的学习需求和学习方式，学习者可以选择最适合自己的渠道进行学习。例如，有些学习者更适合通过听觉来学习，可以选择听音频课程或参加讲座；有些学习者更适合通过视觉来学习，可以选择观看教学视频或阅读图片材料。通过选择适合自己的学习渠道，可以提高学习的效果，减少学习的时间和精力浪费。通过多渠道学习，可以接触到不同的学科和领域，学习并运用多种不同的知识和技能。这种综合性的学习有助于培养我们的综合能力和应用能力。因此，在学习过程中，我们应该尝试多种学习渠道，以提高学习效果和学习质量。

案例

小明是一名大学生，他在面对繁重的学习任务时，发现自己经常容易分散注意力，学习效率低下。为了解决这个问题，他采用了一系列高效学习方法和技巧，取得了显著的改善。

首先，小明制定了每周的学习目标，并将任务分解为具体的子任务。他明确了每天的学习计划，将学习时间合理安排，确保每个任务都能得到足够的时间和精力。这样明确的目标和计划帮助他更有条理地进行学习，有效地分配时间资源。

其次，为了避免分心和干扰，小明采用了番茄钟法来管理学习时间。他将学习时间切分成25分钟的工作阶段和5分钟的休息时间。在每个工作阶段中，他专注于一项学习任务，并充分利用时间集中精力完成。然后，在短暂的休息时间内，他可以休息一下，放松身心，缓解学习的压力。这种时间管理技巧帮助他保持专注和动力，提高学习效率。在课堂上，小明采用了主动参与和反思的策略。他积极提问，参与讨论，思考和回答问题。通过主动地参与课堂互动，他加深了对知识的理解和掌握。他还会及时反思自己的学习过程，思考学到了什么、有什么困难和不足，并设定下一步的学习目标。这种反思帮助他加强对知识的消化和整理，形成更加深入的理解。

在阅读方面，小明注重高效阅读和有效记笔记。在阅读前，他会先浏览文章的目录和摘要，了解文章的结构和重点。然后，他会采用精读的方式，重点关注和理解文章的核心内容，通过摘录关键词、重要段落并结合自己的理解，记录在笔记本中。这样的阅读和记笔记策略帮助他更有针对性地掌握重要知识，方便后续的复习和回顾。在考前准备阶段，小明制定了复习计划，并进行了模拟考试和做题练习。他根据考试科目和时间安排，合理分配复习时间，集中精力复习重点知识。通过模拟考试，他能够熟悉考试的形式和要求，发现自己的不足和弱点，并及时进行针对性的巩固。他还会总结错题和难题，加强对知识的理解和记忆。这样的考前准备帮助他更加自信地迎接考试，并取得了不错的成绩。

通过这些高效学习的方法和技巧，小明的学习效率显著提高。他能够更好地管理时间，保持专注和集中，加强对知识的理解和记忆。同时，他通过积极参与课堂和反思学习过程，培养了深入思考和独立学习的能力。这些技巧和策略对于他更高效地学习和提高学习成果起到了重要作用。

第三节　大学的学业规划

大学的学业规划是指在大学期间制定和实施的学习目标和学业计划。它有助于明确自己的发展方向，合理规划学习任务和时间，提高学习效果和取得良好的学业成绩。

一、学业规划的意义和目标

学业规划是对个人学习过程和学习目标进行规划和管理的过程。它帮助我们明确自己的职业发展和个人目标，并制定相应的学习计划和时间表。

（一）明确职业发展和个人目标

大学生学业规划的意义在于帮助我们明确自己的职业发展和个人目标。学业规划可以引导我们在大学期间进行深入的思考和规划，确定自己希望从事的职业领域以及实现个人目标的途径和步骤。

1. 明确自己的职业发展方向

在大学期间，许多人还不确定自己未来想从事的职业，或者对于所学专业的实际职业方向不够了解。通过学业规划，可以进行深入的职业探索和了解，包括参加实习、实践活动、职业咨询等。这些经历可以帮助我们更好地理解不同职业的工作内容和要求，从而明确自己的职业发展方向。

2. 设定个人目标，并制定相应的行动计划

每个人都有自己的梦想和希望实现的目标，但是很多时候我们并不知道从何处着手。通过学业规划，可以根据自己的兴趣、能力和价值观，设定个人目标，并制定实现这些目标的具体行动计划。这些目标可以包括学术方面的目标，如提高学习成绩、参加学术竞赛等，也可以包括个人发展方面的目标，如提升领导能力、培养团队合作精神等。

3. 规划自己的学习轨迹和学业进程

在大学期间，我们面临着各种课程的选择和安排等。通过学业规划，可以合理安排自己的学习时间表，选择适合自己的课程，确保自己在学业上有所突破和进步。这也可以提升学习动机和学习兴趣，增强对学业的投入程度。因此，我们应该重视学业规划的实施，积极参与其中，为自己的未来发展奠定坚实的基础。

（二）大学生应加强学业规划意识

采用科学的方法进行学业规划，需要掌握一定的规划方法以提高规划的科学性、合理性和有效性。

1. 全面了解自己

大学生应该全面了解自己，认清周围的环境和条件，全方位地评估自己的家庭背景、教育背景、专业、兴趣爱好、性格特点、能力、特长技能等。分析环境对自己的益处和限制分别在哪里。在客观方面环境支持包括本地的各种状态，比如经济发展、人事政策、企业制度、职业发展空间等；在主观方面包括家庭经济状况、学校背景和专业影响力、社会关系

等。这两方面的变数比较大,应该综合起来看,列出不利条件、自身优势。

2. 清楚要干什么

大学生应该弄清楚自己要干什么,这是对自己职业心理趋向的确认过程,指明了职业发展方向。通常来说,在不同的阶段,同一个人的兴趣和目标并不是完全一样的,甚至还有可能是矛盾的。但随着年龄和经历的增长,慢慢就会形成固定的兴趣和目标,进而确定最后的目标。弄清自己要干什么之后,就应该对自己的学业做出相对应的规划,进而帮助自己更好更快地实现职业理想。

3. 清楚能干什么

大学生要清楚自己能干什么,这是对自己能力和潜能的全面总结。一个人的职业最根本还要归结于他的能力,而他的发展空间的大小主要还要取决于自己的潜力,对潜力的了解可以从自身知识结构、学习能力、兴趣、沟通能力等方面进行重点认识。

4. 明确职业目标

学生必须弄清楚自己最终的职业目标。通过正确回答上面的问题,并且进行科学合理的分析,便不难找准自己的职业方向,接着根据自己的职业选择和职业目标进行自我定位,进而形成自己对应的、有效的学业规划方案。大学生应该更好地了解自己,明确自己的职业目标,客观地进行自我分析,并在学校有关部门的帮助下,合理安排自己的学业,以最有效的方式实现自己的职业目标。

二、大学生应采取科学的步骤进行学业规划

(一)选定学业目标

首先学生应该弄清楚自己的兴趣爱好,确定自己想要从事什么工作,选择自己感兴趣的专业和研究方向,勤奋努力地学习。其次,学生应该客观地分析自己的性格特征、能力和特长,明确自己已经拥有的能力和还要继续培养的能力。再次,展望未来,根据自己对未来的期望,确定社会有哪些要求,面对这些要求自己应该有哪些改进。在选择专业方向和研究领域的时候,除了考虑社会的需求,还应该考虑这个选择是否能够发挥自身的优势,尽可能地把自己的兴趣爱好、能力特长、社会需要结合起来,把想干什么、能干什么、社会要求干什么结合起来,并由此确定自己的学业目标。

(二)进行学业规划测试

科学的学业规划的基本标准是:本人热切希望的学业规划;本人乐意全身心地投入;本人能够想象达成目标的情形;学业规划不违背法律、不扰乱纪律、不违背道德、不危害他人;与最终目标和各级小目标不矛盾、不冲突。我们在制定了初步的学业规划以后,要严格按照上述的基本标准进行测评,评估自己所制定的学业规划是否具有现实性、可行性和科学性。只有当制定的学业规划符合上述基本标准,才能将其定义为一个科学的学业规划,通过了这样一个科学测试的学业规划才有继续实行的必要性。

(三)强化学业规划

强化学业规划就是把自己制定的学业规划进一步内化到自己头脑中。在执行学业规划之

前想象出学业目标实现后的益处,从而无意或者有意地培养自己积极主动的心态,进而增强实现学业规划目标的动力,保证学业规划按时完成。也就是说在制定学业规划目标后,在对学业规划目标的不断憧憬中,不断加强自身实现学业规划目标的愿望和动力,并采取一定的措施,进一步完善和补充学业规划的内容,进一步细化学业规划的步骤,明确学业规划的各级小目标,以实现最终的学业规划总目标。

(四) 分解学业规划

制定好学业总目标以后,应制订学习计划,也就是将这个总目标分解。可按照如下思路分解:三年的总学业目标→每个学年的学业目标→每个学期的学业目标→每个月的学业目标→每一周的学业目标→每一天的学业目标,这样就可以使学业规划渗透到每一天的学习和生活中,从而保证学业规划能够严格实施。只有将学业规划总目标分解细化成各级小目标以后,才能明确每一天的学业目标,使学业目标时刻呈现在眼前,不断地激励和鞭策自己为之努力和奋斗。

(五) 评估学业规划

实施学业规划的过程中,要及时地对周围的环境和自身学业规划的执行情况进行科学合理的评估。由于存在各种不确定因素,学业规划还应当具有一定的灵活性,以方便自己能够及时调整学业目标、实施措施和实施步骤。大学生应当定期评估学业规划,每年、每学期、每月、每日进行检查评估,分析实施规划过程中所遇到的问题和阻碍,并进一步挖掘产生这些困难的原因,进而找出改善方法与改进措施,以解决这些问题和障碍。

三、不同年级的大学生学业规划

大学生学业规划不是一蹴而就的事情,它必须循序渐进,逐步进行,我们按年级将高职生活分为三个阶段:第一年是适应期。这是大学生的自我发展阶段,主要解决适应新环境的问题,在这个阶段的主要任务是掌握学习方法,并学会正确评估自己。第二年是摸索定向期,这个阶段应着重培养专业技能,锻炼社会生存能力,并开拓职业认识。还应细化职业领域,提高自身就业能力。第三学年是提升期,这个阶段的主要任务是解决职业选择的问题。具体措施如下:

(一) 大一阶段

大一阶段,强化对专业的认识。应该认识到大学与中学的不同,要顺利转换角色,培养正确的世界观、人生观、价值观,认识自己的专业以及对应的职业。具体可采用以下方式:

① 积极参加专业负责人、专家、教授的讲座,让自己认识专业的特点、发展趋势和就业前景;

② 与高年级学生进行座谈,认识到学好专业知识、提高自身能力的重要性,学习高年级学生的学习经验;

③ 参加成功就业并取得一定成就的校友座谈会,了解各自的工作体会,社会需要我们具备的能力和素质。总的来说,就是通过以上途径使我们将提高自身综合能力内化为对自身的要

求，进而积极主动地提高和发展自身素质与能力，整合专业思想，最终确定自己的职业目标。

（二）大二阶段

大二阶段的首要任务是培养综合能力和明确适合自己的职业发展方向。这个阶段应分析各自的特长、优点和不足之处，进而制定合适自己的学业发展计划。主动了解就业行情，正确地分析各自的专业，弄清楚各自专业适合的就业范围，并结合自身特点与能力，针对所需要的素质和能力进行锻炼和培养，发掘自身的优势，进而调整原定的职业目标。二年级起，应认真思考自己的发展方向是继续深造还是直接工作。开始重视专业知识技能的学习，最好大二期间能够顺利取得外语和计算机等级考试证书，并逐渐开始丰富自己其他学科的知识。着重要强化社会实践的锻炼，培养各种实践技能，进而提高社会适应能力。同时，开始参加一些社会实践活动以锻炼自己的社会实践能力，最好进行与自己职业目标或专业相关的社会实践。丰富和提高各方面的能力，如沟通协调、团队合作、情绪管理等。

（三）大三阶段

在大三阶段，应该树立正确的择业观和就业观。从知识储备、专业技能、心理素质、就业信息等方面做好就业准备，能制作完美的求职信和个人简历，了解面试的技巧、面试的常识问题和面试应该注意的问题，做好面试和笔试的准备等。还可以通过网络、就业辅导、情景模拟等方式开展面试模拟等，了解就业形势，做好就业准备。

在校学习期间，只有彻底明确学业规划的必要性及重要性，早一点弄清自己的学业目标，认真地规划好自己大学三年的学业，充分了解和分析自己的专业，并研究好怎么学好自己的专业，只有将专业课的学习和综合素质的锻炼同时落实到位，将来才可能在激烈的就业竞争中取得胜利，进而使个人的价值得以实现。

四、不同职业目标的大学生学业规划

大学生的职业目标可以分为三种类型：企业型、深造型和创业型。企业型是指那些毕业后准备直接进入企业单位或事业单位工作的大学生。深造型是指读完大学后打算继续考取国内高校本科生或者出国留学深造的大学生。创业型是指毕业后打算自主创业的大学生。无论是以上哪种类型的大学生，在确定了各自的职业目标之后，都应该根据自己的职业目标需求来制定相应的学业规划，以便更加有效地实现自己的职业理想。

（一）增加知识储备

知识就是力量，没有积累足够的知识，没有扎实的基本功，就缺少竞争的资本。无论何种职业倾向的大学生都应具备足够的知识与能力。在确立了职业发展目标以后，首要工作就是制定与职业目标相对应的学业目标，并将更多的注意力集中到与职业相关的学业的学习上来。在校期间开设的课程与自学知识是大学期间积累知识的主要方面。首先，身为学生的首要任务是将学校统一的课程掌握好。其次，应该规划好怎样利用课余的时间拓展专业知识。面对就业的竞争，最大的筹码就是专业知识与专业技能，但上课的时间是有限的，还应该利用课外的时间，积极主动地学习和拓展自己的专业知识与专业技能。企业型的大学生应该着重准备技能方面的知识，尤其是与自己将来从事工作相关的技能，要尤其重视专业课程的学习。深造型的大学生，有的要参加专升本考试，有的要参加国外的研究生入学考试、外语考试等，要特别重视基础知识的学习，例如英语的听说读写能力，计算机基础知识的掌握等等。而对于创业型的大学生来说，知识积累也是十分重要的，创业需要的不仅仅是创业的想法，也需要相关知识的支撑。

（二）培养与职业目标相关的实践能力

我们生长在这样一个国际化、多元化的新时期，应该积极主动地开展各种与职业目标相关的实践活动，以便从中锻炼和培养自己为人处世、待人接物、实际工作、专业技能、综合素质等多方面的实践能力。除此之外，实践能力也包括专业上的实际动手能力。深造型的大学生可以到各个高校去参观考察，了解本科的生活，尤其应该到自己准备就读的本科学校去考察，了解自己将来的专业、课程、研究方向，这样可以增加自己专升本的动力，还可以让自己升学的目标变得更加具体明确。此外，还可以通过与师兄师姐的交流吸取一些升学的经验，从而增加自己升学成功的概率。企业型的大学生则可以通过到企事业单位去参观实习来了解将来工作的情况，进而了解自身的缺陷，以便在大学期间对症下药，有针对性地提高自己的实践能力和综合素质。如可以根据自己制定的职业目标，在大学期间参加一些技能培训和职业从业资格证书考试的培训，进而获得相应的技能、职业资格证书或职业技能证书等。创业型的大学生则更加注重自身综合素质的提高，可以到一些自主创业成功的企业去参观学习，吸取经验，多与创业成功的前辈交流，取长补短，也可以在大学阶段进行一些创业的尝试，进而积累经验。

（三）要调整好心态

不同类型的大学生都应该调整好自己的心态，不能盲目地跟风或者太过在乎他人的看法，要用理性的态度去规划自己的学业。目前，高校基本都设有心理健康中心，可以进行心理辅导，帮助大家调节自己的心理状态。从以应试教育为主的中学进入以素质教育为主的大学，不论是所处的环境，还是扮演的角色都发生了很大的变化，刚入学时容易产生一些不适应的情况，需要一些心理健康教育来帮助大家进行调整。当慢慢适应了自由的大学生活，这时新的问题又来了，人际交往、学习规划、职业发展等问题将成为新的心理负担。这个时候，大学生需要考虑各方面的影响，在学校的帮助下，寻找适合自己的职业发展道路，并不断地完善自己。大学学习和生活的结束，意味着大学生都将面对就业的压力。每个人的职业路径都不相同，因为个人天分、能力、素质等因素的影响，可能并不是所有人都会有很好的职业发展。很多人都会因为各种各样的原因，比如个人努力不够、专业技术知识不扎实、找工作过程中表现不理想等等，面对就业的压力，很容易产生逃避心理，这种现象并不罕见。产生这种恐惧心理的时候应该认识到这种现象属于正常现象，只需主动到学校的大学生心理健康中心进行心理疏导，正确地处理好就业的压力，正确地面对就业过程中遇到的挫折，调节好自己的心理状态，进而合理发展自己的职业路径。

具体来讲，深造型的大学生要调整好自己的心态，不要因为其他同学都在考取各种资格证书或者进各种企事业单位实习而打乱了自己的学习计划，每个人的职业选择不同，既然选择了继续深造，就应该将眼光放得更加长远，静下心来学习，把所有的重心都放在自己的学业规划之上。企业型的大学生心态调整也是十分重要的，要结合自己将来从事的工作考取一些资格证书，但不能仅仅停留在考试层面，要切实提高自己的各项技能，证书不能代表一切，真正对未来职业有帮助的还是自己的实践能力，所以对于这样的学生，应该采取以获取职业技能为主的学业规划。创业型的大学生也应坚信这样一个真理："没有谁可以随随便便成功"。成功不是一件简单的事情，创业也不可能一帆风顺，面对挫折与失败，大学生应该具备越挫越勇的勇气和乐观进取的心态，不要轻言放弃，在自己的学业规划过程中，可以多学习一些创业和励志的成功人士的经验，以更加快速有效地实现自己的职业目标。

案例

学生Ａ是一名大一的学生，他的学业规划目标是成为一名社会科学研究人员，为社会发展做出贡献。

学生Ａ对自己的兴趣、优势和价值观有比较全面、正确的自我认知。他充分意识到自己对社会科学领域特别感兴趣，同时具备较强的分析和表达能力。他还认为社会科学研究可以为社会发展和改善人们的生活做出重要贡献。根据这些认知，学生Ａ确定了自己的学业目标和发展方向。他希望深入研究社会科学领域，提升自己的研究能力和专业知识，为社会问题的解决提供有力的理论和实践支持。他希望能够在研究领域做出突破性的贡献，并成为一名受人尊敬的学术研究人员。为了实现这一目标，学生Ａ制定了学业规划。

首先，他确定了自己的个人目标。他决定在大学四年中广泛涉猎社会科学领域的各个学科，深入理解不同领域的理论和方法。他还计划积极参与研究项目，并与教授和导师建立良好的关系，争取合作的机会。

其次，学生Ａ制定了详细的学习计划。他根据专业要求和自己的学习兴趣，选择了一系列社会科学领域的核心课程，并将中长期的课程安排与实践活动结合。他计划每个学期都参加相关的学术研讨会和讲座，并积极参与丰富的实践项目，增加自己的实际研究经验。

最后，学生Ａ定期监测和调整自己的学业进展。他意识到在学业规划的过程中可能会面临挑战和困难，所以他计划每个学期末对自己的学习成果进行评估，并与老师进行讨论和反馈。在学习过程中，他积极寻求老师和同学的帮助，并根据反馈信息做出相应的调整。通过持续的努力和调整，学生Ａ逐渐提升了自己的研究能力和专业素养。在大学四年中，他成功地参与了多个研究项目，并发表了多篇学术论文。他还参与了多个学术组织和社会实践活动，并与行业专家保持良好的合作关系。通过明确个人目标、制定学习计划并不断反思和调整，学生Ａ成功地实现了自己的学业目标，为未来的职业发展打下了坚实的基础。这个案例表明，学业规划的成功不仅需要明确目标，还需要持续的努力和适应变化的能力。

请根据以上的学业规划案例，介绍该学生的学业规划过程和学业成果，并分析成功的原因和你得到的启示。

思考与讨论

1. 你是如何培养积极的学习态度和价值观的？

2. 你如何应对学习压力并保持学习动力？
3. 你认为哪些学习方法和技巧最适合你？
4. 你如何制订合理的学习计划？
5. 你在应对考试和复习方面有哪些有效的策略和经验？
6. 你认为学业规划对你的学习和发展有哪些帮助？
7. 你是如何制定和实施学业规划的？是否有遇到困难和挑战？
8. 你如何根据学业规划的反馈结果进行调整和改进？

第三章 文明修身

古之欲明明德于天下者，先治其国；欲治其国者，先齐其家；欲齐其家者，先修其身。

——《大学》

 本章导读

大学生是国家的栋梁、民族的希望，是社会主义现代化强国建设的生力军。古人云："士有百行，以德为首"，"万物得其本者生，百事得其道者成"。大学时期是青年"拔节孕穗"的关键时期，是青年修身立德的重要节点。如今我们已步入大学殿堂，要文明修身，继承和弘扬中华民族优良道德传统，培育与践行社会主义核心价值观，做一个有信仰之人，做一个有德之人，做一个守道之人，不负国家，不负时代，不负韶华。

第一节 理想信念教育

理想信念是人的精神世界的核心，是人精神上的"钙"。没有理想信念，理想信念不坚定，精神上就会"缺钙"，就会得"软骨病"。一个人精神上缺"钙"，就容易精神空虚甚至陷入精神荒漠，既不可能感受精神生活的丰满充实，更不可能承担时代所赋予的历史重任。追求远大理想，坚定崇高信念，是大学生健康成长、成就事业、开创未来的精神支柱和前进动力，是大学生为人的根本，是大学生为学为事的基础。

一、理想信念教育概述

（一）理想

理想是同奋斗目标相联系的有实现可能的信念，是一个人的政治立场与世界观的集中反映，是对于未来生活的美好渴望，是作为人特有的精神现象，是希望改善物质生活和精神生活的实践活动产物，是人们为了美好生活而奋斗的观念。

(二）信念

信念是指人们在对于某种思想或事物的某种理解的基础上建立的精神状态，是人们对于理想和美好未来坚持不懈地追求，并且具有坚强意志和决心、稳定持久的精神状态。因此，信念属于精神范畴，也可以被视为一种坚强的品质。

(三）理想信念

理想信念不仅是指人们独特的心理状态，还充分表达了人们的世界观、人生观和价值观，更多的是指以马克思主义为指导，以社会主义核心价值观为基础，以实现中华民族伟大复兴为使命的社会政治理想信念。它是理想和信念的结合，但不仅是理想和信念的结合。理想和信念之间有着非常密切的关系，坚定信念是实现理想的前提，它们共同构成了人类前进的精神力量。

(四）大学生理想信念

大学生理想信念就是要树立坚定的共产主义远大理想、中国特色社会主义共同理想。在新时代的背景下，充足的物质条件、发达的科技网络、便利的信息获取方式既为大学生的发展提供了广阔的空间，又暗藏着对于大学生理想信念的不利因素。作为实现中华民族伟大复兴中国梦的重要力量，新时代大学生与其他社会团体一样，拥有与社会发展目标一致的理想信念。因此，要运用新时代的新观点、新方法、新论断引导大学生树立理想信念，让大学生的理想信念在新时代得到正确发展。

(五）大学生理想信念教育

大学生理想信念教育，是教育引导大学生树立共产主义远大理想和中国特色社会主义共同理想，培育大学生的马克思主义信仰，并自觉将其作为实际行动的价值遵循。其实质是让大学生形成以"社会主义—共产主义"为核心的世界观、人生观和价值观，其内容主要包括马克思主义理论认同的教育、社会主义和共产主义的信念教育，其中对马克思主义理论认同的教育是理想信念教育的理论基石，有助于筑牢大学生理想信念的根基；社会主义和共产主义的信念教育是理想信念教育的重点，有助于大学生增强"四个意识"，坚定"四个自信"，做到"两个维护"，捍卫"两个确立"，并在"两个大局"中明确自身的使命和担当，找到个人理想与国家发展需要的契合点。

二、新时代坚定大学生理想信念的价值意蕴

理想信念是人类精神世界的重要力量来源，能够影响国家民族的未来和命运。在新的历史条件下，大学生成为建设中国特色社会主义的生力军和后备力量，加强大学生理想信念教育对大学生的自身发展和国家的发展进步都具有重要意义。

(一）正确的理想信念是大学生把握人生方向的定向器

大学阶段，"做什么人，走什么路"是同学们在学习生活中会时刻面临的人生课题。只有树立起崇高的理想信念，才能够很好地解答这一重要的人生课题。大学生青春活泼，朝气蓬勃，正处于人生观、价值观与世界观确立与发展的重要时期。同时，又因长期生活在校园

中缺乏社会实践，对于社会的现实层面了解不够。高中时期的学习大多是以考进理想大学为目标的应试学习，真正来到大学反而会有些迷茫，不知道自己该做什么，高职大学生因高考失利而带来的挫折感和迷茫感更强，有些学生甚至开始怀疑自己，不知路在何方。在这种情况下，树立理想信念可以教育引导大学生做什么人、走什么路，进一步明晰自己的人生奋斗目标，规划自己的人生历程。

（二）正确的理想信念是大学生科学价值评价体系的重要标准之一

众所周知，人类的实践活动总是在意识的指导下进行的。新时代大学生对于事物的判断和对价值观的取向也是以他们自己的现实需求为标准。由于文化水平、专业技能水平和判断能力、获得信息能力等方面的局限性，人们将根据自己的需求进行相对适合的、安全的价值选择。新时代大学生作为价值选择的主体，在评估自身价值取向时会优先考虑能够为自己解决实际问题的价值客体。只有能够满足其内在需求或能够解决其实际问题的价值客体，他们才会表现出更加积极的态度。所以当大学生面临选择时，通常会根据自己的理想信念做出判断与选择。只有树立正确的理想信念，大学生才能建立科学的价值评估系统，才能让大学生在多种社会思想中选择积极乐观、自强自信的生活理想信念，选择诚实公正、孝顺善良的道德理想信念，选择具有规则意识、善于合作的职业理想信念，以及热爱祖国、热爱民族的社会理想信念。

（三）正确的理想信念是大学生应对国内国际复杂环境的迫切需要

树立正确的理想信念是新时代大学生应对国内外各种非马克思主义思潮挑战，适应复杂的世界环境，从而保证自身健康发展的需要。在新时代，大学生主流上的理想信念是良好的。他们热爱祖国、热爱民族、认同社会主义、乐于助人、自尊自强、热爱中国文化。但是，由于国际与国家环境的深刻变化，给大学生的理想信念带来了一些冲击。首先，随着国内现代社会的发展，某些地区个别人出现了道德失范的问题。对金钱、享乐、个人利益、社会地位的过度追求以各种方式腐蚀着大学生，一些大学生的价值观发生扭曲，金钱崇拜、享乐主义和极端个人主义急速发展，动摇了大学生的理想信念。其次，在经济全球化的背景下，人才竞争日趋激烈。某些西方国家由于在科学技术和经济发展上具有相对的优势，开始通过各种途径企图对我国大学生进行文化渗透，对我国的大学生树立理想信念产生了不可低估的影响。从这个意义上讲，树立理想信念是为大学生提供正确的思想取向、应对国内外各种非马克思主义思潮挑战的现实需要，也是确保新时代大学生能够适应瞬息万变的国家与国际环境的现实需要。

（四）正确的理想信念是大学生实现中华民族伟大复兴中国梦的助推器

大学生是全面建成社会主义现代化强国，实现中华民族伟大复兴中国梦的关键力量。而实现中国梦的路程注定是坎坷不平的，必将遇到许多狂风骤雨，这是对我们中华民族的磨炼，也是对新时代大学生的毅力和为社会主义奋斗思想的重大挑战。克服这些困难最大的精神动力就是理想信念。只有树立坚定的理想信念，才能志存高远，激发大学生为国家富强、民族振兴和自身成才而发奋学习、不懈奋斗的强烈责任感和使命感，引导大学生自觉将自身发展与民族、社会、国家的发展融为一体，将个人梦融入民族梦、国家梦，不断提升大学生的精神境界，增强做中国人的志气、骨气和底气。

三、部分大学生理想信念的偏差

新时代,我国社会主要矛盾已经转化为人民日益增长的美好生活需要和不平衡不充分的发展之间的矛盾。与此同时,我国已慢慢走进世界舞台中心,并为人类做出突出的贡献。这就为加强新时代大学生理想信念提供了先决条件。

目前,新时代大学生主流上理想信念坚定,热爱祖国,热爱人民,坚定"四个自信";生活态度积极向上,愿意为实现中华民族伟大复兴中国梦贡献一份自己的力量。但是因某些因素,仍有部分大学生理想信念存在一些问题。

(一) 理想信念不够坚定

1. 思想行为不够上进

在大学生涯中,一些学生比较消极,思想行为呈现"佛系""葛优躺"等疲软状态。主要表现在:一是对一切事物持比较消极和悲观的态度,对理想和未来缺乏规划或设想,认为自己看不到未来,看不到希望,内心焦虑敏感,情感上脆弱困惑。为此,他们在做事的过程中遇到一些困难或挫折,就会很容易放弃理想,摒弃初衷,或者由于缺乏执着和对于获得成功的渴望逐渐放弃对理想的追求,向现实妥协,热衷无欲无求、不悲不喜、云淡风轻而追求内心平和的生活态度,成为"佛系青年"。二是虽然树立了理想追求,但是在一定生活和学习的双重压力下,选择走捷径,实现目标的方式方法追求功利化。为此,凡是有利益或者荣誉的事情就会积极参与,趋之若鹜;反之,则兴致寥寥,以致价值观念有偏差,生活态度不积极,学习态度不明确。

2. 思想政治理论学习不够深入

主要表现在:一是部分大学生比较重专业轻人文,认为学习思想政治理论系统知识对于他们能力的提升和个人的成长没有什么用,为此,他们参与思政课课堂兴趣不大,对思想政治理论系统知识的学习也只是为了完成学分,这样很难将思想政治理论知识内化成为自身的政治信念,也很难提高他们的政治意识;二是当代大学生伴随互联网的发展而成长,比较喜欢通过网络和社交平台进行"碎片化"学习,对思想政治理论知识的学习更多停留在"知其然",而不是"知其所以然",他们会象征性地去关注时事,关注新的创新理论,关注领导讲话,但不会系统地去理解有关精神和理论背后的道理、学理、哲理,以致政治意识自我修养水平很难得以有效提高,政治判断力、政治领悟力、政治执行力(政治"三力")提升较疲软。

3. 信仰追求不够坚定

目前,部分大学生对信仰的追求还不够坚定。一方面他们相信没有中国共产党就没有新中国,并认可只有在中国共产党的领导下才能实现中华民族伟大复兴的中国梦。另一方面,他们认为马克思主义理论已经过时,是一百年前的古老理论,不适合当代中国的现实发展。还有一些学生坚信共产主义一定会实现,但不一定是在我们这一代实现,可能需要数十年或数百年的时间,与自己眼前的个人利益无关。对于信仰的不坚定致使在部分大学生的意识中缺少为实现共产主义最高理想而奋斗的动力和激情。同时,在新时代大学生理想信念中还出现了艰苦奋斗意识薄弱的现象,认为艰苦奋斗精神已经过时,贪图享乐,认为享受现在、享受生活才是正道。

(二)理想信念偏离正道

1. 物质生活奢侈化

新时代的大学生成长于我们国家富起来、强起来的年代,优越的物质条件和开阔的视野给了他们足够的底气和能力,造就了更加挑剔的消费者,对商品的质量和价值有了更高的要求。通过对比微博、抖音、小红书这些现下比较流行的、同时具有社交与生活方式分享功能的软件可以发现,那些平时比较活跃于平台、乐于分享各类奢侈品牌化妆品或者服饰的大多都还是在校大学生。大学生开名车、背名包似乎已经成了见怪不怪的事情。大学生的主要生活来源还是父母的供养,但部分大学生为了满足自己炫耀攀比的心理,开始不理性的奢侈品消费。超前消费的行为有一定普遍性,特别是有些借贷平台的门槛越来越低,更加刺激了大学生的消费欲望。随着这种年轻一代超前消费生活方式的兴起,"隐形贫困人口""负翁""月光族"等成了网络热门词汇。看起来光鲜亮丽,生活精致,但其实存款为零,甚至负债。理想信念的淡漠化伴生了物质生活的奢侈化。

2. 精神世界空虚化

不同于高中被铺天盖地的学习资料填满,大学更加注重学生的全面发展,因而可供自主规划支配的时间也会更多。然而这样的教育模式也为精神贫困同学的懒散提供了温床。部分同学终日浑浑噩噩,在游戏、直播、聊天中的网络世界大把地挥霍着时光与金钱,却仍埋怨着生活枯燥无味,难以自拔。打着融入"宿舍圈子""同学圈子"的旗帜盲目跟风,低头玩手机,甚至上课敷衍学习,抱着考试但求不挂科的消极心态。每天认真学习、泡图书馆,不懂得大牌、不会玩游戏的人反而成为了这些同学眼中的"怪物""乡巴佬""异类"。此外,一部分大学生逃课逃学,省吃俭用,虔诚地去追堵他们视作神明的"明星""偶像",有时被工作人员不友好对待,他们依然心甘情愿、甘之如饴。作为"追星一族"的大学生,盲目崇拜心理也是精神空虚的表现。当然,精神世界空虚化的本质就是理想信念出了问题。

3. 理想追求庸俗化

在当下的大学生活中,积极进取、追求精神提升是主流,但也伴随着一些"杂音"。比如"不挂科的大学是充满遗憾的""学得好不如嫁得好""无轻狂不青春"等。我国的经济社会正在以飞快的速度向前发展,大学生在不断满足自身物质需要的同时,也对现实生活有了更多的要求。功名加身是英雄,一夜致富是传奇,这些"看得见的""实用"好处成为一些大学生衡量成功的新的价值标准。让他们津津乐道、孜孜不倦追求的,不再是口口相传的德行,而是让人羡慕嫉妒恨的财富与权力。衡量个人成功的标准也不再是具有高尚的品德、实现自己的人生价值,而是房子够不够大、车子够不够贵、钱够不够多等世俗的标准。然而,事实上这些所谓的成功标准是人的欲望,人的欲望是永远无法满足的。这种思想就使他们在判断人生价值的标准上更加看重地位、金钱与权力。想当"人上人"的庸俗思想充斥着这些人的追求,这与大学生的理想信念背道而驰。

(三)理想信念误入歧途

1. 奉行极端利己主义

利己主义是一种以自我为中心,用个人利益作为思想行为准则的道德原则。利己主义强调个人至上和个人本位,强调一己私利的至上性,把一己私利的得失视为道德上善恶的唯一标准。部分大学生在学习和生活中呈现出严重的利己主义倾向,譬如在择业时对高报酬、高福利、舒适稳定的工作比较感兴趣,对于有利于国家民族发展的专业与工作兴趣不大;在学习内容的选择上注重实用性知识,对于短时间内看不到回报的知识选择较少;以金钱作为自己的人生信条,并且将自我的满足程度作为衡量自身价值的唯一尺度。在大学生中还有一部分精致利己主义者,他们具有高情商、高智商、甚至高逆商。可能在评奖评优之前,他们学习认真,态度诚恳。一旦达到自己的目的以后,就恢复自身原本的样子。他们的行为具有欺骗性,目的性强,其目标就是通过一段时间内的表演来获得老师、同学甚至领导们的信任,从而拿到自己想要的利益。这些大学生明知道这种心理及行为是不道德的,还是会争相模仿,置理想信念于不顾。

2. 认同历史虚无主义

大学生涉世较浅,容易受到历史虚无主义渗透的影响,认同错误的历史知识,阻碍正确历史观的形成。历史虚无主义是一种错误的政治思潮,它促进和鼓吹的思想与我国的传统思想发生冲突。一旦虚无主义历史观占领大学生的头脑,错误的历史思想就会肆意泛滥,导致错误的价值判断,影响他们对历史事件和历史人物的判断,还会影响他们对于当前的经济、社会和政治形势的判断。另一方面,大学生在对一些错误历史知识表达自己的态度时会非常谨慎,不会清楚地透露自己的个人观点,更不用说通过采取实际行动证明他们的见解和态度。根据调查显示,针对网络电视剧、电影中的历史真相,有13.3%的同学选择了会去追究,有13%的同学选择了不会去追究,而73.8%的同学选择有时会去追究。这种摇摆不定的思想立场既反映了大学生对历史问题思考的欠缺,也反映了大学生自身历史观建构的不完整。缺乏自我纠正的主动性本质上就是一种默许与认同。总之,没有坚定的理想信念,就不能抵御历史虚无主义的进攻。反过来,历史虚无主义又不断去侵蚀大学生的理想信念。

3. 迷信新自由主义观

自由主义在当今社会主要表现为新自由主。新自由主义观的个人主义在原来的基础上披了一层虚假的外衣,表面不再是强调一切以自我为中心的概念,变成了强调在协调个人与社会之间的关系的基础上实现个人自由。但从本质上讲,它仍然将自己视为中心,始终把强调个人利益和个人自由至上作为自己的核心思想,同时误导大学生否认存在集体利益的必要性。当代大学生中一些人认为个人利益高于集体利益,在集体利益与个人利益发生冲突时选择个人利益。在他们看来,如果每个人的利益得到了保障,那么社会就安定,国家发展就顺利了。所以部分大学生不愿意参加集体活动,认为集体活动是形式主义,没有任何意义。而我们认为,之所以这些大学生没有能够有效抵御和战胜新自由主义等各种错误思潮,恰恰是因为没有集体意识,没有树立正确的理想信念。当代大学生应该树立远大理想信念,增强集体主义意识,增强对集体主义原则的认同感,明确国家利益、集体利益与个人利益之间的关系,将自身发展与国家利益和集体利益连接起来,不能迷信自由主义,对集体负责,对自己负责。

(四)对理想信念教育的抵触

1. 部分大学生排斥理想信念教育者

这些学生排斥理想信念教育,突出表现是排斥理想信念教育者。首先,有些教师自身理想信念比较模糊。自身没有做到真信真学真用马克思主义,在教学的过程中难以自圆其说。还有的老师在课堂上没有做到言传身教,上课不注重自身言行,在课堂上抱怨。个别教师要求学生信仰马克思主义,自己的行事方法却违背了马克思主义,让学生难以信服。其次,一些教师不能及时更新教学观念及采用大学生喜欢的教学方法,以至于在现实课堂中,学生认为思想政治教育者不够重视大学生的想法和对课堂教学的接受程度,造成一种不良感受,致使教育者不能得到受教育者的接受和欢迎。

2. 部分大学生抵触理想信念教育内容

这些大学生为什么排斥理想信念教育？一部分学生表示是因为对于理想信念教育的内容不感兴趣。首先,学生们认为当前的思想政治理论教科书的编撰与大学生的距离不够近,与现实的关系不够紧密,对大学生实际心理状况的了解不够。其次,在现实课堂中,理想信念教育课程中讲授的内容通常过于偏重理论传达,一些教师只是在照本宣科,没有考虑到不同专业学生的不同专业背景,不能将专业知识和实践教学相结合。因此,他们的理想信念理论课给学生一种很空、不适用甚至无用的印象,学生觉得高校理想信念教育理论与自己的现实生活不够贴近,导致其讨厌和拒绝高校理想信念教育。高水平的思想政治教育内容不仅应该来自教科书的文字,而且应该来自对生活实时和时事的感知,应该及时调整理想信念教育内容,增强其对大学生的吸引力。

3. 部分大学生排斥理想信念教育方法

部分大学生排斥理想信念教育的原因还在于排斥理想信念教育的方式。首先,部分大学生认为高校理想信念教育的方式主要是灌输,并且教育者的语言表达过于强调理论学术性,缺乏幽默感和吸引力,很少能够以独特的个人风格来进行教学,也无法将学生带入特定的教育环境,只是单纯地将课本上的内容念出来,不加以分析,没有办法让学生充分理解教授内容。其次,在课堂过程中对学生的状况和秩序管理不够。一些学生在上课时会玩手机、睡觉,部分教师对此不会进行管束,这对认真听讲的同学产生了不良影响,导致部分人不再认真听讲。最后,大学生是高科技和新媒体的追捧者,当前高校理想信念教育者,特别是一些年纪较长的教师,对新媒体的尝试缺乏主动性,而传统的课堂传播方式对于大学生来说缺乏吸引力。

四、新时代大学生理想信念的培育

中国特色社会主义已经进入新时代,大学生作为建设中国特色社会主义的后备军,必须坚定理想信念,成为有理想、有本领、有担当的时代新人,这样才能担当起民族复兴的大任。

大学生应在自我教育中筑牢理想信念根基。"在自我教育中,主客体是合一的。"大学生自我理想信念教育的过程是作为主体的"应然的我"对作为客体的"实然的我"进行的理想信念教育的过程,这个过程也是学生学习的过程。大学生应该不断增强理想信念自我教育,努力将理想信念的火种植入心灵,嵌于生活,从而争做新时代的追梦人。为此,应从以下三个方面发力。

（一）夯实理想信念自我教育的理论基础

一些大学生的政治素质与思想素质的水平不高,很大程度上是由于其精神世界缺乏科学理论的涵养,导致其自身综合素质不高,制约了理想信念自我教育的效果。自我教育的基础是从"知道"开始,大学生开展理想信念自我教育,必须深刻理解理想信念科学理论的价值内蕴,做到对马克思主义的笃信与践行。为此,一是要多花时间花精力去多读马克思主义理论原著,从原著中体会马克思主义的科学性。这样才能将理论变成我们强大的思想武器,将马克思主义理论内化于心,外化于行;二是要加强对习近平新时代中国特色社会主义思想的学习,从中汲取丰富的政治智慧和思想养分,深刻领会其彰显的理论价值和实践意义,并将其深深地植根于思想之中,努力落实到投身于中国特色社会主义伟大实践的行动上,从而促进自身矢志不渝跟党走,增强对马克思主义、对中国特色社会主义、对实现中华民族伟大复兴中国梦的信仰、信念、信心。

(二)激发理想信念自我教育的决心勇气

新时代大学生能否以壮士断腕的决心和勇气坚守崇高的理想信念,站得稳并立得住,把握自身成长成才的正确方向,这对党和国家、民族以及个人的发展具有重要意义。由此,大学生必须提升理想信念自我教育的笃行意识,增强笃行动力,以铸魂壮骨。

一是要培养树立科学理想信念的自觉性。大学生应不断调动自身坚定理想信念的自觉能动性,积极融入高校、社会以及家庭的合力育人模式,提高自我教育的能力。要树立终身学习的理念,不断健全完善自身的知识结构、技能体系,提高自主学习的能力,同时,要提高自身结合理论分析、解决现实问题的能力,及时了解党的路线、方针、政策,认真感悟党带领人民进行的艰苦卓绝的奋斗历程,努力关注国内外政治、经济、文化等时事热点,认清国家和民族于世界舞台上所面临的机遇和挑战。"得其大者可以兼其小",要顺应时代潮流,深刻认识社会发展的客观规律,把握社会变革的动态脉搏,注重集体主义和个人价值的有效融合。最终,在助推中国特色社会主义伟大事业的进程中自觉应用真学问,施展真本领,从而做好担当国家富强与民族振兴重任的时代新人。

二是要增强抵制不良价值观念的主动性。面对着伟大时代的召唤,大学生应当怀揣着伟大的梦想,大步前行。具有网络"原住民"特点的新时代大学生,其在精神领域催生出的道德困惑和价值观缺失,多数是由物质主义及个人主义等负面价值观念相互交织的作用下产生的。作为国家建设的生力军,大学生必须果断抵制自身沉湎于网络中进行娱乐享受的"精神鸦片",避免盲目刷点击率、刷评论、刷点赞而虚度光阴的行为。在现实中,努力破除基于缺乏自信而难以融入集体的人际交往障碍,及时转化源于外界或自身压力的负面情绪而造成的心理阴影,坚决消除伴随自身年龄增长而产生的对情感异常渴望的消极心态。要主动强化思想道德修养,摆脱落后观念的禁锢,增强明辨是非的能力,提高对消极价值观念影响的免疫力,还要勇于克服自身固化的思维与心理定势,树立积极进取的人生态度,从而不断完善自我,超越自我。

(三)加强理想信念自我教育的实践磨炼

科学理想信念的树立绝对不能囿于口号,这个过程只有在实践中才能得以真正实现。大学生实施理想信念自我教育,也是源于实践又作用于实践的。新时代背景下,大学生应将树立崇高理想信念的过程融于党和国家的伟大事业之中,从而在助推中国梦的伟大进程中放飞青春梦想。

一是要把握实践磨炼的有利机会。大学生要为圆梦蓄力,就应该练就一身过硬本领,积极投身于党和国家的伟大事业之中。对于即将踏入社会走向职业岗位的大学生,磨砺意志的实践空间不应局限在校园内,还应进入社会实践的各种场景。譬如积极参加与专业相关的社会调研,参与支农、支教等志愿活动,还可赴革命圣地重温革命历史等等,这些不仅有利于促进学生个人培育良好的敬业精神,将自身刻苦学习的动力转化为服务社会的责任,而且有利于促使其铭记历史,珍惜当下,走出某些理想信念的误区,从而在中国特色社会主义的伟大实践中真正实现自己的人生价值。

二是要强化实践磨炼的自我评价。大学生的理想信念能否正确树立,取决于其内在的知、情、意、信、行诸要素之间在发展水平上能否保持一致,唯有学生经过积极的思想内部矛盾斗争,才能树立崇高的理想信念。自我评价的有效开展是大学生不断对自身顺利实施理想信念教育的重要保证。大学生在理想信念自我教育的过程中,全面客观地认识自己,以指导、振奋自身进行实践锻炼的士气是取得良好教育效果的前提。所以,大学生应该在理想信念自我教育过程中增强理性自我评价的力度,正视自己的不足,开展批评和自我批评,总结经验,找出差距,以更好地融于生活和学习乃至将来的工作之中。同时,要努力培养自己临顺境不骄、处逆境不馁的积极心态,保持清醒的头脑,明确自我定位,审时度势,以促进自身实现"主我"的"应然"与"客我"的"实然"的统一,从而提升理想信念自我教育的水平。

总之,崇高的理想信念始终是国家、民族以及个人强大的精神支柱与精神动力。不管过去、现在还是未来,理想信念坚定的大学生始终都是实现中华民族伟大复兴的先锋力量。新时代大学生承载着国家和民族的希望与重托,面对复杂的世界变局,大学生的思想观念不可避免地会受到诸多复杂因素的影响,这就亟需崇高理想信念的引领。科学地实施理想信念教育,有利于为国家和社会及大学生个人的发展产生持久正向的作用。因此,应不断加大新时代大学生理想信念教育的力度,勉励学生树立正确的理想信念,引导其以坚定的理想信念铸魂壮骨,从而在助推中华民族伟大复兴中国梦的进程中砥砺前行。

第二节　爱国主义教育

张伯苓校长的爱国三问

1935年9月17日,著名教育家张伯苓在南开大学开学典礼上问了3个问题:你是中国人吗?你爱中国吗?你愿意中国好吗?演说中,张伯苓主要谈了两个主题,一是"认识环境",二是"努力干去"。这里的"环境"指的是时局,这一年的不同之处,正是"环境有了许多的变化"。张伯苓说:"最近几年,特别是最近几个月,有种很不安全的感觉。我们自以为是一个国,而这个国可是没有门,没有墙,这怎么好!"国没有"门",是指国防的无力,对外不抵抗,门户洞开。"墙"则是指支撑国家的各方面力量。张伯苓说:"以前的环境,四面的墙一齐倒,彼此互相支持住,没有倒下……现在几面墙都塌了,有一面墙要整个地倒下去,自己又没有柱子支着。"面对这样的环境,我们该怎么努力去干?张伯苓对学生们说,如果你是中国人、爱中国、愿意中国好,那么就改掉自私狭隘的毛病,为国家为公团结起来!他希望南开人要从自己做起,"由一班、一个学校起下功夫,练习为公"!

这3个问题,是历史之问,更是时代之问、未来之问。走出流血牺牲、生死考验的语境,走出神州陆沉、存亡绝续的背景,仍然需要我们一代一代这样问下去、答下去,才能为"中国号"巨轮破浪前行提供最深厚的底气、最有力的支撑。

中华民族有着五千年的历史,孕育了勤劳勇敢、自强不息、勇于探索的民族精神,其核心是爱国主义。爱国主义是中华民族的精神财富,烙印在了民族的血脉之中。"有国才有家",每个人的生存和发展都离不开国家,没有国家的繁荣富强,就不会有小家的温暖幸福,爱国是每个公民的情感需求及行为准则。青年大学生是公民中的重要群体和中坚力量,更应肩负起爱国的责任与使命。国家发展需要青年大学生,民族复兴更加需要青年大学生。

一、爱国主义教育概述

(一)爱国主义的内涵

爱国主义是爱国主义教育的元概念,它是千百年来人们在社会实践中形成的对祖国的热爱之情,并由此而生发和凝结的集社会心理情感、国家认同、价值取向、道德规范和法律规范于一体的思想观念体系,属于社会意识形态的范畴,内含爱国认知、情感、意志及行为的相融相合,是个体国家归属感、认同感、自豪感的有机统一,集中体现了个体与国家之间的依存关系。其内在要义主要包括以下几个方面:

1. 爱国主义是一种社会心理情感

着眼"爱国主义"的情感本性及其在实践中的发展逻辑,爱国主义首先是一种人们在实践中凝结的对祖国的深厚情感,同时也是人们"对本民族的心理依附"和对祖国的依存关系的必然反映。

2. 爱国主义是一种高度的国家认同

这种认同主要表现在三个方面:一是表现为个体对国家主流传统文化、历史等方面的文化性国家认同,二是表现为对国家基本制度,包括政治制度、经济制度、执政理念、政策运行等方面的政治性国家认同,三是表现为对国家社会治理方式、社会公平与公正的维护,例如社会分配制度、民生保障制度等方面的社会性国家认同。

3. 爱国主义是一种价值取向

人们通过理智思考和客观价值判断,能够把自我价值实现与社会公共价值有机统一,把爱国主义情感升华为为国尽责、为国奉献的崇高使命感和责任感,并落实为实践中的真实价值追求和具体爱国行为,从而使爱国主义的价值取向和信念系统成为调整个人、群体、民族和祖国利益关系的最大价值公约数,构成维系一个国家长期稳定和发展的最深层的力量源泉。

4. 爱国主义是一种道德规范

爱国主义作为道德规范,与一个国家遵从和归属的道德体系的基本原则紧密相关,是一国之公民所应遵守的基本行为准则,是调整个人与国家、民族关系的道德要求。国家利益高于一切,个人利益自觉地服从国家和民族利益,是每个公民的道德义务。

5. 爱国主义是一种法律规范

虽然法律规范中所体现的爱国主义行为准则,在内在情感的生发方面无法做出强制性规范,但可以从正反两个方面对人的爱国行为做出明确规定,通过强制性的法律规章来增强爱国主义的神圣性和权威性,通过具体的法律规范来调整个人与国家的关系,规定个人对国家的法定责任,要求每个公民按照法律的规定履行爱国行为义务,要求个人的爱国言行必须符合法律要求和法律规范，否则就会受到相应的制裁或处罚。

（二）爱国主义教育的内涵

爱国主义教育是培养全体公民厚植爱国主义情怀、树立科学爱国主义观念、引导正确爱国主义行为的一种教育活动，这一教育活动也是思想政治教育的重要内容。

从内涵上看，爱国主义教育主要是将国家发展的不同时期所衍生的相应内容作为教育依据，并通过正规的手段，即教育，纠正受教育者的思想行为，促使受教育者自觉主动将爱国作为自身立德之源和立功之本，从而促进人的全面发展，成为德智体美劳全面发展的社会主义建设者和接班人。

从特点上看，爱国主义教育跟随时代发展变化，也显现出一些不同的特点。第一，爱国主义教育的内容需要与时俱进。全球化与开放化背景下需要爱国主义教育增添新内容、贯彻新要求，不断丰富发展爱国主义，如改革开放时期，爱国主义教育的主题是建设中国特色社会主义；进入新时代，爱国主义教育的主题是"坚持把实现中华民族伟大复兴的中国梦作为鲜明主题"。第二，爱国主义教育的主体客体具有广泛性。爱国主义教育面向的是全体公民，贯穿于教育教学的全过程。第三，爱国主义教育具有历史性。爱国主义教育的形式和内容反映了不同时代的特点，具有每个时代独特的历史烙印。

（三）大学生爱国主义教育的内涵

大学生爱国主义教育，是指教育者根据党和国家的发展目标和方针政策，以马克思主义为指导，有目的、有组织、有步骤地对大学生施加爱国主义思想影响，厚植大学生的知、情、意、性相统一的爱国情怀的教育实践活动。其要义有以下几点：

1. 大学生爱国主义教育要提高爱国认知

爱国主义是一种完整的思想观念体系，而大学生的思维充分发展，认知水平和认知体系也日趋提高和成熟，从根本上决定了开展爱国主义教育要以提升大学生的爱国认知为重要目标，将其作为培养大学生深厚爱国情感的有效载体，也是引导大学生形成高度国家认同的基本前提。只有形成正确的爱国认知和理性思维，才能为厚植大学生的爱国情感提供坚实的土壤。

2. 大学生爱国主义教育要培养爱国之情

爱国之情是在认知基础上发展起来一种社会性情感，针对大学生情感充沛、情感张力大，同时情感冲动明显的突出特点，教育者要把握对其进行情感教育的关键时机，遵循其爱国情感的发展规律和转化规律，重视社会环境和文化的涵育功能，使大学生的爱国之情从自发转向自觉，从感性转向理性。

3. 大学生爱国主义教育要砥砺强国之志

意志是指个体为实现目标而决意克服一切困难和阻碍的心理取向或能力。强国之志就是为了祖国的强大而努力拼搏、矢志奋斗、百折不挠的坚定信念和志向，它是在形成全面的爱国认知和深厚的爱国情感的基础上形成的爱国理念和价值追寻，是一种强大的精神动力。砥砺大学生的强国之志，帮助大学生树立起强国报国的坚定志向，就能够使他们严格要求自己，排除一切困难和阻碍，在为实现民族复兴而不懈奋斗的历史洪流中实现自我价值。

4. 大学生爱国主义教育要落实报国之行

大学生爱国主义教育的最终目的，就是要使大学生把爱国主义情感内化为高尚的道德情操，外化为实践中的爱国、报国、强国的具体行为，成为激励和指引大学生在今后的人生中始终做到"利于国者爱之，害于国者恶之"的道德规范和行为准则。

（四）新时代大学生爱国主义教育的新变化

新时代呼唤新变化。爱国主义教育面临的内外环境和形势任务发生了较大变化，迫切需要对新时代爱国主义教育进行战略谋划，作出全面部署。高校大学生是社会主体中最具创新意识和最活跃的群体。同时，大学生既处在新时代发展变化最迅速的时期，也处在爱国主义培育和三观定型的关键时期，以《新时代爱国主义教育实施纲要》为基本遵循，加强新时代大学生的爱国主义教育。新时代大学生爱国主义教育之"新"主要体现在以下三个方面。

① 新时代大学生爱国主义内涵的时代变化：爱国主义之"爱"蕴含拼搏奋斗的新元素，爱国主义之"国"彰显中华民族伟大复兴的新姿态，爱国主义之"主义"具有理论创新的新内容。

② 新时代爱国主义教育本质的升华：新时代突出了爱党的必要性，强调了爱党是爱国主义的更高要求。

③ 新时代爱国主义教育内容的时代升华：突出了"五史"教育内容、强调中华文化创造性转化、创新性发展，加强总体国家安全观教育内容，明确反对错误思想观点和不良内容，提供警示负面清单等新内容，让新时代大学生爱国主义教育的重点更加明确、内容更加丰富。

二、大学生爱国主义教育的历史演进

中国共产党成立以来，大学生爱国主义教育经历了初步形成、巩固发展、逐渐完善、强化创新四个阶段，全面了解大学生爱国主义教育的历史演变，能够帮助我们梳理各个时期爱国主义教育的主题，对于坚持党对爱国主义教育的领导、坚持正确的教育方向、推动爱国主义教育工作的落实具有重要意义。

（一）初步形成期（1921—1949年）

中国共产党成立前，中国一大批有志之士奋战在救国的前线，深刻认识到爱国、救国的重要性。以李大钊、陈独秀为代表的革命知识分子，发表一系列文章，呼吁广大知识青年投入到救国、报国的实践中，为爱国主义教育的形成奠定了基础。1926年中共中央再次发出《关于五月革命各纪念日之宣传工作》，将马克思主义传播和工人的具体运动相结合，丰富了爱国主义教育的内容。抗日战争时期，面对敌人的侵略、帝国主义战争的扩张，迅速组成抗日民族统一战线，激发了爱国热情。解放战争时期，中国共产党对青年学生给予正确的引导，让青年始终围绕在党的周围，成为坚定的爱国者，为解放战争的胜利奠定了基础。中国共产党组织成立青年宣讲团，用自己满腔的爱国报国之心唤醒大众的思想启蒙。中国共产党结合现阶段的主要任务，用马克思主义理论教育青年，推动了大学生爱国主义教育的形成和确立。

（二）巩固发展期（1949—1978 年）

新中国成立初期，如何巩固新生的政权，积极动员人们参与社会主义建设，是现阶段面临的最重要的问题，对此党和国家采取了一系列举措。1949 年颁布《中国人民政治协商会议共同纲领》对公民提出新的要求，指明学校爱国主义教育重点是培养什么样的人才。此后，国家更加重视青年大学生的爱国主义教育，将爱国主义教育融入政治生活，并开设系统的教育课程，加强爱国主义教育。通过时事政治的学习，了解国家的国情，引导青年大学生理性爱国。新中国成立以后，经过一段时间系统爱国主义教育后，大众的民族自信心普遍得到提高，为爱国主义教育奠定了基础。

（三）逐渐完善期（1978—2012 年）

1978 年开始探索新时期爱国主义教育。1983 年《关于加强爱国主义宣传教育的意见》指出"培养全体人民、特别是青年的爱国主义精神，提高他们的爱国主义觉悟"，进一步激发了大学生参与改革开放的爱国热情。1989 年到 1999 年，爱国主义教育开始逐渐规范。1989 年国际上苏联解体、东欧剧变，爱国主义教育的重要性凸显，更加注重国家安全教育、历史教育。1994 年 8 月，中共中央颁布了《爱国主义教育实施纲要》，爱国主义教育得到空前重视。《纲要》指明了爱国主义教育的内容、原则、对象、路径等，强调爱国主义教育的重要性。

（四）强化创新期（2012 年至今）

党的十八大以来，进入新时代，这一时期大学生爱国主义教育重点围绕实现中华民族伟大复兴的中国梦。2015 年 12 月，习近平总书记强调："爱国主义教育贯彻于国民教育和精神文明建设的全过程，让爱国主义精神在青少年心中牢牢生根"，在青少年心中埋下爱国的种子。2016 年《关于教育系统深入开展爱国主义教育的实施意见》强调推动爱国主义教育和社会主义核心价值观教育紧密结合。2017 年党的十九大报告中强调高举爱国主义旗帜，培育时代新人。2019 年 11 月颁布的《新时代爱国主义教育实施纲要》，指明了当前爱国主义教育的内容、对象、载体、氛围、组织，全方面加强爱国主义教育。2021 年 7 月《新时代加强和改进思想政治教育工作的意见》指出，要广泛开展中国特色社会主义和中国梦教育，加强爱国主义、集体主义、社会主义教育。对爱国主义教育进行系统的规划，为爱国主义教育的开展指明了方向。2023 年 10 月 24 日颁布的《中华人民共和国爱国主义教育法》，将加强新时代爱国主义教育、弘扬和传承爱国主义精神法律化。

三、大学生爱国主义教育的理论基础

（一）马克思主义的爱国主义思想

1. 爱国的前提就是争取民族独立和解放

马克思、恩格斯认为一个大民族，只要还没有实现民族独立，历史地看，甚至不能比较严肃地讨论任何内政问题。一个国家只有独立，才能自主地处理国家事务，决定国家的政治、经济、文化发展的权利。如果不独立，国家就没有办法发展，在国际社会上就没有一席之地，爱国主义教育就无从谈起。因此，马克思、恩格斯呼吁无产阶级必须联合起来，使自己上升为统治阶级，最终实现自身的解放。

2. 爱国主义和国际主义相结合

马克思、恩格斯强调国际联合只能存在于国家之间，因这些国家的存在，它们在内务事务上的自主和独立也就包括在国际主义这一概念本身之中。马克思、恩格斯呼吁无产阶级必须行动起来，集合一切力量推翻资产阶级，同时依靠各个国家无产阶级的帮助，最终实现这一目标；进一步指出爱国主义教育也要有广阔的国际视野，在谋求自身发展的基础上，统筹兼顾到整体的利益。

3. 爱国主义和共产主义结合

马克思、恩格斯认为，共产主义的发展和无产阶级解放相联系。无产阶级想要推翻资产阶级，实现自身的独立和解放，这是我们最终的目标。我们最终要建立共产主义社会。在共产主义社会中人人自由独立，没有压迫，没有无休止的剥夺。因此，爱国主义和共产主义不可分割、紧密相连。

（二）中国共产党领袖的爱国主义思想

1. 毛泽东的爱国主义思想

（1）爱国主义和国际主义相联系　毛泽东指出，我们是国际主义者，我们又是爱国主义者，我们的口号是为保卫祖国反对侵略者而战。无论在何种条件下，我们都要时刻保卫祖国，坚决反对侵略者。这说明爱国主义和国际主义相联系，为爱国主义教育提供了广阔的国际视野。

（2）坚持独立自主的原则，维护国家和民族利益　毛泽东指出，中国的事情必须由中国人民自己作主张，自己来处理。坚持自己国家的事情自己处理，不允许帝国主义国家干涉，坚决维护主权和领土完整，走出一条符合本国国情的独立自主的道路。

2. 邓小平的爱国主义思想

邓小平注重民族自信心和自豪感，将其作为爱国主义教育的重点。改革开放以后，部分国人盲目地崇拜外国，开始出现自卑的心理，失去了民族自信心。因此，邓小平指出，中国人应有自信心，自卑没有出路，必须弘扬爱国主义精神，提高民族自信心。邓小平进一步指出，热爱我们伟大的祖国，愿意为社会主义国家建设贡献全部的个人力量，这是最大的光荣，而做危害国家发展和民族利益的事情，那是最大耻辱，为爱国主义教育提供了新的内容。

3. 江泽民的爱国主义思想

江泽民将爱国主义和爱社会主义、爱集体主义相统一。我们爱国的核心就是爱我们的国家、爱我们的国家制度。对于我们全民族来说，首先把爱国主义教育作为重要抓手。世界上很多国家，把爱国主义教育作为重要的内容，在中国这种一个人口众多的国家，更应加强重视。江泽民进一步指出，爱国和爱社会主义是统一的，我们热爱祖国，在一定意义上也是爱社会主义。同时他要求青少年全面了解中国的历史，特别是近代以来我们反抗外敌、百折不挠的历史，进而提高民族自信心。

4. 胡锦涛的爱国主义思想

胡锦涛将爱国主义和中华民族伟大复兴结合起来。胡锦涛指出"辛亥革命 100 年的历史表明，爱国主义是中华民族精神的核心"，指明了必须弘扬爱国主义精神，不断加强民族团结统一，为实现中华民族伟大复兴而奋斗。胡锦涛站在社会道德的角度，将社会主义荣辱观作为爱国主义教育的重要内容，以此来规范人们的行为，使之符合社会发展的现实需要，对于净化社会风气，对于推动和谐社会建设具有重要的意义。

5. 习近平的爱国主义思想

习近平站在新的起点上，继承以往的爱国主义思想，提出了爱国主义的新观点，将爱国主义放在一个崭新的高度。首先，指明爱国主义的主题。习近平强调："实现中华民族伟大复兴中国梦，是当代中国爱国主义的鲜明主题"。其次，提出坚持爱党、爱国、爱社会主义相统一。习近平强调："只有坚持爱国和爱党、爱社会主义相统一，爱国主义才是鲜活的、真实的"。三者是相统一，密不可分的，离开了哪一个都不行。再次，习近平指出爱国主义是中华民族精神的核心，是激发各民族团结奋斗的力量。最后，立足民族又面向世界。在他看来，爱国主义不是保守的、局限的，而是立足于国际大局，具有国际视野的，为新时代爱国主义教育提供了导向。

（三）中华优秀传统文化中的爱国主义思想

中华优秀传统文化内容丰富，其中蕴含着丰富的爱国主义思想，明确了爱国思想，提出了爱国标准，形成了以"天下为公"、义利观、忧患意识为主要内容的爱国思想。

1. 提出了爱国标准

《汉纪·惠帝纪》中提到"亲民如子，爱国如家"，《晏子春秋·内篇谏上七》也提到"利于国者爱之，害于国者恶之"。从史书典籍中可以看出他们已经道出了怎样才算爱国：热爱自己的国家要像热爱自己家庭一样，对国家有利的做出贡献的人都应该被喜爱、受欢迎。

2. 形成了以"天下为公"、义利观、忧患意识为主要内容的爱国思想

（1）传统文化中蕴含着天下为公的思想　国家利益是爱国主义的首要表现。在先秦时期，爱国主义主要体现为天下为公的思想。在春秋战国时期，《礼记·礼运》篇说："大道之行也，天下为公。"《汉书·贾谊传》提出"国而忘家，公而忘私。"说明从古代我们就心系百姓，追求一种大同社会，而这种大同社会需要我们无私奉献，需要我们爱国。为此，孔子把"天下为公"作为当时的主流思想，进行广泛的宣传和教育。

（2）传统文化中的"义利观"　"君子喻于义，小人喻于利。""天下之本在国，国之本在家。""苟利国家生死以，岂因祸福避趋之？""国之不存，家能焉附？""覆巢之下安有完卵？"在这种思想的影响下，无数民族英雄在面对选择时，将国家和民族大义放在第一位，谱写了爱国的旋律。

（3）传统文化中的忧患意识　忧患意识是中华民族的重要传统，在国家发展中起着重要的作用。主要表现为强烈的忧国忧民的情怀，对国家的发展、人民生活的关怀。如我们"先天下之忧而忧，后天下之乐而乐"的家国情怀，"天下兴亡、匹夫有责"的社会责任感等。古代的思想家，就是在忧患意识的影响下，将国家、民族放在第一位，以国家繁荣为荣，充实了爱国主义教育的内容。

四、新时代加强大学生爱国主义教育的价值意蕴

（一）为实现中华民族伟大复兴提供动力支撑

实现中华民族伟大复兴是中华民族近代以来最伟大的梦想，梦想的实现需要每代中华儿

女的努力。社会的进步和国家的发展需要有朝气的大学生,青年大学生是实现民族复兴的动力,这就要求必须对大学生进行爱国主义教育,增强大学生对国家的认知,提升青年大学生的爱国情怀,在自我发展的过程中时刻谨记国家的重要性,时时刻刻都要爱国,成长为心中有国家、行事有大义的新时代好青年,为实现中华民族伟大复兴提供动力支撑。

(二)为助推社会和谐进步发展提供重要支柱

作为社会建设的中坚力量,大学生的精神面貌影响着社会的发展和民族的未来。要使大学生对社会发展有更多的认识,让他们有更多的社会责任感,从而促使其产生社会发展与个人紧密相关的担当意识,并带着这种强烈的社会担当,将个人、社会与国家的发展联系在一起,用自己的学识和行动努力建设社会,推动社会发展,为助推社会和谐进步发展提供重要支柱。

(三)为培养中国特色社会主义合格建设者提供智力支撑

大学生的进步影响着国家的发展。大学生作为新生力量,为社会的建设和国家的发展注入了新鲜血液,他们是否能够心怀国家与天下,直接关乎国家的未来和民族的未来。加强新时代大学生爱国主义教育,有利于大学生主体意识的觉醒,有利于提升大学生爱国爱民的意识,帮助大学生树立马克思主义信仰,从而使大学生能够在信息过剩的网络空间自主选择和抵制不良信息的侵害,最大程度上满足大学生自身的精神需要,有利于培养大学生心怀爱国之情、笃行报国之志,在社会主义现代化建设的过程中实践报国之行,从而能够为培养中国特色社会主义合格建设者和接班人提供精神动力和智力支撑。

五、新时代大学生爱国主义教育的内容

(一)习近平新时代中国特色社会主义思想教育

习近平新时代中国特色社会主义思想,是马克思主义中国化的最新理论成果。要深刻理解习近平新时代中国特色社会主义思想的核心要义、精神实质、丰富内涵、实践要求,不断增强政治意识、大局意识、核心意识、看齐意识,坚决维护习近平总书记党中央的核心、全党的核心地位,坚决维护党中央权威和集中统一领导。

(二)中国特色社会主义和中国梦教育

深入开展中国特色社会主义教育,引导大学生在历史与现实、国际与国内的对比中深刻认识中国共产党为什么"能"、马克思主义为什么"行"、中国特色社会主义为什么"好",牢记红色政权是从哪里来的、新中国是怎么建立起来的,倍加珍惜我们党开创的中国特色社会主义,不断增强道路自信、理论自信、制度自信、文化自信。要深入开展中国梦教育,引导人们深刻认识中国梦是国家的梦、民族的梦,也是每个中国人的梦,深刻认识中华民族伟大复兴绝不是轻轻松松、敲锣打鼓就能实现的,要付出更为艰巨、更为艰苦的努力,争做新时代的奋斗者、追梦人。

(三)国情和形势政策教育

要深入开展国情教育,帮助人们了解我国发展新的历史方位、社会主要矛盾的变化,引

导人们深刻认识到，我国仍处于并将长期处于社会主义初级阶段的基本国情没有变，我国是世界上最大发展中国家的国际地位没有变，始终准确把握基本国情，既不落后于时代，也不脱离实际、超越阶段。要深入开展形势政策教育，帮助人们树立正确的历史观、大局观、角色观，了解世界正经历百年未有之大变局，我国仍处于发展的重要战略机遇期，引导人们清醒认识国际国内形势发展变化，做好我们自己的事情。

（四）民族精神和时代精神教育

以爱国主义为核心的民族精神和以改革创新为核心的时代精神，是凝心聚力的兴国之魂、强国之魂。要聚焦培养担当民族复兴大任的时代新人，培育和践行社会主义核心价值观，广泛开展爱国主义、集体主义、社会主义教育，提高人们的思想觉悟、道德水准和文明素养。要唱响人民赞歌、展现人民风貌，大力弘扬中国人民在长期奋斗中形成的伟大创造精神、伟大奋斗精神、伟大团结精神、伟大梦想精神，生动展示人民群众在新时代的新实践、新业绩、新作为。

（五）党史、国史、改革开放史教育

学习党史，能够了解到中国共产党一步步发展壮大的历程，更加坚定爱国、爱党信心。学习新中国史，必须紧密联系中华人民共和国成立前后的历史，在对比中理清社会发展的趋势，在学习中厚植爱国主义情怀，为实现两个一百年的目标而不懈奋斗。学习改革开放史，了解改革开放四十多年取得的成就，把握改革开放和中国特色社会主义的关系，深刻领悟党的伟大觉醒，深入把握和认识改革开放的重要意义。

（六）中华优秀传统文化教育

对祖国悠久历史、深厚文化的理解和接受，是爱国主义情感培育和发展的重要条件。要引导人们了解中华民族的悠久历史和灿烂文化，从历史中汲取营养和智慧，自觉延续文化基因，增强民族自尊心、自信心和自豪感。要坚持古为今用、推陈出新，不忘本来、辩证取舍，深入实施中华优秀传统文化传承发展工程，推动中华文化创造性转化、创新性发展。要坚守正道、弘扬大道，反对文化虚无主义，引导人们树立和坚持正确的历史观、民族观、国家观、文化观，不断增强中华民族的归属感、认同感、尊严感、荣誉感。

（七）祖国统一和民族团结进步教育

实现祖国统一、维护民族团结，是中华民族的不懈追求。要加强祖国统一教育，深刻揭示维护国家主权和领土完整、实现祖国完全统一是大势所趋、大义所在、民心所向，增进广大同胞心灵契合、互信认同，与分裂祖国的言行开展坚决斗争，引导全体中华儿女为实现民族伟大复兴、推进祖国和平统一而共同奋斗。深化民族团结进步教育，铸牢中华民族共同体意识，加强各民族交往交流交融，引导各族群众牢固树立"三个离不开"思想，不断增强"五个认同"，使各民族同呼吸、共命运、心连心的光荣传统代代相传。

（八）国家安全教育和国防教育

国家安全是安邦定国的重要基石。要加强国家安全教育，深入学习宣传总体国家安全观，增强全党全国人民国家安全意识，自觉维护政治安全、国土安全、经济安全、社会安

全、网络安全和外部安全。要加强国防教育,增强全民国防观念,使关心国防、热爱国防、建设国防、保卫国防成为全社会的思想共识和自觉行动。要深入开展增强忧患意识、防范化解重大风险的宣传教育,引导广大干部群众强化风险意识、科学辨识风险、有效应对风险,做到居安思危、防患未然。

六、新时代大学生爱国主义教育的实践路径

现阶段,我国爱国主义教育整体向上向好,但也存在大学生自我教育意识较缺乏、教师队伍培养力度稍显不足、教学内容与形式融合不紧密、爱国主义教育环境复杂多变等问题,为此,要提升大学生爱国主义教育的成效,需要从丰富教育方法、创新教育载体、优化教育氛围等三个维度着手。

(一) 丰富完善大学生爱国主义教育方法

1. 运用情感体验法厚植爱国情怀

情感体验法,是通过情感之间的有效交流,使教育者和受教育者之间形成良好的情感沟通,引起其情感的共鸣。新时代爱国主义教育以情感体验法为指引,引导大学生厚植理性的爱国情感。譬如可以在课堂上组织学生演绎爱国影片的片段,在角色扮演和梳理中激发爱国之情,在交流互动中提升大学生的参与感;可以创设体验式教学情景,组织大学生定期参观爱国主义教育基地,在历史事迹中追寻爱国印记,追寻英雄事迹,在实地的参观和体验中感受爱国之心;可以充分利用现代技术,通过 VR 技术、互联网技术,真实还原当时的历史情景,通过光和影实现对历史的再现,感受革命年代的爱国之心,在亲身实践中感悟国家的发展变迁,增强自身的使命感。

2. 运用榜样示范法引领爱国担当

爱国先进榜样对大学生具有强大的示范和感染力,对大学生的爱国行为具有较强的引领作用。强化爱国主义教育,必须以榜样人物为引领,从中汲取无穷的力量。

(1) 选树大学生身边的爱国典型 譬如大学生扎根基层一线者,大学生参军入伍、大学生支教等。通过积极宣传大学生参与乡村振兴的优秀事迹、参军入伍报效祖国的事例、去偏远地区支教助教的事迹,以无私为国的使命担当,展现青春的风采。

(2) 挖掘新时代爱国榜样人物 譬如我们熟知的"清澈的爱、只为中国"的青春告白及在疫情防控中涌现出来的最美逆行者、基层工作者、医护人员、人民子弟兵、青年志愿者等,都是爱国主义教育的最好素材。此外,我们的奥运冠军同样是新时代大学生的榜样,通过讲述奥运冠军的故事,进而激发爱国之情。

(3) 引导大学生向榜样人物致敬 面对现实中一些人恶意曲解我们的英雄榜样的行为,必须坚决予以制止,引导大学生向模范榜样人物致敬,传承榜样人物爱国奉献精神,在日常生活中以榜样的力量激励自身,指引前进的道路。

3. 运用实践锻炼法坚定爱国信念

社会实践是进行大学生爱国主义教育的重要途径。可以充分利用主题党日,组织社会实践活动,如重走抗联路、参观革命英雄纪念馆、博物馆、档案馆等多种新形式,引导大学生将爱国之情转化为爱党爱国的行动;可以通过话剧、舞台剧等形式,让历史人物鲜活起来,感受到我们建党的初心,增强对中国特色社会主义制度的认同,让深深的爱国情怀在大学生

心底扎根；可以组织大学生群体充分利用寒暑假，通过三下乡、青年志愿服务、假期实习、实训等机会，开展宣讲、调研走访、支教等活动，将爱国主义教育从学校延伸到社会，在实践中展现强国有我的使命担当。

4. 运用自我教育法规范爱国行为

自我教育是重要的教育方法，是加强爱国主义教育的重要途径。通过大学生自我教育，能够有效激发自身的爱国动力，从而更好地实践报国之行。

（1）提高自我学习的能力　大学生作为国家的未来，必须主动学习爱国主义教育相关知识，了解国家发展和民族发展的最新政策，关注国家时事政治，掌握中国共产党百年爱国主义教育的重要经验和历史启示，在历史与现实中感悟党百年奋斗的历史成就，进一步体会爱国、爱党和爱社会主义的统一。

（2）厚植理性的爱国情感　进入新时代，中国的国际地位显著提高。在面对国家进步的同时也要理性看待中国在发展过程中的不足，培养理性的爱国情感，从而在行为上具有积极主动的爱国行为，坚定自身的爱国立场。同时认真学习历史，感悟党百年奋斗取得的成就，感悟党的初心和使命，理性看待中华民族的屈辱史。

（3）做到知行合一　爱国认知和行为必须高度统一。不仅要重视理论上学习，而且注重参加社会实践，最终达到认知和行为的统一。一方面，大学生主动自觉参与到爱国实践中，通过社会实践以行促知。如参加"强国有我"主题活动，通过亲身参加爱国活动，用自己所学的知识奉献祖国、服务祖国，用实际行动践行强国有我的使命担当。同时主动参与学校的社团活动，以诗歌朗诵、征文等多种形式，感受浓浓的家国情，进而提升自身的爱国素养。此外，大学生应主动参与支教、志愿者服务活动，在奉献社会、服务社会的基础上实现自身的社会价值。

（二）改革创新大学生爱国主义教育载体

1. 运用课程思政与思政课堂优化课堂育人

课堂教学是教育的重要载体，也是大学生全面、系统学习爱国主义知识的有效途径。因此，无论是思政课教师还是专业课教师，都要在课堂中讲解爱国知识，传递爱国价值导向，不断创新课堂教学的方式方法，搭建课程思政与思政课堂合力育人格局，促进发挥课堂育人的作用。

2. 运用礼仪仪式创设爱国情景

运用仪式礼仪加强大学生的爱国主义教育，能够把教育内容具体化，从而增进大学生的理性认知，进一步规范爱国行为。譬如高校可以定期组织升国旗唱国歌、入党宣誓等庄重仪式，将四史教育、国情教育渗透在整个仪式教育全过程中，融爱国之情于具体的仪式中，从而达到仪式教育育人的目的。

3. 运用重大节日涵育爱国情感

重大节日是人们在社会生活中具有重要价值意义的时间节点，是人们主动探索世界、创造世界过程中共同创造的带有民族风格和民族特色的文化类型。传统节日中蕴含爱国主义教育的资源。譬如我们可以在清明节组织扫墓、祭祀活动，让大学生感受革命先烈的家国情怀；可以在庆祝中国共产党成立100周年、五四运动纪念日、抗日纪念日、南京大屠杀纪念日等重大节日之际，组织《请党放心，强国有我》主题征文、演讲、红歌比赛、情景剧展演等活动，录制微视频、微电影、微课堂等，增强大学生群体的爱国意识，激发大学生的爱国情感。

4. 利用网络媒介奏响爱国主旋律

互联网是爱国主义教育的阵地，要充分发挥网络的优势，让爱国主义教育能够有成效、出实效。一方面，我们可以通过网络平台讲好爱国故事，播放爱国电影，组织系列爱国主题活动，充分发挥主旋律的作用。譬如可以在网络上以H&M、耐克等对新疆棉花"强迫劳动"的不实言论为教学的具体案例等，引导大学生充分认识一些西方国家的真实意图，进而坚定自身的立场，坚决维护国家主权；可以讲述新疆三代护边员，三代人用生命守护着祖国的边界等故事，诠释对伟大祖国的热爱。用真实的故事去唤醒大学生的爱国之心，增进大学生的爱国之情。另一方面，我们可以利用学校公众号、抖音、快手等传播平台，推送爱国相关内容，扩大爱国主义教育的传播力，让爱国主义教育无处不在、无时不有。

(三) 营造优化大学生爱国主义教育氛围

1. 形成全民爱国的社会风尚

环境时时刻刻都在影响着人，也在改变着人的实践活动。新时代更应重视通过营造浓厚爱国的社会环境，形成全民爱国的社会风尚。譬如充分利用人民网、学习强国等主流媒介的影响力，积极宣传爱国事迹，在街上张贴爱国宣传标语，让爱国主义教育贴近生活、融入生活、扎根生活，让爱国成为一种行为规范与行为准则；可以在公共场所等地方，设置爱国专栏，让爱国氛围萦绕在街头、社区的方方面面，使爱国主义教育无处不在，无时不有；可以设立革命英雄纪念碑，介绍先进事迹，让爱国成为价值共识，提高辨别错误思潮的能力，在实践中规范自身行为，形成全民爱国的社会风尚。

2. 营造爱国的校园文化氛围

环境对人的影响是持久的，良好的校园文化环境对于加强大学生爱国主义教育意义重大。因此，高校必须注重校园文化建设，为爱国主义教育营造优良的氛围。

(1) 注重校园物质文化的建设　注重校园文化中爱国元素的融入，达成环境育人的效果。如建立爱国名人雕塑、以爱国人物命名的建筑、校史馆等。结合新时代的特点，在校园宣传栏、展板、文化墙上分享各种爱国故事，让爱国氛围萦绕在校园，让大学生身处校园环境中感受特有的爱国文化元素，自然而然产生爱校、爱国的情怀。

(2) 重视校园精神文化的建设　校园的精神文化体现在校训、校歌、校史中。在爱国主义教育过程中，充分挖掘校训中艰苦奋斗、爱国爱校的情怀，通过具有典型代表性的人物加强爱国主义教育的引领。通过校歌传递的旋律，感受到一代又一代人的传承，坚定我们的报国之心。通过挖掘校内的校史资源，来涵养大学生的爱国情怀。以学校校史馆为例，是一所学校办学过程的记载，是一所学校几十年的历史文化的积淀。通过大学生亲身参观校史馆，了解学校发展变革的历史，深刻感悟一代又一代创建者的坚守，也为我们爱校、爱国提供了价值导向。校史馆里的陈列的每一张照片、每一封文件，每一件具有象征意义的物品，都会给参观者留下深刻的印象，进而激发大学生爱校爱国相统一的情怀。

(3) 创新多元校园爱国主义教育活动　以高校的社团为单位，组织校园十佳歌手之红歌联唱、爱国知识竞赛、讲述我心中的爱国故事、爱国征文活动等一系列活动，满足大学生精神多样化、多层次的需要。同时，借助学校的公众号，开展线上"云长征"，以线上打卡的方式，感悟长征过程中的艰辛。此外，利用校园广播、报刊宣传爱国主义教育的内容，普及总体国家安全观，以多种形式和多种载体丰富校园文化氛围，营造浓厚爱国校园氛围。

总之，爱国主义是中华民族五千年的历史长河中的一条主流。几千年来，滋养着中华民族生生不息，中华民族不懈的价值追求在其中彰显。中国特色社会主义进入新时代，世界处于百年未有之大变局，中华民族处在重要发展的历史时期，面临着新的发展任务，爱国主义教育必须立足新时代所处的历史方位，从新时代所面对的国际和国内形势出发，分析新情况，解决新问题，爱国主义教育的内容也要满足中国特色社会主义发展的现实需求，不断地更新升级。

第三节　文明礼仪教育

孔子曰："不学礼，无以立"。文明礼仪是一种在社会交往中表现出的文化规范和行为准则，旨在促进人际关系的和谐、增强社会凝聚力以及营造文明、有序的社会环境。开展当代大学生礼仪教育，通过遵循文明礼仪，个人和社会可以建立更加和谐、尊重和友好的关系，促进社会文化的进步与提升。

一、文明礼仪概述

（一）礼仪的概念

礼仪是礼节与仪式的总称，最早出自《诗·小雅·楚茨》："献酬交错，礼仪卒度，笑语卒获。"礼仪对中华民族五千年文明传承和精神文明的延续起到了重要作用。文明礼仪是一种社会行为规范，涉及到个人和群体在社会互动中的举止、言行、态度等方面的表现。礼仪讲究对自己的约束和克制，它是无形的纪律。它是一种尊重他人、促进社会和谐、提升个人修养的行为准则。文明礼仪强调的是在不同社交场合中表现出恰当、尊重和合适的行为方式，以营造良好的人际关系、社会环境和社会文化。

（二）礼仪的起源

中华民族具有五千年的文明史，素有"礼仪之邦"之称，《春秋左传正义》云："中国有礼仪之大，故称夏；有服章之美，谓之华。"礼仪文明作为中国传统文化的重要组成部分，对中华民族的形成及精神血脉的赓续起到了重要作用，纵观礼仪的形成和发展，其起源可大致归纳为以下几种：

1. 礼仪起源于祭祀

东汉许慎的《说文解字》对"礼"字的解释是这样的："礼，履也。所以事神致福也，从示从豊，豊亦声。"从中可以看出，最早的礼仪来源于祭祀，以向上天祈福和表达敬意，是科学不发达时期先民希望国泰民安，表达对上天神秘规律的崇拜之意。

2. 礼仪起源于风俗习惯

马克思指出人是一切社会关系的总和，也就是说人只有与他人结成社会关系才称其为人。因此，在社会生产协作和交往中，形成了一些约定俗成的风俗习惯和交往规范，并通过文字和风俗传承下来，久而久之，这些习惯成为人与人以及社会组织交往的规范和礼节。

3. 礼仪源自感情和敬意表达

礼者，敬人也。没有庄严隆重的仪式，人们在祭祀活动及其他重大事件中，是无法通过虔诚和重视表达心中的敬畏的，这就是礼仪表达情感和敬意的需要，是随着社会的发展需要而产生的。从礼仪的起源可以看出,礼仪是表达国家意志、传播社会价值、规范社会秩序、倡导优秀文化的重要载体和形式。

(三) 现代文明礼仪的内容

文明礼仪包括以下几个方面的内容:

① 言辞得体,在言语表达中,避免使用粗俗、侮辱性或冒犯性的语言,尊重他人的感受,遵守文明礼仪语言规范;

② 尊重他人,在与他人互动时,要尊重对方的隐私、观点和身份,避免随意干涉或冒犯;

③ 礼貌待人,对待他人要礼貌和友善,用语文明,行为举止得体,对待老弱病残孕等特别要关心体贴;

④ 公共场合注意保持秩序,遵守场所规定,不随意扔垃圾,不喧哗等;

⑤ 礼仪礼节,在社交活动中,遵循得体的礼仪规范,如握手、点头、致谢等,以示尊重和友好;

⑥ 道德素养,体现个人的道德品质和修养,遵循社会公德、职业道德等,表现出正直、诚实、宽容等品德;

⑦ 服饰得体,恰当地根据场合选择合适的服饰,不穿着过于暴露、不恰当的服装。

二、学习文明礼仪教育必要性

(一) 礼仪是一种社会规范

社会规范主要包括法律规范和非法律规范两大类别。礼仪是一种非法律规范,它主要包括道德规范、宗教规范、习俗、共同生活准则等。其中,道德规范具有特殊的地位和作用,因为,它是从社会生活中概括提炼出来的一种自觉的社会意识形态,它是依靠社会舆论、传统习惯和个人的内心信念来维持的。社会礼仪反映了人们在共同生活、彼此交往中最一般的道德关系,是保证交往活动顺利进行和社会生活正常秩序的重要因素。对大学生进行系统的礼仪教育可以丰富他们的礼仪知识,让他们明确地掌握符合社会主义道德要求的礼仪规范,并指导他们在实际生活中如何按照社交礼仪规范来约束自己行为,真正做到"诚于中而行于外,慧于心而秀于言",把内在的道德品质和外在的礼仪形式有机地统一起来,成为真正名副其实的有较高道德素质的现代文明人。

(二) 激活大学生实践能力

鼓励大学生积极投身社会实践活动,真正实现学有所用。正如教育家苏霍姆林斯基所说:"只有能够激发学生去进行自我教育的教育,才是真正的教育。"首先,大学生社交能力提升是客观需要。大学时期是一个社会交往频繁的阶段,学习文明礼仪可以提升大学生的社交技巧和交往能力,使他们更好地与同学、老师以及未来的同事建立良好的人际关系。其次,学习文明礼仪可以为大学生未来进入职场做好准备。在职场中,良好的社交礼仪能够增加自信、提升职业形象,有助于在竞争激烈的职业环境中脱颖而出。最后,有助于自我个人形象提升。学习文明礼仪有助于培养大学生的修养和素质,在言行举止中能够展现出更高的道德和文明修养,提升个人的人格魅力。

(三）促进大学生的身心健康

任何社会的交际活动都离不开礼仪，而且人类越进步，社会生活越社会化，人们也就越需要礼仪来调节社会生活。礼仪是人际交往的前提条件，是交际生活的钥匙。当代大学生随着年龄的增长和生活环境的变化，自我意识有了新的发展，他们十分渴望获得真正的友谊，进行更多的情感交流。大学生一般都远离家乡父母，过着集体生活，因此，通过人际交往活动，并在交往过程中获得友谊，是适应新的生活环境的需要，也是大学生成功地走向社会的需要。事实上，在大学期间，能否与他人建立良好的人际关系，对一个人的成长和学习有着十分重要的影响。让大学生学习社交礼仪的基本规范和知识，可以帮助学生掌握交往技巧，积累交往经验，学会在交往过程中遵循相互尊重、诚信真挚、言行适度的原则，更快地与交往对象接近，相互熟悉，彼此理解和尊重。

（四）提高大学生的人文素质

人文素质教育主要是指通过人文学科的教育去培养大学生的内在品格和修养。人文素质教育有明显的教化功能，它作用于人的情感状态，影响和改变人的价值观、人生观、个性等，最终目的是教会大学生学会与他人相处，学会做文明人。现在一般认为人文素质教育渗透在文学、艺术、历史文化、哲学、伦理等学科中。而社交礼仪教育涵盖了中华民族的文化教育和道德教育。可见，社交礼仪教育更能直接地教会大学生如何与人相处，如何做文明人。作为大学生的必修课，在高校中推广和普及社交礼仪，这有助于大学生的人文素质教育落到实处。

（五）提高大学生社会心理承受力

人在社会化过程中需要学习的东西很多，而社交礼仪教育是一个人在社会化过程中必不可少的重要内容。因为，礼仪是整个人生旅途中的必修课。任何一个生活在某一礼仪习俗和规范环境中的人，都自觉或不自觉地受到该礼仪的约束。自觉地接受社会礼仪约束的人，就被人们认识为"成熟的人"，符合社会要求的人。反之，一个人如果不能遵守社会生活中的礼仪要求，他就会被该社会中的人视为"异端"，会受到人们的排斥，社会就会以道德和舆论的手段来对他加以约束。

大学生被称为"准社会人"，他们有一种强烈的走向社会的需要，同时又普遍存在一些心理困惑，比如，走上工作岗位后如何与领导、同事打交道，如何建立良好的人际关系，如何进行自我形象设计，如何尽快地适应社会生活等社会交往问题。大学生的社会心理承受力直接影响到交际活动的质量。心理承受力较强的人，在交际活动中遇到各种情况和困难时，都能始终保持沉着稳定的心理状态，根据所掌握的信息，迅速采取最合理的行为方式，化险为夷，争取主动。相反，心理承受力较弱的人，在参加重大交际活动前，常会出现惊慌恐惧、心神不定、坐卧不安的状况。对大学生进行社交礼仪教育，让大学生掌握符合社会要求的各种行为规范，不仅能满足大学生走向社会的需要，还可以更好地促进大学生社会化发展。

（六）提高大学生思想道德素质

目前，在一些高校中存在着这样的现象：学生学的是高层次的道德规范，实际行为上却达不到基础道德的水平。这是与社交礼仪教育的缺乏分不开的。礼仪是一种社会规范,是调整社会生活成员在社会中相互关系的行为准则。对大学生进行系统的礼仪教育,是大学生思想政治教育中非常重要的一个组成部分。礼仪教育包括礼仪文化教育和礼仪行为教育。礼仪教育具有导向功能,可以引导学生行为符合社会规范的方向,通过发挥其导向作用,引导学生待人接物要谦逊有礼,言谈举止要落落大方。行为的礼仪规范也有助于大学生思想道德素质的养成与提高,而思想道德素质的提高又促进行为的进一步礼仪规范。

综上所述,大学生学习文明礼仪有助于他们全面发展、提升职场竞争力,同时也为社会的和谐发展和个人的成长做出贡献。文明礼仪不仅是一种应用技能,更是培养个人品德和社会责任的重要途径。

三、大学校园常见社交礼仪

(一)课堂教学礼仪

课堂教学礼仪是大学生人际交往的基本的内容。师生相互问候是课堂教学的起始阶段,也是教师课堂礼仪必经的第一程序。师生问候的实际意义在于表示师生双方彼此尊重,相互显示亲切,具有情感导人功能,是营造学习氛围的开端。

课前要带好教材和学习笔记本,注意衣着整洁,不能穿拖鞋、背心、运动短裤。上课铃停后,教师走进教室,老师喊上课,全体学生应立即坐端正,向老师行注目礼;班长要响亮发出起立口令,全班同学立正站好,待全班同学都站好后,向老师问好。待老师还礼后,安静、快速坐好,动作要轻。上课迟到的同学,要先喊"报告",经老师允许后走进教室并轻轻关好门;下课后主动向老师说明迟到原因,并表示歉意。有的同学迟到还带早餐进教室,边上课边吃,这样的行为是极其不尊重老师和同学的表现。下课铃响后,如果老师还没有宣布下课,学生仍要安静听讲。

要有良好坐姿,集中注意力听老师的讲授,不插嘴,力求解决学习难点。认真听取其他同学的发言,不议论,仔细分析正误,启发思维。回答问题发言要用普通话,课堂不说与学习无关的内容。实验实训课要做好小组合作,听组长安排,按组长分工要求力求做好自己的事,小组交流不要大声喧哗,不得在课堂嬉戏打闹。

(二)图书馆学习礼仪

图书馆、阅览室是公共学习的场所,在那里看书特别讲究文明礼貌。进入图书馆、阅览室要衣着整洁,不要穿拖鞋、背心。进馆要按次序。就座时,移动椅子不要出声。不要为朋友占座。走路时要轻,以免影响他人。在图书馆内,如果遇到必须要交流的问题时,谈话要短,声音要轻。在不影响其他读者的情况下,可适当进行讨论。不要利用阅览室休息、睡觉。

查阅图书目录卡的时候,不要把卡片翻乱撕坏,也不应在卡片上涂画。要爱护图书,轻拿、轻翻、轻放。不能因自己需要某些资料而损坏图书,私自剪裁图书是极不道德的行为。看书以前最好能洗一洗手,以保持书的清洁。遇到有价值的资料,应与管理人员联系,复印或照相。对开架书刊应逐册取阅,不要同时占有多份,阅后立即放回原处,以免影响他人阅读。借阅图书应按期归还。

（三）互联网社交礼仪

微信、微博、抖音和QQ作为当前用户活跃度最高的社交平台，其实也有一些不成文的社交礼仪，虽没有被写成《互联网社交礼仪》，但是这些点都来源于生活，反映于细节，很多人都会在默默遵守。

1. 做理性守规的网民

网络信息虚实混杂，是在每个阶段都存在的，网络上也出现过很多很有争议的事件，而这些事件的传播，也伴随着各种谣言的诞生。莫信谣，不传谣，是当代合格网民的基本原则。大学生涉世未深，对外界充满好奇，容易被别有用心的虚假信息误导，对于热点新闻，最好还是默默关注等待官方宣布，毕竟在敏感时间信息差会被无限放大。大学生要爱校护校，对于影响学校社会声誉的不实言论更不能去转发和评论。

2. 添加好友记得自我介绍

社交软件添加好友机制，是双向的，对于陌生人的请求每个人都是有权利拒绝的。那么如果想要提高添加好友的通过率，建议在好友申请的时候补充一段比较正式的个人简单介绍，尽可能使用标签关键词。主要是告诉对方：你是谁？目的是什么？例如是想结识新朋友，请表明个人身份信息，或说明从哪个途径认识人家的。对方不回复不要重复添加。"您好，我是××专业××班的，通过××介绍，向你发起好友申请，请通过。"假如你是想添加老师网络账号，你可以将你的热情写进好友申请，比如这么说："××老师您好，我是××，很喜欢你讲授的××课程，希望能够向你学习交流……"如果有认识的人，也可以拜托他们帮忙引荐，会大大提高通过率的同时，也会让对方觉得你很有诚意。在通过好友后，最好将自我介绍及目的再复述一遍，也可以提供更详细的描述，这样可以打破初始的尴尬，快速进入交流状态。

3. 尊重师长，少发语音和表情包

想象一下若你收到了别人的回复，是一长串60秒的语音，且不说时间消耗，听着听着可能就忘记了重点；或者是2秒钟的语音，听了只是两个字：ok。发语音的人很方便，听语音的人很烦躁。你的老师、长辈、实习公司领导，他们对你发语音，并不意味着你也可以对他们如此，别人没必要因为你的方便而浪费自己时间。如果你确实不方便打字，可以在发语音或者视频之前，提前询问是否方便，或者预约时间。对于发表情包，要分清场合，班级群和工作群不要发。向长辈、老师发一两个他们看不懂的网络热词和表情包，只会让他们看到你不稳重的一面，甚至可能造成误解，增加沟通成本。互联网增加沟通便利性，提高沟通效率也要学会换位思考。在与老师发信息时候要按照"问候语＋自我介绍＋聊天目的＋答谢语"模式，忌讳刷屏式发言。

4. 及时回复或处理信息

其实很多时候，我们都会处于一个比较忙的状态，对很多人的消息可能不能及时地回复，或者一时半会不知如何回复。这个时候，建议可以先礼貌性解释，表示现在比较忙，不方便回复消息，以避免误会。"××好，不好意思，上午需要和××沟通，不太方便回复，下午晚些时候回复你"。另外，可以给这条消息设置一个提醒功能，以免自己忘记回复。

（四）寝室礼仪

心理学研究表明，无论在何种情况下，人体周围都有一个属于自己的空间，人际交往只有在这个允许的空间限度内才会显得自然与安全。寝室作为一个相对封闭的场合,室友的交往空间距离基本停留在社交距离(0.5~1.5米)之内。因此在这个不大的空间里,个性迥异的四个人生活在一起,如何和谐相处呢?寝室礼仪强调两点:一是人与环境的和谐,二是人与人的和谐。人与环境的和谐是指通过每个室友的劳动来保持个人和寝室的卫生整洁,使大家能有一个干净优雅的居住环境。人与人的和谐是指关心帮助室友但彼此尊重个人的隐私,面对各自不同生活习惯的冲突,通过开诚布公的交流沟通达成寝室公约并执行。在寝室、教室干什么都是个人行为,为什么要遵守那么多规矩呢?这是因为三米范围内是一个礼仪距离,在这个距离内人与人、人与物之间都会发生联系,形成一个或紧密或松散的共同体,会产生公共秩序的问题,而这些约定俗成的礼仪规范就是用以约束每个人的行为,维护公共秩序,以确保每个人的安全舒适空间不被侵犯。

(五)电话沟通礼仪

在现代人际交往中,电话和短信已经成为人们交流沟通不可或缺的方式。那么电话什么时间打比较合适?使用电话有哪些讲究呢?

一般来说,没有什么重大的紧急的事情,晚上10点之后、早上7点之前的休息时间,最好不要给别人打电话。(当然情侣之间煲电话粥另当别论,但也要注意不要影响到同寝室的室友休息)。万一真有急事需要在别人休息的时间打电话,接通第一句话要说的就是"×××,您好!我是×××,真的抱歉,因为事情紧急,这么晚(早)打扰您了。"另外,就餐时间也不适宜给别人打电话。

使用电话还要注意场合,在教室、会场、影剧院等一些需要安静的场合,手机铃声一定要调成静音或震动。尽量避免在公众场合接打电话,如果非打不可就要降低说话的音量,控制通话时间长短,做到长话短说,废话不说。

大学生在给老师或不是很熟悉的朋友打电话时,一定要养成一个良好的习惯,那就是接通电话就自报家门:"×××老师,您好!我是×××专业×××年级×××……"。有些学生给老师发短信,弱弱地问一句:"您是×××老师吗?"老师接到这样的短信是很无奈的,既不知道你是谁,也不知道你需要什么帮助。所以要注意电话和短信一定要说清楚自己是谁,有什么事情需要求助。

还有打电话由谁先挂电话呢?社交礼仪中遵循的是位尊者或者被求一方先挂电话,所以如果是学生给老师打电话,一般由老师先挂电话。如果电话掉线了,学生应该立刻打回去说明情况:"×××老师,不好意思,我在电梯里,信号不好,电话掉线了"。

(六)大学生求职面试礼仪细节

1. 面试前的准备

对于求职者,给人留下的第一印象是很重要的,所以我们要注意着装的规范。不管是男士还是女士,在应聘时要注意对自己的修饰,注意一些细节。应试出门前先仔细检查一遍自己的整体仪容,扣子、拉链是否扣好、拉好;衣缝及袖口是否有破损或褶皱;鞋子是否干净光亮,另外,还要注意个人卫生,除了脸部清洁外还要特别注意耳朵、脖子等部位的清洁和指甲的修剪。

对于女性求职者,着装应大方得体,以简单朴素为主。无论去参加什么面试,适当的淡妆是最好的选择,而不是浓妆。配饰上,比如耳环、耳钉之类的,切忌选择造型比较夸张的,以及很亮闪闪的。原则上以简洁、简单为主。再有,整体的搭配上,一般不穿短裙或极薄透明的及紧绷的衣服，但是裙子也不宜过长。鞋子上，可以根据身高适当选择高跟鞋，但最好不要是那种露出脚趾的凉鞋。

男性求职者的着装以正式的西装为宜。面试时头发一定不要太长，有胡须的话一定要刮干净，否则，面试官会认为你是一个邋遢的人，而且袜子的颜色最好配合西装的颜色。

2. 面试中的礼仪

（1）提前到达应试地点　面试迟到或匆匆忙忙赶到是"致命"的，一个在面试时迟到的求职者，不管有什么理由，往往会给人留下很坏的第一印象，令人觉得求职者并不在意这份工作，或被认为求职者平时很散漫，缺乏自我管理和约束能力，为人处世缺乏诚信，缺乏职业能力，给面试者留下非常不好的印象。即使拿出很充分的迟到理由，也仍然会使人怀疑求职者在今后的工作中能否守时。不管什么理由，迟到会影响自身的形象，这是一个对他人、对自己是否尊重的问题。

（2）进入面试场所时要敲门　进入面试场所时，如果房门敞开，应首先向室内的人点头致意；如果房门紧闭，应有节奏、有力度地在门上轻敲两三下。如果房门虚掩，也要在门上有节奏地轻敲两三下。

（3）诚恳热情、落落大方、谨慎多思　在面试时，求职者在与面试官交谈时要把自己的自信和热情"写"在脸上，同时表现出对这份工作的期待和诚意。在应答时应表现得从容镇定、不慌不忙、有问必答，说话不要信口开河、夸夸其谈、文不对题、话不及义。

（4）在聆听面试官提问或介绍情况时专注有礼、有所反应、有所收获、有所判断　当面试官提问或介绍情况时，求职者应该注视面试官或者不时地通过表情、手势、点头等必要的方式以表示专注倾听，并且在倾听时要仔细、认真地品味面试官话语中的言外之意、弦外之音、微妙情感，以便正确判断他的真正意图。

（5）在应答时语速要适度　参加面试时说话速度太快，容易给人以慌张失措之感。如果面试接近尾声，语速过快会显得你急于结束面试，在面试者看来，这是不耐烦和没有诚意的表现；说话速度太慢，容易给人以傲慢无礼之感。如果一直这样，面试官会觉得你不尊重对方，并故意摆出老成持重的样子，同样显得虚伪、没有诚意。更主要的是，说话语速过慢给人以思维能力差、反应能力差的印象，这显然对应聘成功不利。

（6）不对应聘单位妄加评论，不批评和诋毁学校　很多招聘单位会在面试中提出类似的问题："你觉得我们单位如何？""你可以从你所见所闻对我们单位提出建议吗？"别因为面试官表情殷切、态度和蔼、眼神中充满期待就认为这是你表现自己的大好时机，从而妄加评论。招聘方所有的问题都是本着尽可能全面地考察你的目的来设置的，他们想知道的是你的思维能力、应变能力和做事态度等，答案并不太重要。但是，如果你的答案太"个性"，对招聘单位妄加评论，说明你狂妄自大、自制力差、经不起诱惑，同时说明你忘记了最基本的礼仪——尊重。当表达自己对学校的看法时，应从客观角度进行评价，从它对自己所产生的积极影响入手。

四、大学生提升礼仪的路径

一个人的行为举止多发自不经意间，而不经意间的言行举止是否符合礼仪规范却来自长期的自身修炼和有意识的培养。礼仪是一个长期的、艰苦的做人的过程。

（一）强化大学生自身修养，达到自律与他律的统一

大学生要加强自我管理意识，将礼仪作为个人修身立业之本，积极学习公共礼仪有关知

识并运用到日常生活中。大学生远离家乡,离开了熟悉的生活环境,花费了一定的时间适应校园生活,在新的环境中,接触了形形色色的人,开阔了自己的交际圈,同时也缺少了父母的"束缚",告别父母的絮絮叨叨,拥有了更多的支配权。但人犯错误的时候,大抵是在没有监督的情况下,一些不良习惯也随之产生,这个阶段更能考验大学生的自我控制能力。即便当一个人独处的时候也要谨慎从事。

(二)开展体验式教育,培养大学生良好的礼仪习惯

积极参加礼仪实践活动,读万卷书,不如行万里路。组织学生开展丰富多彩的校园礼仪活动,营造良好的校园氛围,例如开展辩论、演讲、小品表演、礼仪讲座等活动,以及社会大型活动的志愿者服务,既有趣味性和可操作性,又能学习到礼仪常识,对学生也有较强的吸引力,让学生在社会活动交际中体验到拥有礼仪知识、技能的愉悦感,提高自身礼仪修养,切身感受到礼仪的重要性,实践中体悟真知。

(三)运用现代媒介,学习礼仪文明

文明礼仪与大学生今后的工作、学习息息相关,好的素质可以提升个人气质,展现自我风采。校园各种媒介是学生了解信息的重要渠道,通过广播、宣传栏、学校网络等媒体工具,介绍名人处世修身的轶事和校园争先创优的典型,传播礼仪文化,使之融入校园,形成良好氛围,宣传校园礼仪的规范,推动学校的文明建设,潜移默化地让学生了解礼仪的常识,在榜样的带动下,主动学习文明礼仪。

(四)选修礼仪课,提高礼仪修养

学生要追求个人良好形象,进行仪容仪表仪态的形体训练和行为实践,掌握礼仪的规范要求和行为技能,达到内外兼修的目的。选修礼仪修养类选修课,进行系统的礼仪基本理论教育。有的学校把公共礼仪作为重要的专题放进思想道德修养课的教学内容。课堂教学是系统学习礼仪的良好途径,礼仪教育与思想道德修养有机结合,既可以丰富大学生的思想道德内涵,又能教会他们如何规范自身行为、塑造良好的仪表形象,更加贴合社会的道德规范,把礼仪教育引入课堂,寓教于乐。

(五)参加文化传播等社会实践活动

社会实践是大学生理论学习与实践锻炼相结合的重要教育环节,也是礼仪文化融入思想政治教育的有效路径。大学生不仅要从思想政治教育理论课堂教学中受益,还需要在实践行动中来强化,实现"认识—实践—再认识—再实践"的螺旋式跃升。倡导学生利用寒暑假和课余时间,组织、策划、参与文化传播相关的社会实践和志愿服务活动,比如政务会议的接待服务、大型运动会的礼仪服务、理论宣讲活动等。在实践中学习优秀文化,领悟优秀文化的魅力,历练接待礼仪、社交礼仪、职场礼仪的技能。

第四节 国防教育

"国之大事,在祀与戎。"当前,世界新军事革命加速推进,国际军事竞争格局随着经济、科技快速发展而发生历史性变化。全民必须增强忧患意识,坚持底线思维,做到居安思

危、未雨绸缪。加强和改进新时代全民国防教育，需要把阵地建好、把课堂办好、把活动搞好，让每名大学生都能自觉走进国防教育基地、融入国防教育课堂、参与国防教育活动，从受教育者过渡为教育者，传好爱国强军的"接力棒"。

一、国防教育的概述

（一）国防的概念

国防一词是由"国"与"防"两个字组成复合结构形式的合成词。"国"是国家的简称，是历史范畴，是阶级斗争的必然产物。"防"是防备、防卫以及各种防务的简称，是指预先采取各种方案、措施和手段做好各种准备，以制止和抵御外来的各种威胁、攻击发生，保持本身的安全。国防是国家防务的简称，就是指国家为防备和抵抗侵略，制止武装颠覆和分裂，保卫国家主权、统一、领土完整、安全和发展利益所进行的军事活动，以及与军事有关的政治、经济、外交、科技、教育等方面的活动。

（二）国防教育的概念

国防教育是指为了进一步提高学生的国防意识，对学生进行一些军事理论以及有关国家军事发展的教育，来增强学生的国防行为能力。它是国家提高综合国力、储备国家军事人才的重要途径之一，学生通过国防教育，可以增强国防观念，掌握基本的国防知识，激发学生的爱国热情，自觉地履行公民义务和权利；另一方面，对大学生进行国防教育还可以提高大学生的综合素质，了解军队精神以及军队所特有的严格的纪律，进而培养学生的集体荣誉感和责任意识，增强学生的心理素质，在实际的学习和生活中遇到困难和挫折时可以正确理性地面对，促进学生以后的发展和健康成长。

（三）国防教育的目的

高校的国防教育主要是对学生进行国防的理论教学以及基本的军事训练，通过学习理论知识可以让学生了解国家的军事发展形势，开阔学生的视野和知识面，让学生看到国家科学技术和军事技术是多么的伟大，进一步提高大学生的心理素质和思想观念，为国家的发展贡献自己的力量。

二、国防教育的意义

开展和加强国防教育，有利于增强国民的国防观念，有利于增强社会的国防职能，有利于提高民族素质，有利于培养国防科技人才。

（一）加强国防教育是建设和巩固强大国防的基础工程

"天下虽安，忘战必危。""居安思危，思则有备，有备无患。""畏危者存，畏亡者安。"一个没有危机意识的民族是没有希望的民族。一个民族要生存发展，除了充分发挥自己的优势，抓住一切可以抓住的发展机遇，努力促进经济、政治、社会、文化的发展之外，必须随时认清国家安全利益所面临的危机和存在的隐患，居安思危，自觉地在思想上、行动上做好应对危机、克服隐患的充分准备。我们热爱和平、维护和平，用最大的智慧争取和平，但也绝不为了一时安宁而卑躬屈膝，拿自己的核心利益作交易。我国正处在由大向强的历史关口,必须高度警惕民族复兴进程被扰乱、被打断的危险。虽然现在我们维护国家安全的手段和选择增多了,但军事手段始终是保底的手段。青年大学生富有朝气、勇于创新、怀有梦想,具有较高的科学文化素质,易于掌握现代科技知识,也正处在认知社会、塑造人生的关键期,如果抓好这个群体的国防教育,便储备了一大批具有较高科学文化素质而又掌握了一定军事技能的高素质的国防后备力量。为此,应对大学生进行军事理论教学和必要的军事训练,以便必要时为部队输送高技术军事人才,成为战时扩建、组建部队的骨干,为打赢未来高技术局部战争创造条件,为国防建设和军事斗争准备提供有力保障。

(二) 加强国防教育是爱国主义客观需求

在世界历史上,发动战争的不是和平的维护者,而是霸权主义者、军国主义者、恐怖主义者,他们往往经过长期准备而突然把战争强加给其他国家。我们必须识破"民主国家和平论"的谬误,对当今世界的霸权主义和强权政治保持高度警惕,丢掉幻想,准备斗争。国防教育是国防领域里的教育现象,是为捍卫国家主权、统一、领土完整和安全,抵御外来侵略颠覆和威胁,维护世界和平,对全体公民进行有组织、有计划的国防政治、思想品德、军事理论、军事技术战术和体制及国防形势等诸方面的教育活动。国防教育的属性是从属国防,为国防服务。国防教育的目的在于增强人民的国防观念,弘扬爱国主义精神,强化保卫国家的意识。我们青年在学习科学文化知识的同时,通过参加国防教育能提高政治思想觉悟和道德素质,从而增强对国防的义务感、责任感和坚决保卫祖国的坚强意志。青年是祖国的未来,是先进生产力的开拓者,是先进文化的传承者,是新世纪的创造者和接班人。持久、深入地开展国防教育,对青少年进行爱国主义、社会主义和集体主义教育,对提高青少年国防意识、增强民族责任感具有重要的意义。当代青年要不断地增强国防法治观念,自觉地依法履行兵役义务,加强国防知识和军事技能的学习,提高保卫祖国、保护自己的本领。

(三) 加强国防教育是增强中华民族凝聚力的有效途径

当今世界国与国之间的竞争从根本上讲是综合国力的较量。历史表明,民族凝聚力作为一个民族赖以维系的灵魂和内在动力,如果缺少了它这个民族就会如同一盘散沙,什么事业也干不成。民族精神对于民族的生存和发展具有精神支柱的作用,要实现中华民族伟大复兴,就必须在全社会弘扬团结统一、爱好和平、勤劳勇敢、自强不息的民族精神。深入开展包括国防历史、国防地理、国防文化、国防精神等内容的国防教育,增强人民群众的国防意识、自强意识,增强加快发展的紧迫感、做好工作的责任感、实现民族复兴的使命感,使人民群众始终保持昂扬的精神状态,充分发挥主观能动性和创造性,艰苦创业,自强不息,促进中华民族大团结,使人民同心同德共同奋斗。

三、国防教育的基本内容

(一) 我国周边及国际安全环境

我国既是陆地大国,也是海洋大国,拥有1.8万多公里大陆海岸线、1.4万多公里岛屿岸线、300万平方公里主张管辖海域。要统筹维稳和维权两个大局,坚持维护国家主权、安全、发展利益相统一,维护海洋权益和提升综合国力相匹配,实现稳中求进。要坚持用和平方式、谈判方式解决争端,努力维护和平稳定。要做好应对各种复杂局面的准备,加强海上维权执法力量建设，加快海军现代化建设步伐，提高海洋维权能力，坚决维护我国海洋权益。我们爱好和平，坚持走和平发展道路，但决不能放弃正当权益，更不能牺牲国家核心利益。坚决捍卫国家主权、安全、发展利益，决定了我们在国防教育中既要重视传统安全又要重视非传统安全。传统认知中的"安全"是指政治安全、军事安全、国土安全；非传统意义上的"安全"还包括经济安全、文化安全、社会安全、科技安全、网络安全、生态安全、资源安全、核安全、海外利益安全以及太空安全、深海安全、极地安全和生物安全等新型安全领域。大学生必须增强忧患意识，坚持底线思维，做到居安思危。

（二）新时代中国防御性国防政策

中国的社会主义国家性质，走和平发展道路的战略抉择，独立自主的和平外交政策，"和为贵"的中华文化传统，决定了中国始终不渝奉行防御性国防政策。坚决捍卫国家主权、安全、发展利益，这是新时代中国国防的根本目标。

① 慑止和抵抗侵略，保卫国家政治安全、人民安全和社会稳定，反对和遏制"台独"，打击"藏独""东突"等分裂势力，保卫国家主权、统一、领土完整和安全。维护国家海洋权益，维护国家在太空、电磁、网络空间等安全利益，维护国家海外利益，支撑国家可持续发展。

② 中国坚定维护国家主权和领土完整。南海诸岛、钓鱼岛及其附属岛屿是中国固有领土。中国在南海岛礁进行基础设施建设，部署必要的防御性力量，在东海钓鱼岛海域进行巡航，是依法行使国家主权。中国致力于同直接有关的当事国在尊重历史事实和国际法的基础上，通过谈判协商解决有关争议。中国坚持同地区国家一道维护和平稳定，坚定维护各国依据国际法所享有的航行和飞越自由，维护海上通道安全。

③ 解决台湾问题，实现国家完全统一，是中华民族的根本利益，是实现中华民族伟大复兴的必然要求。我们要坚持贯彻新时代党解决台湾问题的总体方略，坚持一个中国原则和"九二共识"，坚决反对"台独"分裂和外来干涉，推动两岸关系和平发展，坚定不移推进祖国统一大业，维护中华民族根本利益。深化两岸融合发展，增进两岸同胞福祉，同心共创民族复兴伟业。

④ 坚持永不称霸、永不扩张、永不谋求势力范围的新时代军事战略方针，坚持防御、自卫、后发制人原则，实行积极防御，坚持"人不犯我、我不犯人，人若犯我、我必犯人"，强调遏制战争与打赢战争相统一，强调战略上防御与战役战斗上进攻相统一。

⑤ 贯彻落实新时代军事战略方针，服从服务党和国家战略全局，落实总体国家安全观，强化忧患意识、危机意识、打仗意识，积极适应战略竞争新格局、国家安全新需求、现代战争新形态，有效履行新时代军队使命任务。根据国家面临的安全威胁，扎实做好军事斗争准备，全面提高新时代备战打仗能力，构建立足防御、多域统筹、均衡稳定的新时代军事战略布局。坚持全民国防，创新人民战争的战略战术和内容方法，充分发挥人民战争整体威力。

⑥ 中国始终奉行在任何时候和任何情况下都不首先使用核武器、无条件不对无核武器国家和无核武器区使用或威胁使用核武器的核政策，主张最终全面禁止和彻底销毁核武器，不会与任何国家进行核军备竞赛，始终把自身核力量维持在国家安全需要的最低水平。中国坚持自卫防御核战略，目的是遏制他国对中国使用或威胁使用核武器，确保国家战略安全。

(三) 国防科技地位和作用

近年来，人工智能、仿生智能、人机融合智能、群体智能等技术飞速发展，无人作战飞行器、水下无人平台和太空无人自主操作机器人相继问世，智能化正在成为继机械化、信息化之后，推动军事力量建设发展的强大动力，对战争形态产生重大甚至颠覆性影响。

当前，世界各主要国家已将发展军事智能化上升为国家战略，大力推动研究拟制战略规划、组建创新研发机构、加强装备研发列装、编制新型作战部队，不断完善相关作战理论，依靠实战检验改进。有的国家组建研发中心，成立人工智能实验室，开展人工智能和信息技术领域理论和应用研究；有的国家从战略、战役、战术层面，组建不同类型、不同用途的智能化作战部队。加快军事智能化发展、打造智能化军事体系，成为世界军事发展的一个重大趋势。

四、当代大学生践行全民国防观念的路径

(一) 认真学习军事理论，树立积极防御国防观念

由于社会制度、发展战略、国防政策等不同，世界各国的国防既有防御自卫型的，也有侵略干涉型的。中国式现代化是走和平发展道路的现代化。我国不走一些国家通过战争、殖民、掠夺等方式实现现代化的老路，那种损人利己、充满血腥罪恶的老路给广大发展中国家带来深重灾难。这就进一步明确了中国和平发展的总体道路。中国一贯奉行防御性国防政策，中国军队始终是维护世界和平的坚定力量。中国的社会主义国家性质、走和平发展道路的战略抉择、独立自主的和平外交政策、"和为贵"的中华文化传统，决定了中国始终不渝奉行防御性国防政策，加强国防建设的目的是保卫国家安全、防备和抵抗侵略、维护世界和平。

与此同时，防御性国防观绝不是消极防御，而是蕴含着积极的内涵。它要求坚持忧患意识和底线思维，积极发扬斗争精神，在原则问题上寸步不让，以坚定的意志品质维护国家主权、安全、发展利益。我们决不会坐视国家主权、安全、发展利益受损，决不会允许任何人任何势力侵犯和分裂祖国的神圣领土。一旦发生这样的严重情况，中国人民必将予以迎头痛击！着眼维护国家利益，我们需要"坚持边斗争、边备战、边建设"，全面加强练兵备战，提高人民军队打赢能力。

(二) 关心国家与国际大事，关注国防建设事业发展

战争是政治通过暴力手段的继续；相对于战争，和平是政治活动中较为缓和的表现形式。由于私有制导致的利益冲突始终不可避免，战争成为人类进入阶级社会后的经常性现象。在私有制、资本主义、帝国主义存在的当今世界，战争是难以绝迹的。而和平之所以成为时代潮流，在于它对大多数国家来说都是最有利于自身发展的状态。和平符合世界各国人民的共同利益，是人类共同的价值信念。大学生应积极关注国内国际形势，做到居安思危，常备不懈，并为国防建设与发展贡献自己的力量。

(三) 有投笔从戎志向，积极响应征兵号召

我们的军队是人民军队，我们的国防是全民国防。这就明确了必须牢牢树立全民国防

观。国防事关国家每个公民的切身利益,是真正的"国民之防"。近代中国历史及国外的一些现实案例都深刻表明,一个国家一旦在国防上出现了问题,百姓生活难以安宁,生命财产难以保障,甚至会出现生灵涂炭的严重后果。

建设国防是每个公民应尽的责任和义务。《中华人民共和国宪法》规定,每一个公民都有维护祖国安全、荣誉和利益的义务,保卫祖国、抵抗侵略是每一个公民的神圣职责。要深入贯彻落实全民国防观,把国防意识深深扎根于人民群众当中,汲取无穷无尽的力量源泉。积极开展国家安全教育和全民国防教育,着力强化广大民众的国家安全意识及忧患意识,重点培育广大民众的爱国主义精神,"增强全党全国各族人民的志气、骨气、底气",同时掌握必要的国防知识和军事技能,自觉履行好国防义务,关心、支持、参与国防建设。

大学生参军入伍将在五个方面享有优惠:一是征集入伍方面,对高学历青年开辟"绿色通道",优先报名应征、优先体检政治考核、优先审批定兵。二是学费补偿代偿方面,国家对入伍服义务兵役的高校学生在校期间缴纳的学费或助学贷款实行一次性补偿代偿,退役后复学或入学的实行学费减免,本专科学生最高每年 8000 元,研究生最高每年 12000 元。三是入伍发展方面,同等条件下,大学生士兵在提干、考军校、选取军士、安排到技术岗位等方面优先,大学毕业生士兵提干比例逐年提高,专科毕业生士兵可参加全军统一组织的专升本考试,专升本毕业后任命为军官。四是退役复学升学方面,按规定保留学籍或入学资格的,退役后 2 年内允许复学或入学;经学校同意并履行相关程序后,可转入本校其他专业学习;不管是毕业生,还是在校生、新生,退役后 3 年内参加全国硕士研究生招生考试,初试成绩加 10 分;在部队荣立三等功以上奖励的,可免试攻读硕士研究生。五是退役就业安置方面,退役后一年内视同当年应届毕业生享受就业服务;报考公务员、应聘事业单位职位的,在军队服现役经历视为基层工作经历,同等条件下优先录用或者聘用;可参加政法干警定向招录。

第五节　法制纪律教育

作为社会发展的后备力量,大学生养成正确的法治观念是贯彻全面依法治国基本方略的现实需要,不仅关系到社会主义法治社会的建设,还与中华民族的前途命运息息相关。然而在社会化过程中,部分大学生因缺乏法律常识、自我约束不严走上犯罪道路。为了促进大学生养成良好的品格和健全的人格,应及时对大学生加强法制纪律教育,提高法律意识。

一是学习法律法规,增强法治观念。大学生虽然文化程度较高,但法律知识不足,对合法与违法的边界认识不清晰,对自己的行为可能造成的后果不明确,因缺乏法律知识而不自觉地陷入违法犯罪之中,也容易受到侵犯自己合法权益的不法侵害。从善如登,从恶如崩。因此,大学生必须自觉学习法律法规,增强法律意识,做到学法、知法、懂法。需要查询法律法规时,可访问官方网站"国家法律法规数据库"。

二是遵守法律法规,杜绝违法犯罪。部分大学生法治意识淡薄,或动辄恶语相向,或漠视对方权益,或无视法律知法犯法。因此,大学生在学法、知法、懂法的基础上,还应当做到尊法、守法、用法。对国家法律产生真正的敬畏心与认同感,自觉遵守国家法律,自愿接受法律的束缚,并运用法律的武器保护自身的合法权益,形成法治思维,自觉依法办事。从而在遇到突发事件时,理性地看待和思考问题,不盲目冲动,不被不法分子利用,不做出有悖于法律法规和道德伦理的事情。

一、杜绝考试作弊

(一) 大学生考试作弊的原因

1. 希望能够通过考试

成绩是否合格与学分挂钩,影响毕业证及学位证的发放。因此,学生往往会竭尽所能通过考试。然而,少数学生学习目标不明确,学习方法不正确,学习态度不端正,平时不努力,不认真对待课堂学习与课后作业,不及时复习巩固,对所学知识毫无概念。在考试来临时,这群学生抱着投机和侥幸心理,希望通过作弊的手段通过考试。同时,个别学生干部因在平常事务性工作较多,占用了较多的学习时间,影响了学习效果,为了维护自身学生干部的形象,错误采取作弊的方式企图通过考试。

2. 希望得到更高的分数

由于考试成绩的高低影响评奖评优,部分成绩较好的学生或者得到老师欣赏或重用的学生干部,担心其他同学考试分数比自己更高,为了避免排名下降,能更稳当地获得奖学金或其他更多荣誉的名额而作弊。

(二) 作弊的危害

1. 不利于教学质量的提高

检查学生学习效果和教师教学质量可以通过考试来实现,而作弊影响了教学的有效性,不仅无法正确估量学生掌握知识、技能的程度,影响学生专业素养的提高,对学生自身不公平;也使得教学质量无法得到真实反映,不利于教学质量的提高,也不利于学校的教学管理。作弊行为得不到有效控制,整个教育体系也将受到质疑,危害着我国教育事业的发展。

2. 不利于良好学风的形成

考风会影响学风。好的学风应是健康向上、积极进取的内化动力,对学生养成良好的思想品德、价值观念、行为方式起到促进作用,有利于学生身心健康成长。作弊的学生通过欺骗获得了不应得的高分,诚实守信的学生却因为没有作弊被迫接受低分,进而导致应得的荣誉未得到;成绩较好的学生受到打击后,影响学习动力和积极性,跟着效仿,公正严肃的考试风气遭到破坏,良好的校园文化氛围和学习风气也受到影响。

3. 无法维护公平竞争的原则

考试作弊严重侵害了考生之间公平竞争的权利。学校往往是依据成绩的高低来评奖评优,国家选拔人才的主要方式之一也是通过考试,由于作弊导致考试结果的不真实,对于努力学习、认真考试、成绩良好的学生来说无疑是一种不公平的行为,破坏了考试制度和公平有序的竞争环境。

4. 损害大学生高尚品质的养成

考试不仅是知识的"检验器",也是人品的"试金石"。部分学生认为考试作弊是小事,无关大局。这种思想对大学生的心理及人格发展会带来负面影响。一方面,考试作弊是违反纪律的行为,被抓到会受到学校的纪律处分并通报全校,学生的自尊心和自信心会受到很大的打击,且纪律处分记入学生档案,对学生将来的就业等产生不利影响,学生易对前途失去信心。另一方面,作弊侥幸成功的学生易养成弄虚作假、好逸恶劳、投机取巧的畸形心理,习惯通过践踏规则获取好处。总之,不管学生作弊得逞与否,都会淡漠学生该有的道德观念。

5. 影响作弊者本人的毕业

在高校，针对考生作弊的行为会给予相应的纪律处分或其他惩罚，例如本科生会取消其获得学位证书的资格。在法律规定的国家考试中，发生法律规定的考试作弊行为，还要面临被开除学籍，依法追究刑事责任的局面。

知识链接

《普通高等学校学生管理规定》

第十八条第二款　学生严重违反考核纪律或者作弊的，该课程考核成绩记为无效，并应视其违纪或者作弊情节，给予相应的纪律处分。给予警告、严重警告、记过及留校察看处分的，经教育表现较好，可以对该课程给予补考或者重修机会。

《中华人民共和国刑法》

第二百八十四条　在法律规定的国家考试中，组织作弊的，处三年以下有期徒刑或者拘役，并处或者单处罚金；情节严重的，处三年以上七年以下有期徒刑，并处罚金。

为他人实施前款犯罪提供作弊器材或者其他帮助的，依照前款的规定处罚。

为实施考试作弊行为，向他人非法出售或者提供第一款规定的考试的试题、答案的，依照第一款的规定处罚。

代替他人或者让他人代替自己参加第一款规定的考试的，处拘役或者管制，并处或者单处罚金。

二、防范"两卡"犯罪

任何一宗电信网络诈骗，都离不开信息流（通过电话、短信、网络等方式对被害人进行洗脑）和资金流（通过银行卡、第三方支付等转账）两个要素，而信息流和资金流最重要的载体就是手机卡和银行卡。

案例

2023年2月初，张某通过微信群聊"大学生兼职群"中的上线人员了解到兼职工作可日入300~2000元，遂添加了上线人员的微信，并约定了见面时间和地点。张某在上线人员所开的宾馆房间内，将本人名下的身份证、一张银行卡及手机出借给对方，同时将银行卡交易密码及手机银行APP登录密码告知对方。对方许诺事后给予张某2000元报酬。当天下午，对方将银行卡和手机、身份证归还给张某。在出借期间，对方使用张某的身份信息另开通了一个银行账户。张某的上述银行账户涉嫌诈骗资金60余万元。2月6日，张某还帮助上线人员取现卡内已冻结的资金68000元。2月8日，张某到公安机关投案自首。

（一）"两卡"犯罪的概念

"两卡"犯罪是指非法出租、出借、买卖手机卡和银行卡的违法犯罪活动。其中，手机卡包括日常使用的移动、电信、联通三大运营商的电话卡，虚拟运营商的电话卡，还包括物联网卡。银行卡包括个人银行卡、对公账户、结算卡、非银行支付机构账户，即微信、支付宝等第三方支付平台。银行卡和手机卡均采取实名制，如果出租、出借、出售自己名下的银行卡和手机卡，被用来从事洗钱、逃税、诈骗等违法犯罪活动，会给自己带来巨大的风险，甚至承担法律责任。

(二)"两卡"犯罪的后果

1. 资金损失

不法分子可以利用所获取的银行卡信息从中盗取资金，导致卡主本人产生资金损失。

2. 信用惩戒

不法分子可能会使用所获得的信用卡进行虚假消费，恶意透支信用卡，导致卡主本人的信用记录遭受破坏。个人征信存在违规违纪的记录，将在一定时间内影响相关人员的贷款和信用卡申请。

3. 业务受限

通信运营商对公安机关认定的出售、出租、出借手机卡的失信用户，将对其同一身份证信息下所有手机号码予以暂停使用，用户5年内只能保留1张电话卡且不得开通新的手机号码。银行和支付机构5年内不得为相关单位和个人新开账户。5年内暂停相关单位和个人银行账户非柜面业务、支付账户所有业务。也就是说，相关单位和个人5年内不能使用银行卡在ATM机存取款，不能使用网银、手机银行转账，不能刷卡购物，不能通过购物网站快捷支付，不能注册支付宝账户，不能使用支付宝、微信收发红包和扫码付款。

4. 涉嫌犯罪

非法出售、出租、出借个人电话卡、银行账户和企业对公账户本身就是一种违法行为，需承担法律责任。情节严重的，可能涉嫌帮助信息网络犯罪活动罪、妨害信用卡管理罪、侵犯公民个人信息罪和掩饰、隐瞒犯罪所得罪，甚至诈骗罪。

(三) 防范"两卡"犯罪的举措

第一，要重视个人信息安全，切勿将自己实名办理的银行卡、电话卡、网银U盾等账户存取工具及微信、支付宝等第三方支付平台账户出租、出借、出售给他人，以免沦落为电诈犯罪的"帮凶"。同时，切莫用自己的账户替他人转账、提现，避免成为他人"洗钱"的"工具人"。

第二，对于废弃不用的银行卡、电话卡应及时办理销户业务，并将卡片磁条毁损，不随意丢弃。

第三，一旦发现出租、出借、出售银行卡和手机卡等不法行为及时向公安机关举报。

📎 知识链接

《中华人民共和国反电信网络诈骗法》

第三十一条第一款 任何单位和个人不得非法买卖、出租、出借电话卡、物联网卡、电信线路、短信端口、银行账户、支付账户、互联网账号等，不得提供实名核验帮助；不得假冒他人身份或者虚构代理关系开立上述卡、账户、账号等。

第四十四条 违反本法第三十一条第一款规定的，没收违法所得，由公安机关处违法所得一倍以上十倍以下罚款，没有违法所得或者违法所得不足二万元的，处二十万元以下罚款；情节严重的，并处十五日以下拘留。

三、拒绝网络暴力

武汉校内被撞身亡小学生的母亲坠楼身亡，"粉发女孩"遭遇网暴而抑郁自杀，湖南女生百日誓师发言表情难看被"群嘲"……这些悲剧事件中的受害人，因为极为私人的事情猝不及防地卷入舆论旋涡，莫名成为互联网里的"隐形人"声讨的对象。

在人人都有"麦克风"的互联网时代，赋予了公民言论自由的权利，但也诱发了部分网民以道德之"名"，行暴力之"实"。他们将键盘作为"利刃"，把受暴者当成"情绪厕所"，不分对象、毫无逻辑、无所顾忌地进行人身攻击、恶意诋毁、"人肉搜索"等行为。对某些人或事没有来由、肆无忌惮地发泄一通后，他们便消失得无影无踪。这种不负责任的宣泄有可能会对国家，或某个组织，或是某一个体造成伤害，严重的还会触犯国家的法律，造成犯罪。

（一）网暴行为的形成

1. 线上去抑制化效应

在现实生活中，为了参与并融入社会化过程，维护自身的社会化身份，我们会逐渐学会去抑制一些当下看起来不太合适的行为，例如暴露自己的攻击性。但在网络中，用户依傍虚拟身份，存在身份隐蔽的侥幸心理及无人知晓的放纵心理，这种抑制化现象会被削弱，对自己的恶意和恶行不加以控制，将不当言论发布至网络，源头施暴者由此形成。

2. 网络热点影响舆论风向

"流量经济"时代，流量、名气等诱惑因素吸引大量自媒体、博主主动追逐相关经济利益。为了吸引眼球，他们抢占先机发表评论，甚至罔顾事实刻意制造矛盾对立，以此成功获取流量，提高知名度或取得经济利益。在有影响力用户的引导及转发下，事件热度和受关注度不断攀升。

3. 群体极化

个体在进入群体后，客观分析判断事实的意识会减弱，表现为对群体决策的盲信盲从。群体间彼此相互讨论的影响下，通常产生群体一致性的结果。德国诺依曼教授提出的"沉默的螺旋"理论认为，人们在表达自己的意见时如果无人理会，为了避免冲突而造成孤立，通常会放弃原先的观点或者直接不表达意见。因此，当大多数人对事件达成共识时，少数人也会迫于压力或从众心理产生顺从行为。在暗示和传染的作用下，惯常依据自我习惯、经历等联想做出主观认定而随意发表煽动性言论。在群体性力量下，一边倒的舆论倾向逐渐明显直至事件出现偏执、失控。

（二）网暴的危害

1. 受暴者身心双重"暴击"

良言一句三冬暖，恶语伤人六月寒。言语的威力是巨大的，谣言直接给侵害对象的心理、生活、声誉或利益造成巨大损失。受暴者在面临外界谩骂、诅咒等负面刺激时易产生焦虑、畏惧的情绪,现实生活被严重干扰,严重时可能导致心理疾病,事件不断发酵后极易导致极端事件的发生。

2. 受暴者维权难

受暴者面对的是线上的"隐形人",很难获取到施暴者的真实信息,且随着事情的不断发酵,传播面广,涉及人群多,相关帖子和评论每天都以指数级的数量增长。不仅有无数难以定位的施暴者,还有一群为博取流量谋利的有组织、有规模的营销账号。这些传播网络暴力言论的账号,仅凭受暴者的个人力量根本无法应对来势汹汹的网暴浪潮。为惩治施暴者,维权之路需要耗费大量的人力、财力与精力。

3. 污染网络环境

网络的开放性使得网上存在有谣言、流言,混淆了人们的视野。部分带有侮辱性、污蔑性的言语攻击,违背了伦理道德。甚至还有"人肉搜索""挂人"等违法行为,破坏网络空间对个人信息的保护。这些行为在一定程度和范围上影响了人们对社会主流意识形态的认同,污染了网络舆论环境,扰乱正常的网络空间秩序。

4. 危害公共安全

由于网络谣言的传播速度之快,范围之广,一些危言耸听的谣言一旦形成了一定规模,就会造成不良的影响,引起广大网民的慌乱,从而影响社会的和谐与稳定。

(三) 应对网暴的举措

1. 保持理智

遭受网络暴力时,第一反应通常是不安和愤怒,加入"骂战"。正确的做法是注意冷静应对,最好的方式是冷处理,不予理睬或回应,不被情绪左右,以免加剧矛盾。

2. 寻求法律援助

面对他人的网络侵权行为,受害人不应"以暴制暴",而是应当借助法律武器,通过合法手段维护自身权益。如果是民事诉讼的话,可以直接向法院起诉,将施暴者列为第一被告,控告其侵权;将平台列为第二被告,控告其没有尽到审核义务。按照相关司法解释规定,起诉网络服务提供者的,法院可以要求网络服务提供者向法院提供侵权人的姓名、联系方式和地址,这样也更便于受暴者维权。同时,如果网暴情节严重可能涉嫌犯罪的,还可以提起刑事自诉。《中华人民共和国刑法》(以下简称《刑法》)第二百四十六条规定,通过信息网络实施第一款规定的行为(侮辱罪、诽谤罪),被害人向人民法院告诉,但提供证据确有困难的,人民法院可以要求公安机关提供协助。

3. 寻求心理支持

当你遭遇网暴时,不要孤单一人承受压力。你可以寻找支持和帮助,与家人、朋友、心理医生等人员沟通交流,寻求心理支持和安慰。

4. 以身作则

根除网络暴力不是一时、一地、一家之事,提升网络文明离不开每位公民的自律和努力。网络戾气升腾时,没有一次网暴是无辜的,我们不能做雪崩时的雪花,也不能做冷眼旁观的"乌合之众"。积极参与网络友善的行为,传播正能量,不做"沉默的羔羊",敢于向网暴说"不"!

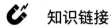 知识链接

对于网络暴力，无论是《民法典》《治安管理处罚法》，还是《刑法》都有相应的处理措施。首先是民事责任。《民法典》规定：民事主体享有名誉权。任何组织或者个人不得以侮辱、诽谤等方式侵害他人的名誉权。如果实施侵权行为，要承担赔偿、道歉等民事责任。其次是行政责任，《治安管理处罚法》规定：如果散布谣言，谎报险情、疫情、警情或者以其他方法故意扰乱公共秩序的，或者公然侮辱他人或者捏造事实诽谤他人，尚不构成犯罪的，要依据《治安管理处罚法》等规定给予拘留、罚款等行政处罚。最后是刑事责任，《刑法》规定：以暴力或者其他方法公然侮辱他人或者捏造事实诽谤他人，情节严重的，处三年以下有期徒刑、拘役、管制或者剥夺政治权利。

很多人认为，只要没有造谣就没事，但是法律不仅惩罚虚构事实的诽谤，还惩罚损害他人名誉的侮辱，用真实的信息损害他人名誉也可以构成侮辱。侮辱是对他人予以轻蔑的价值判断的表示。

四、抵制黄赌毒

（一）拒绝色情诱惑

1. 色情的分类

一是软性色情，较为含蓄委婉的性爱描述，而所描绘的性行为是异性之间自发产生的，与一般的伦常规范差距较小。

二是硬性色情，指露骨的性爱描述，所描绘的性行为与一般伦常相距甚远，尤其是描绘暴力性、强迫性、变态型性行为。

2. 色情诱惑的危害

第一，危害健康。青年学生自控能力较差，在面对色情诱惑的时候，抵抗不住，往往想入非非，过度沉迷生理快乐，精神和心理受到伤害，对身体也会造成不可逆的伤害。

第二，荒废学业。沉迷色情会过多地占据时间、精力，难以集中注意力完成学业。

第三，误导性观念。接触过多虚拟的、不现实的色情信息后，对现实生活中的两性关系造成负面影响，曲解了对健康性关系的概念。

第四，诱导性犯罪。色情文化解除了青年学生性欲求的社会伦理道德束缚，弱化甚至扭曲青年学生的道德意识，使他们是非观念不明，法治意识淡薄，最终出现道德行为失范，从而为青年学生对"性的主张"违反法律法规及伦理道德规范提供了可能，以致发生性罪错，实施性犯罪。

知识链接

《中华人民共和国刑法》

第三百六十四条　传播淫秽的书刊、影片、音像、图片或者其他淫秽物品，情节严重的，处二年以下有期徒刑、拘役或者管制。

组织播放淫秽的电影、录像等音像制品的，处三年以下有期徒刑、拘役或者管制，并处罚金；情节严重的，处三年以上十年以下有期徒刑，并处罚金。

制作、复制淫秽的电影、录像等音像制品组织播放的，依照第二款的规定从重处罚。

向不满十八周岁的未成年人传播淫秽物品的，从重处罚。

《中华人民共和国治安管理处罚法》第六十六条

卖淫、嫖娼的，处十日以上十五日以下拘留，可以并处五千元以下罚款；情节较轻的，处五日以下拘留或者五百元以下罚款。

在公共场所拉客招嫖的，处五日以下拘留或者五百元以下罚款。

《中华人民共和国治安管理处罚法》第三十二条第二款

制作、复制、出售、出租或者传播淫书、淫画、淫秽录像或者其他淫秽物品的，处十五日以下拘留，可以单处或者并处三千元以下罚款；或者依照规定实行劳动教养；构成犯罪的，依法追究刑事责任。

（二）抵制赌博活动

赌博是对一个事件与不确定的结果下注金钱或具物质价值的东西，其主要目的为赢取更多的金钱或物质价值。目前，个别大学校园周边的游戏机室存在赌博机器，如老虎机等。除此之外，常见的赌博还有非法彩票、赌球赌马等。有的人还利用打麻将、"斗地主"等合法娱乐方式来赌博。

随着互联网技术和智能手机的普及，赌博开始颠覆传统的方式，利用互联网平台以娱乐、游戏等方式进行赌博的新型活动开始大量出现。例如利用微信群赌博、利用赌博网站"赌球"、为境外赌博网站担任代理等新的赌博形式层出不穷。

赌博成瘾的心理结构有以下 5 种：

（1）刺激心理　赌博使得参赌的人获得一种异常兴奋的快感，一旦体验到赌博成功的刺激感及兴奋感后，便形成对这种情绪的更强烈的期待，要求再一次得到满足，之后会越玩越大，借越来越多的钱，这是一个逐步加强刺激的过程。

（2）翻本心理　输钱后总想通过赌博再赢回来，并且固执地坚信自己能赢回来。每个上了牌桌的人都觉得自己一定能赢回来，所以会下更大的注。

前两种心理结构，还只是初级阶段，属于非理性赌博行为，到了以下心理阶段，就变成了病理性的赌徒。

（3）反刍心理　赌博是高情绪的心理活动，赌徒会反复回味之前赌博的情形，不断想象自己正在赌博的刺激。

（4）焦躁　当想戒赌或减少赌博的次数时，容易坐立不安或产生愤怒的情绪，和烟瘾、毒瘾相似，当成瘾者想要戒除的时候会有焦躁不安的情绪。

（5）失控　完全失去了对自身的控制，寻求赌博的刺激感。

知识链接

《中华人民共和国治安管理处罚法》第七十条规定，以营利为目的，为赌博提供条件的，或者参与赌博赌资较大的，处五日以下拘留或者五百元以下罚款；情节严重的，处十日以上十五日以下拘留，并处五百元以上三千元以下罚款。

（三）远离毒品

毒品是指出于非医疗目的而反复连续使用能够产生依赖性（即成瘾性）的药品。常见的毒品主要分为两大类：一类是麻醉药品，是指对中枢神经有麻醉作用，连续使用易产生身体依赖性的药品，如鸦片、海洛因等；一类是精神药品，是指直接作用于中枢神经系统，使人兴奋、抑制或致幻，连续使用能产生依赖性的药品，如苯丙胺类（冰毒、麻果、摇头丸）。

1. 吸毒的巨大危害

（1）摧残身体，危及生命　毒品破坏人体正常的生理机能和新陈代谢，并引发各种疾病。如果吸毒过量还会造成死亡。

（2）扭曲人格，丧失理智　毒品使人丧失人性、理智和信念，对学习、工作及任何事物毫无兴趣。毒瘾发作时会使吸毒者感到非常痛苦，失去理智和自控能力，甚至自伤、自残和自杀。

（3）耗尽资财，祸害家庭　染上毒瘾不可避免需要耗费大量的金钱，即使有万贯家财也必将耗损殆尽。吸毒还会影响生育能力，对胎儿发育和子女成长造成不良影响。

（4）诱发犯罪，毒害社会　吸毒者为筹集毒资，往往会铤而走险，走上盗窃、抢劫甚至凶杀的犯罪道路，影响社会治安，败坏社会风气，破坏社会道德。

2. 远离毒品的措施

（1）建立心理防线　培养良好的心理品质，不要因好奇心而吸毒，不要因追求刺激而吸毒，不要贪图享受而吸毒，不要因解愁而吸毒，坚决抵制毒品诱惑。

（2）坚守行为防线　养成良好的生活习惯、行为习惯，积极参加健康向上的活动，不吸烟、不酗酒，不结交有吸毒行为、贩毒行为的人，不涉足人员混杂、治安复杂的场所，远离毒品。

（3）筑牢思想防线　树立正确的人生观、价值观、审美观，正确对待挫折与压力，不听信谣言，不盲目追求享受，以免误入歧途。

知识链接

根据《治安管理处罚法》的规定，吸食、注射毒品的，处十日以上十五日以下拘留，并处两千元以下罚款；情节较轻的，处五日以下拘留或者五百元以下罚款。

《中华人民共和国刑法》规定，引诱、教唆、欺骗他人吸食、注射毒品的，处三年以下有期徒刑、拘役或者管制，并处罚金；情节严重的，处三年以上七年以下有期徒刑，并处罚金。

五、反对邪教，警惕非法宗教

（一）反对邪教

1. 邪教的概念

我国于1999年10月8日发布的《最高人民法院、最高人民检察院关于办理组织和利用邪教组织犯罪具体应用法律若干问题的解释》中，给邪教组织下了明确的定义：邪教组织是指冒用宗教、气功或者其他名义建立，神化首要分子，利用制造、散布迷信邪说等手段蛊惑、蒙骗他人，发展、控制成员，危害社会的非法组织。

2. 邪教组织的违法活动

① 建立非法的组织，进行有组织的违法活动；
② 编印散发各种非法刊物、传单、书籍，宣传其歪理邪说；
③ 非法举行各种集体练功、讲座和集体活动；
④ 法律明确规定其为非法并予以取缔后，他们继续以非法组织的名义进行有组织的违法活动，公然对抗法律；
⑤ 聚众组织围攻、哄闹等扰乱社会秩序的违法活动；
⑥ 公然违反国际公约，频繁攻击卫星电视信号；
⑦ 通过互联网转接国际IP电信线路后自动拨打给国内用户，播放他们制作的反动言论；
⑧ 利用移动通信技术群发含有邪教内容的电子邮件和手机短信，传播邪教反动信息和言论。

知识链接

《中华人民共和国治安管理处罚法》

第二十七条 有下列行为之一的，处十日以上十五日以下拘留，可以并处一千元以下罚款；情节较轻的，处五日以上十日以下拘留，可以并处五百元以下罚款：（一）组织、教唆、胁迫、诱骗、煽动他人从事邪教、会道门活动或者利用邪教、会道门、迷信活动，扰乱社会秩序、损害他人身体健康的；（二）冒用宗教、气功名义进行扰乱社会秩序、损害他人身体健康活动的。

《中华人民共和国刑法》

第三百条 组织、利用会道门、邪教组织或者利用迷信破坏国家法律、行政法规实施的，处三年以上七年以下有期徒刑，并处罚金；情节特别严重的，处七年以上有期徒刑或者无期徒刑，并处罚金或者没收财产；情节较轻的，处三年以下有期徒刑、拘役、管制或者剥夺政治权利，并处或者单处罚金。

组织、利用会道门、邪教组织或者利用迷信蒙骗他人，致人重伤、死亡的，依照前款的规定处罚。

犯第一款罪又有奸淫妇女、诈骗财物等犯罪行为的，依照数罪并罚的规定处罚。

（二）警惕非法宗教

案例

2021年5月15日，舟山市民族宗教事务局在日常巡查管理工作中发现丁某涉嫌组织非法宗教活动。根据《宗教事务条例》有关规定，市民宗局于5月21日对丁某涉嫌在非宗教活动场所组织、举行宗教活动的行为予以立案调查。经调查，丁某自2020年以来多次在新城某小区商品房内组织讲授圣经、祷告等宗教活动，严重扰乱宗教正常管理秩序。上述行为违反了《宗教事务条例》第四十一条第一款规定。根据《宗教事务条例》第六十九条第二款规定，市民宗局对丁某作出责令停止活动并处罚款四千元的行政处罚。

1. 非法宗教的概念

非法宗教活动是泛指一切违背国家宪法法律法规和政策规及自治区有关法规、条例和政策的种种宗教活动。缺乏正常宗教活动构成要件的其他各种形式的宗教活动都可以称为非法宗教活动。可分为非法主体资格、非法活动场所、非法活动内容、非法活动方式。

2. 非法宗教的特征

（1）非法主体资格　未经批准登记备案或由相关部门批准的人员、团体或院校及其他教育机构，不具备从事宗教活动的主体资格，所从事、组织、主持的宗教活动为非法宗教活动。

（2）非法活动场所　宗教活动场所指信教公民开展集体宗教活动的寺院、宫观、清真寺、教堂（简称寺观教堂）和其他固定宗教活动处所，是非营利性组织。宗教活动场所是经宗教事务部门依法登记备案或指定的场所，包括互联网宗教活动场所。违反以上条件的宗教活动场所都是非法宗教场所，在非法宗教活动场所内开展的宗教活动也是非法宗教活动。

（3）非法活动内容　传播的非法宗教内容往往曲解宗教教义，打着宗教的旗号宣扬恐怖主义、极端主义、分裂主义，违背国家法律法规，危害国家安全、民族团结、宗教和睦与社会秩序。

（4）非法活动方式　未经批准，私自编印、出版、传播、销售宗教读物和影像资料的行为；未经批准私建或改建宗教活动场所等；在非法宗教场所私设功德箱并接受宗教性捐款；强迫他人参加宗教活动。

3. 非法宗教的危害

（1）非法宗教活动所传播的非法宗教教规、教义，会影响大学生对科学、知识、真理的向往，影响大学生树立正确的世界观、人生观、价值观，动摇大学生的理想信仰，不利于大学生身心健康发展。

（2）非法宗教势力常常无视我国教育与宗教相分离的原则，打着宗教信仰自由的幌子，渗透至校园，传播极端宗教思想，煽动校园中的宗教狂热分子，破坏教育教学秩序。

（3）利用宗教建立非法组织，进行违法犯罪之事，影响正常宗教活动的展开，扰乱广大群众正常的生产生活秩序。

（4）非法宗教所推崇的宗教思想违背我国主流意识形态，会动摇公众对制度、政府乃至中华民族的认同感，影响社会的和谐稳定。

 知识链接

《中华人民共和国教育法》

第八条　教育活动必须符合国家和社会公共利益。国家实行教育与宗教相分离。任何组织和个人不得利用宗教进行妨碍国家教育制度的活动。

《宗教事务条例》

第四十条　信教公民的集体宗教活动，一般应当在宗教活动场所内举行，由宗教活动场所、宗教团体或者宗教院校组织，由宗教教职人员或者符合本宗教规定的其他人员主持，按照教义教规进行。

第四十一条　非宗教团体、非宗教院校、非宗教活动场所、非指定的临时活动地点不得组织、举行宗教活动，不得接受宗教性的捐赠。

非宗教团体、非宗教院校、非宗教活动场所不得开展宗教教育培训，不得组织公民出境参加宗教方面的培训、会议、活动等。

第四十四条 禁止在宗教院校以外的学校及其他教育机构传教、举行宗教活动、成立宗教组织、设立宗教活动场所。

（三）崇尚科学

（1）强化思想引领　加强对马克思主义理论、中国特色社会主义理论体系的学习，坚持马克思主义基本立场，正确运用辩证唯物主义和历史唯物主义世界观、方法论来认识和对待宗教及宗教问题。

（2）坚持正确的价值取向　树立尊重科学、尊重知识、尊重真理的观念，自觉抵制封建迷信思想的侵蚀。

（3）举报揭发邪教和宗教的非法行为　遇到传播不良言论、伪宗教教义等行为，或是看到非法聚会、做破坏活动时，一定要在保证自身安全的前提下，第一时间报告给学校老师和公安机关。

第六节　安全教育

一、国家安全

（一）我国国家安全体系

国家安全是指国家政权、主权、统一及领土完整、人民福祉、经济社会可持续发展和国家其他重大利益相对处于没有危险和不受内外威胁的状态，以及保障持续安全状态的能力。维护国家安全的根本着眼点是维护国家核心利益和其他重大利益的安全，包括国家政权、主权、统一和领土完整、人民福祉、经济社会可持续发展以及国家其他重大利益的安全。我国当代国家安全包括 16 个方面的基本内容，即政治安全、国土安全、军事安全、经济安全、文化安全、社会安全、科技安全、信息安全、生态安全、资源安全、核安全、海外利益安全、生物安全、太空安全、极地安全、深海安全。

（二）危害国家安全的行为

《国家安全法》及其《实施细则》所称危害国家安全的行为，是指境外机构、组织、个人实施或者指使、资助他人实施的，或者境内组织、个人与境外机构、组织、个人相勾结实施的危害中华人民共和国国家安全的行为。

（1）阴谋颠覆政府、分裂国家、推翻社会主义制度。

（2）参加间谍组织或者接受间谍组织及其代理人的任务。

（3）窃取、刺探、收买、非法提供国家秘密。

（4）策划、勾引、收买国家工作人员叛变。

（5）进行危害国家安全的其他破坏活动：

① 组织、策划或者实施危害国家安全的恐怖活动的；

② 捏造、歪曲事实，发表、散布文字或者言论，或者制作、传播音像制品，危害国家

安全的；

③ 利用设立社会团体或者企业、事业组织，进行危害国家安全活动的；

④ 利用宗教进行危害国家安全活动的；

⑤ 制造民族纠纷，煽动民族分裂，危害国家安全的；

⑥ 境外个人违反有关规定，不听劝阻，擅自会见境内有危害国家安全行为或者有危害国家安全行为重大嫌疑的人员的。

（三）自觉维护国家安全

1. 强化国家安全责任感

思想是行为的先导，树立"天下兴亡，匹夫有责"的意识，是大学生自觉履行维护国家安全这一权利与义务的首要前提。一些大学生错误地认为国家安全离自己很遥远，对维护国家安全的责任和义务认知空白。《中华人民共和国宪法》第五十四条规定：中华人民共和国公民有维护祖国的安全、荣誉和利益的义务，不得有危害祖国的安全、荣誉和利益的行为。《中华人民共和国国家安全法》第三章中明确作出了关于公民和组织维护国家安全的义务和权利的规定。大学生应该以国家主人翁的姿态，充分行使维护国家安全的权利，积极履行维护国家安全的义务，时刻要把国家安全放在高于一切的地位，这不仅是国家利益的需要，也是个人安全的需要。

2. 提高国家安全认知水平

国家安全涉及国家社会生活的方方面面，与每位公民息息相关，然而许多大学生的安全素养不容乐观。了解有关国家安全的法律法规、政策制度，弄清什么可为，什么不可为，哪些原则要遵守，自觉维护国家安全和社会稳定。其中，特别应当熟悉一下一些基本的法律法规，如宪法、国家安全法、保密法、刑法、刑事诉讼法、科学技术保密规定、出国留学人员守则等，对遇到的问题、遇到的事情要多思考，三思而慎行，也可以请教同学和老师，以防被别有用心的人利用，危害了国家的利益，从而也危害了自己。

3. 增强防范辨别能力

从近年侦破的案件来看，被境外间谍情报机关通过网络勾连、渗透、策反的人员中涉世未深的年轻人居多，甚至不乏在校大学生。境外敌对势力伪装成军事爱好者、招聘猎头、科研人员等身份，广泛活跃于各类论坛、社交、求职等网站，以提供丰厚报酬的"兼职""约稿"等为诱惑或假借"科研合作""社会调查"等名义，一步步将普通公民发展成为"情报员"。当前意识形态斗争日益复杂，敌对势力的渗透和破坏手段更加隐蔽，稍不注意就会被利用，大学生要增强警惕意识，提高辨别能力，时时筑牢"铜墙铁壁"，深刻揭露"美丽谎言"。

4. 落实维护国家安全实际行动

国家安全没有局外人。个别学生认为维护国家安全是政府、军队的任务，与自己毫不相关，对身边出现危害国家安全的言行要么茫然不知，要么视而不见，要么不知如何应对。维护国家安全人人有责，只有全民携手共进，才能筑起坚不可摧的国家安全人民防线。积极配合国家安全机关的工作，在国家安全机关工作人员显示其身份和来意之后，每个同学都应当认真履行配合，负有协助调查的职责和义务。一旦发现危害国家安全的可疑情况，及时拨打国家安全机关举报受理电话12339进行举报。

二、人身安全

(一) 预防纠纷与斗殴

1. 防纠纷

> **案例**
>
> 男方小强与女方小林原为情侣关系,2022年11月,小林提出分手,之后小强每天频繁打电话、发送微信骚扰小林,微信内容带有大量侮辱性字眼,并有"弄死你全家""杀死你""炸你家",要去小林小区住所张贴小林身份证和开房记录等人身威胁言论,还三次前往小林所住小区,拍摄小区图片发送给小林。在小强的骚扰、威胁下,小林担惊受怕、精神紧张,严重影响日常生活,因此向法院提出人身安全保护令申请。
>
> 最高人民法院发布《关于办理人身安全保护令案件适用法律若干问题的规定》进一步细化了《反家庭暴力法》关于人身安全保护令的规定。人身安全保护令的适用阶段不断延展至包括恋爱、交友、终止恋爱关系后及离婚之后的时期,适用情形不再局限于遭受家庭暴力或面临家庭暴力的现实危险,以冻饿、经常性侮辱、诽谤、威胁、跟踪、骚扰等方式实施的身体或者精神侵害行为,纠缠、骚扰等损害安宁生活的不当行为,泄露、传播妇女隐私及个人信息等侵害人格权的不当行为或面临上述侵害现实危险等也都可以构成作出人身安全保护令的情形。

作为一名大学生,如何防止纠纷?

① 增强安全意识,主动避开危险。尽量少去或不去人员混杂、治安环境复杂的场所,减少风险隐患,消除不稳定因素,避免发生矛盾纠纷。

② 提高自身修养,学会以礼待人。在现实生活中,大多数案件都是由于人与人之间关系处理不当引起的。树立社会主义精神文明,与他人相处时,要互相尊重,宽以待人,不为小事和他人发生纠纷。

③ 遵守规章制度,加强自我约束。相较于学习压力紧张和单一的高中生活,大学生的生活更加自由丰富。在复杂的社会环境中,初涉社会的大学生易受到不良风气的污染与伤害。大学生要洁身自爱,自觉遵守学校的规章制度,知边界、明事理、懂规矩、不逾矩,不致侵害他人利益,避免对自己、对他人、对家庭、对社会造成严重危害。

④ 及时化解矛盾,切忌激化矛盾。大学生需独自面对各种复杂的人际关系,与他人相处难免会产生矛盾。要注意采取正确的方式及时化解矛盾,避免因为矛盾激化而采取极端行为。

⑤ 寻求专业援助,顺利脱险避险。在受到伤害时,除了采取正当防卫措施外,还应采取必要的求助措施,主要包括寻求师生援助、校内保卫人员援助、各类专业援助和法律援助,在其他人的帮助下及时地脱险或维护自己正当的权益。

2. 防斗殴

打架斗殴事件除了对我们的人身安全造成严重威胁外,一旦酿成治安案件、刑事案件,当事人轻则受到退学、开除的处理，重则触犯法律法规，受到法律的严厉制裁，断送自己的美好前程。针对各类打架斗殴事件，我们可以采取以下防范措施。

① 防突发性打架斗殴。突发性打架斗殴往往是由于当事人在发生争执、冲突时，没有理智处理而引起的打架斗殴事件。预防此类打架斗殴的发生，应当在矛盾发生前或发生初期，采取说服的方法。"小不忍则乱大谋"。通过讲道理使当事人冷静下来，做好稳定和劝解工作，平息事端，避免一时冲突酿成苦果。

② 防演变性打架斗殴。演变性打架斗殴与突发性打架斗殴的主要区别是有一定周期的矛盾积累、发酵的过程。大学期间较为常见的是宿舍纠纷、恋爱纠纷、口角纠纷，这些矛盾看似都是"小事"，但如果得不到及时、妥善的化解，往往小事拖大、大事拖炸，极易引发恶性斗殴事件，造成人身伤害，甚至伤及生命。因此，预防此类打架斗殴的发生，最重要的就是要在日常的生活中注意自己的言行，尽量不与他人产生冲突，及时将矛盾纠纷消除在萌芽状态，及时疏导或寻求合法渠道解决问题，做到"抓早、抓小、抓苗头"。

③ 防报复性打架斗殴。报复心理是一种属于情感范畴的狭隘心理，极具有攻击性和情绪性。这类斗殴事件一般具有一定的可预见性。通过留意同学的言语、神情、思想变化等等，发现问题及时有针对性地进行规劝，必要时报告老师或保安部门。预防此类打架斗殴的发生，也要运用说理的方法，所不同的是由于怀有报复心理的当事人往往较为敏感，在说理时不可直指对方的错误，以免引发更大的矛盾。而必须委婉相劝，用一种相似的人和事来说明道理。让对方自己觉悟，以此消除矛盾。

④ 防群体性打架斗殴。群体性打架斗殴具有极大的破坏性、恶劣性。同学、老乡、朋友与他人发生纠纷后，为了"哥们义气"向对方"讨个公道"，拉帮结派纠集多人，相互之间进行打斗。预防此类打架斗殴的发生，首先，要求我们谨慎交友，远离品行不端的狐朋狗友。其次，遇到打架斗殴事件时，不围观、不起哄、不介入，迅速向学校有关领导或保卫部门报告，以防事态扩大。再次，如果朋友确实与人发生争执，应冷静应对，劝解时要主持公道，不可偏袒。

知识拓展

《中华人民共和国治安管理处罚法》

第四十三条　殴打他人的，或者故意伤害他人身体的，处五日以上十日以下拘留，并处二百元以上五百元以下罚款；情节较轻的，处五日以下拘留或者五百元以下罚款。

有下列情形之一的，处十日以上十五日以下拘留，并处五百元以上一千元以下罚款：

（一）结伙殴打、伤害他人的；

（二）殴打、伤害残疾人、孕妇、不满十四周岁的人或者六十周岁以上的人的；

（三）多次殴打、伤害他人或者一次殴打、伤害多人的。

（二）防范性侵害

1. 性侵害的概念

性侵害泛指违反他人意愿，对其做出与性有关的行为。包括强制性交、强迫亲吻、性骚扰，露阴、窥阴等也可能被算作性侵害。

2. 预防性侵害的基本方法

① 筑牢防线，提高警惕。大学生在思想上树立安全防范意识，对于危险或潜在隐患应保持敏感，时间、地点、参与人、具体活动，任何一个要素出现非常态，都应保持警觉，提高自我保护的警觉性。不轻易透露真实情况，不轻易接收异性馈赠和要求，不轻易与异性单独相处。

② 言行端正，自重自爱。在作风上要稳重，体现大学生的道德修养和文明素质。日常穿着注重大方得体，与对方交往过程中端方自持、举止有方，不要使用淫秽暧昧的语言、挑逗暗示的动作，使对方误解，从而将自己置于潜在的危险环境中。

③ 明确态度，正告对方。许多性侵害事件的发生，是被侵害者由于胆怯、懦弱不敢拒绝，而导致事态的恶性发展。为避免性侵害事件的再次发生或恶性发展，在第一次受到性骚扰或非正常接触时，就应当向对方表明态度，挫其锐气。

④ 疏远关系，减少接触。在与他人接触过程中，怀疑他人动机不纯，甚至已经出现越轨行为时，要主动回避，减少与对方的单独接触。在不可避免来往的关系中，也应该在公开场合或有同伴陪伴的情况下来往，这样做既可表明自己的态度，又能减少和防止不必要的麻烦，遇到性侵害也具备有利的抵制和反抗条件。

⑤ 依靠组织，求助他人。大学生是较难独自应付和解决性侵害事件的，不要惧怕对方的要挟和讹诈，不要害怕对方会打击报复。被侵害的大学生要勇于揭发其阴谋或罪行，及时寻求家人的支持，向组织反映，依靠组织和法律的武器及时制止和惩治侵害者，保护自己。

3. 遭受性侵害时的应对措施

① 若不幸遭遇不法分子侵犯，首先要有坚持斗争的信心，冷静、机智地与其周旋。再根据周围的环境选择求救、摆脱、防卫的办法。

② 如遭歹徒欲行侵害，可大声呼救，引他人前来相助。

③ 可先假装顺从，乘其脱衣时猛击其裆部、太阳穴、印堂穴等要害部位（图1），使其丧失侵犯能力，再借机逃走并大声呼救。

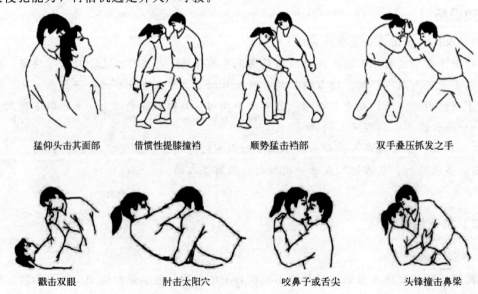

猛仰头击其面部　　借惯性提膝撞裆　　顺势猛击裆部　　双手叠压抓发之手

戳击双眼　　肘击太阳穴　　咬鼻子或舌尖　　头锋撞击鼻梁

图1　防身术

④ 利用自身携带的尖硬物品（发夹、钥匙等）猛击其眼睛；或借助周围一切可以利用的物品予以反击。

⑤ 在无力反抗而不幸遭受侵害时，要努力记住犯罪分子的体貌特征，或是在其身上留下抓痕等印迹，保护好现场及物证，并克服羞怯等心理，勇于报案，积极主动地配合公安机关惩治犯罪分子。

⑥ 寻求专业心理咨询师的帮助。

4. 保留性侵害的证据

① 在与犯罪分子搏斗时，要设法咬破、抓破其暴露躯体的某一部位，如面部、手背。

② 保留犯罪分子的血迹、精斑及被咬下、撕下的某些肌体，如手指、耳朵。

③ 拉扯犯罪分子的头发、阴毛、衣服、纽扣等。

④ 故意让犯罪分子接触光滑物体，如箱子、桌面、地板、玻璃台面，让犯罪分子留下指掌印、足印、鞋印等。

⑤ 在犯罪分子的身上、衣服上涂上颜料、油漆、油污等。

知识链接

《中华人民共和国刑法》的相关规定 第二十条 【正当防卫】为了使国家、公共利益、本人或者他人的人身、财产和其他权利免受正在进行的不法侵害，而采取的制止不法侵害的行为，对不法侵害人造成损害的，属于正当防卫，不负刑事责任。正当防卫明显超过必要限度造成重大损害的，应当负刑事责任，但是应当减轻或者免除处罚。对正在进行行凶、杀人、抢劫、强奸、绑架以及其他严重危及人身安全的暴力犯罪，采取防卫行为，造成不法侵害人伤亡的，不属于防卫过当，不负刑事责任。

（三）杜绝夜不归宿

大学生脱离了父母的监管，在校生活较为自由，对课余时间的安排有一定的自主性，从而放松了对自己的要求，加上周边环境以及一些物质诱惑，导致一些大学生思想涣散、纪律松弛，自觉性和自我控制能力越来越弱，就会有一些学生出现夜不归宿的行为。但是夜不归宿存在诸多安全隐患，由此引发的治安事件和安全事故屡见不鲜。

1. 大学生夜不归宿的原因

一是私自在校外租房居住；二是在校外兼职打工；三是与同学或朋友外出娱乐、上网、酗酒等；四是宿舍生活不便利；五是谈恋爱。

2. 大学生夜不归宿存在的潜在危害

① 危及人身和财产安全。在外留宿，不可控因素较多，安全隐患大。加之大学生缺乏必要的社会经验，安全防范意识较差，脱离了学校和家庭的视线，自我防护能力较弱，易造成财物丢失或人身伤害事件。

② 危害身心健康。有些夜不归宿的学生在外没有管束，存在严重的睡眠不足，饮食不规律，生物钟紊乱等现象，长此以往对身体造成极大伤害。一些学生情侣在外同居，由于缺乏性知识，容易对彼此造成伤害。很多学生深度沉迷于游戏，长此以往对大学生的身心会形成不良的影响。

③ 影响正常学习。学生本应以学业为重，但由于夜不归宿、作息紊乱、睡眠不足，导致精力难以集中而无法正常完成课程学习，更有甚者经常出现迟到、旷课、上课睡觉等违纪行为，严重影响了自己的学业成绩。

④ 影响学校学风。夜不归宿的学生无视校规校纪，影响正常的教学管理秩序，在同学中造成了不良影响，严重影响学校风气。

（四）交通安全

案例

近年来，"开门杀"造成的人员伤亡事故时有发生。2023年7月，广东中山，一名女子驾驶电动车时，路边一辆小轿车的司机没有留意车外情况就开门下车，女子避让不及撞上车门，连人带车倒地。不幸的是，这名女子因头部着地造成颅脑损伤，最终抢救无效身亡。2023年4月，云南玉溪，某乡村便道，一辆棕色越野车停在路边，驾驶员突然打开车门，刚巧从旁边经过的电动车躲闪不及，电动车上的二人倒地受伤住院。

1. 校园交通事故的主要特点
① 新驾驶员交通肇事现象突出。
② 在校园所发生的交通事故中，小型车所占的比例较大，以私家车、摩托车为主。
③ 教学区以及人流量大的主次干道是校园交通事故的多发区。
④ 超速行驶等违规驾驶行为经常引发校园交通事故。

2. 对交通事故的预防
① 增强交通安全意识。
② 掌握基本的交通安全知识。
③ 认真遵守交通法规。

3. 发生交通事故的现场处置
① 及时报案。无论在校内还是校外，发生交通事故时，应迅速拨打122、120、110，千万不能"私了"。除及时报案外，大学生还应该及时与学校老师取得联系。
② 现场自救和互救。如有人员受伤，应立即采取必要措施对受伤人员进行现场急救，等待专业人员救援。
③ 认清肇事者和肇事车辆。事故发生时，应及时记录肇事车辆车牌号码，有效控制肇事人，不准肇事者车辆离开现场。如发现肇事车辆逃逸，迅速向事发现场人员了解车牌号码、颜色、车型、司机模样等信息，便于开展事故调查。
④ 保护现场、收集证据。事故现场的勘查结论是划分事故责任的依据之一。在事故处理人员到达之前应保护交通事故发生时的原始现场，设置警示牌，非移动不可的要注意标明位置。同时，对事故现场进行拍照保留证据。发生交通事故后，当事人故意破坏、伪造现场，毁灭证据的，应承担全部责任。
⑤ 接受诊断，并向事故处理机关申报。事故中有人员受伤，须送医治疗，当事人均可垫付医疗费用，但需保存支付凭证以便后续处理时进行结算。治疗终结伤情稳定后，持鉴定报告、事故认定书请求交警部门调解。

三、财产安全

(一) 防盗

盗窃是指以违法占有为目的,采用规避他人管控的方式,转移而侵占他人财物管控权的行为。盗窃罪是指以非法占有为目的,盗窃公私财物数额较大或者多次盗窃、入户盗窃、携带凶器盗窃、扒窃公私财物的行为。

1. 高校盗窃案件的特点

① 作案流动性大,难以侦破;
② 作案时间具有选择性,以深夜为主;
③ 内盗案件突出,难以防范;
④ 内外结伙盗窃,损失惨重;
⑤ 作案手法多样,防不胜防;
⑥ 作案具有连续性,屡屡作案。

2. 宿舍防盗措施

① 大学生自己要增强安全防盗意识,注意保管好自己的钥匙,包括宿舍、箱包、抽屉等处的各种钥匙,不能随便借给他人或乱丢乱放,以防"不速之客"复制或伺机行窃。

② 一定要养成随手关窗、随手锁门的习惯,以防盗窃犯罪分子趁机而入。特别是最后离开的同学,千万不要因为时间紧迫或麻烦而放松警惕。

③ 不要留宿外来人员。如果违反学校学生宿舍管理规定,随便留宿不知底细的人,就等于引狼入室而将会后患无穷。

④ 注意保管好现金、证件、贵重物品等,尽量锁在保险箱或抽屉中。

⑤ 发现可疑人员应保持警惕,如果发现来人携带有可能是作案工具或赃物等证据时,则必须立即报告值班人员和学校保卫部门。

3. 公共场所防盗措施

① 不要在图书馆、教室等公共场所为手机或其他电子产品充电,防止忘掉或被人顺手牵羊。

② 随身物品不能随意置于远离自己视线的地方,离开时应把物品带走。如要短暂离开,应将现金、贵重物品带走或交给熟悉的同学代为保管。

③ 不要在食堂、图书馆、教室等公共场所用书包或衣物占位。
④ 在运动场所尽量不要带过多的现金和贵重物品,避免物品丢失。
⑤ 自行车要停放在有人管理的规定地点,要养成离开即上锁的习惯。
⑥ 不要随意将自己的有价证卡转借他人使用。
⑦ 保管现金最好的办法是将其存入银行,取款核对密码要轻声、快捷,切忌旁若无人。

⑧ 如发现有物品丢失,要及时向学校保卫处或者当地公安机关报案,证件丢失应立即办理挂失手续。

(二) 防诈骗

诈骗,是指以非法占有为目的,用虚构事实或者隐瞒真相的方法,骗取公私财物的行为。根据中国青年网调查显示，41.53%的大学生表示自己或身边人遇到过诈骗，其中电信诈骗、非法校园贷、钓鱼网站等诈骗类型分别位列前三名。

1. 常见高校诈骗类型

① 校园贷诈骗。校园贷是指一些网络贷款平台面向在校大学生开展的贷款业务。部分借贷公司利用网络平台采用虚假宣传、降低贷款门槛、隐瞒实际资费标准等欺骗手段，以"手续简单、零利息、放款快"为吸引点，引诱大学生借款并签订假合同，使其陷入"高利贷"陷阱。

② 网络交友类诈骗。诈骗分子将自己包装成优质单身女性或男性的形象，通过社交软件与被害学生建立联系后，用照片和预先设计的虚假身份骗取被害学生信任。随后，诈骗分子以遭遇变故急需用钱、帮助项目资金周转等为由向被害学生索要钱财，并根据被害学生财力情况不断变换理由要求其转账，或诱导被害学生到钓鱼网站投资、充值，实施"收割"。

③ 电商、物流客服诈骗。骗子冒充电商、物流客服人员给被害学生打电话，准确说出受害者的购物信息和个人信息，骗取信任。接着，他们会以网购平台系统升级造成订单丢失、支付失败等原因，诱骗受害者交出银行卡号、密码或登录钓鱼网站，骗取或盗取资金。

④ 刷单返利类诈骗。刷单返利诈骗是指骗子通过网络途径发布以"零投入、高回报、日清日结"为噱头的刷单兼职信息，在前几次刷单后立即返还本金、佣金骗取被害学生信任后，诱导其加大本金投入，随后以打包任务未完成等理由拒不返款，最终将被害人拉黑。

⑤ 通信诈骗。部分骗子会冒充老师给同学们打电话或发短信，以资助新同学学费、缴纳生活费、校方返还学费等为名，让学生提供银行卡号、密码，从而进一步实施诈骗；家长们还会收到各类涉及孩子在校情况的短信，比如打生活费、核对家庭信息等。

⑥ 冒充公检法人员诈骗。冒充公安人员、检察院人员或者法官等，以涉嫌违法犯罪为理由，要求将资金转入"安全账户"。骗子为了体现真实性，甚至还会制作假的通缉令，以达到其操控被害人的目的。

⑦ 伪装熟人诈骗。骗子利用不法渠道盗取其好友 QQ、微信账号后，编造看病、车祸、购票等理由声称自己急需借钱、充值或汇款，若不通过电话方式或当面核实很难辨别对方真实身份，从而被骗。

⑧ 虚假中奖诈骗。冒充知名电视节目、网站发布中奖信息，称其已被抽选为节目幸运观众并获得巨额奖品，诱骗"中奖者"填写个人资料，以需交手续费、保证金或个人所得税等借口实施连环诈骗，诱骗被害人向指定银行账号汇款。若被怀疑拒绝，便宣称将承担法律责任，对受害者恐吓、敲诈。

⑨ 网络赌博诈骗。犯罪分子通过微信、QQ 群联系受害人，引诱受害人通过网站、游戏平台、APP 等进行下注参赌，犯罪分子通过后台操作，让受害人先赚到一部分资金，诱导受害人后期不断加大投入，通过操纵后台，让其输钱，从而被骗。

⑩ 网络购物诈骗。诈骗分子在微信群、朋友圈、网购平台或其他网站，以"低价打折""海外代购"等广告，或提供"论文代写"等特殊服务的广告，吸引消费者注意，买家付款后虚假发货或不提供服务。另一种手段是，诈骗分子先是在正规商店、平台发布信息，例如"闲鱼"APP，之后诱导脱离平台交易，再以缴纳"关税""手续费"等为由，诱骗受害人继续转账汇款。

2. 预防诈骗的基本要点

① 树立正确的价值观，不要被蝇头小利所诱惑，克服"贪利"思想，多了解，多思考，

多分析。

② 不要盲目轻信身边好友、熟人，要学会"听其言，察其色，辨其行"，做出理智的判断。

③ 提高警惕，不泄露个人或家人信息，不要随意扫描陌生的二维码，谨慎点击不明网站或下载未知应用程序。

（三）拒绝非法传销

传销，是指组织者或经营者发展人员，通过对被发展人员以其直接或者间接发展的人员数量或销售业绩为依据，计算和给予报酬，或者要求被发展人员以交纳一定费用为条件，取得加入资格等方式牟取非法利益，扰乱经济秩序，影响社会稳定的行为。

1. 传销的常见类型

① 暴力传销。最原始的传销，采用限制人身自由甚至是绑架等方式，达到传销的目的。现在这种形式很少见了。

② 传统传销。用上课的方式让人自愿加入传销组织，有产品但是根本消费不起。传销组织会限制你的部分自由，甚至不让打电话等等。

③ 新型传销。目前出现新型传销，不限制人身自由，不收身份证、手机，不集体上大课，通过资本运作的旗号去吸引人们加入，利用了成功学的方式去对人们洗脑，是一种新型骗局。

2. 大学生避免陷入传销的基本要点

① 了解《禁止传销条例》《直销管理条例》等有关法规规定，了解传销的本质，明确传销活动是非法活动，传销人员必将受到法律制裁。

② 自觉抵制各种诱惑。注意培养自己对真假、是非、美丑的分析辨别能力，要判断所谓的高额回报是否符合正常的规律与逻辑，不要被一夜暴富、躺着挣钱等诱人的口号迷住了双眼。

③ 不轻信他人。不管是陌生人、同乡、同学，还是朋友、亲戚、家人，不能单凭对方说的外面很赚钱，求财心切就跟随他们去"淘金"，作出决定前要三思而后行。

④ 通过正规途径就业。不要被鼓吹的"高薪工作""轻松创业"所迷惑，不要随便去异地面试，尽量通过政府和学校组织的人才交流市场。自联或他人介绍的单位需要在网上搜集拟就业单位相关信息，通过各种手段查询该单位的正规性。

（四）警惕"培训贷"陷阱

近年来，大学生掉进"培训贷"陷阱的事例屡见报端。2023年5月，教育部全国学生资助管理中心发布2023年第1号预警的内容，就是警惕"培训贷"陷阱。

> **案例**
>
> 阿浩是"墨秦"的一名学员。他在参加培训前，预约了一节公开的直播课。课程中，老师不但介绍了"墨秦"的雄厚背景，还声称如果能通过考试，公司会将与各大知名平台合作的订单资源派发给学员，并把订单额度的10%作为报酬支付给接单的学员。看到直播课老师绘制的蓝图，阿浩报了名。之后的一个月里，阿浩每天学习超过12个小时，并通过了考试。负责分派订单的老师把他拉进了一个500人左右的接单群。在激烈的竞争中，阿浩终于抢到了一个订单。

> 只是制作视频赚钱远比阿浩想象中难得多。首先是单子不好抢，即使抢到了，一个单子也只能挣 10 元钱，为此需要付出的时间成本和最终获取的金额根本不成正比。与他们之前给阿浩看的少则几百元、多则上万元的一个订单的收益相去甚远。阿浩认为自己被忽悠了，于是主动联系了销售，但是对方却将自己拉黑了。

1. 培训贷的概念

"培训贷"一般指培训机构和网络贷款机构进行合作，消费者在培训机构的引荐下与网络贷款机构签订借款合同，网络贷款机构将消费者借款（即培训费用）一次性支付给培训公司，消费者将借款本息偿还给网络贷款机构的交易模式。

这些机构通常利用大学生渴望学习新技能的心理，以虚假广告、夸大课程效果、提供兼职与就业机会等手段，诱导学生参加所谓"先学后付""零基础学月入过万"的技能培训课程，以较低的门槛获得分期付款的方式偿还高昂的培训费。实际上这些培训往往"课不副实"，兼职和就业机会也无法兑现。一旦学生报名后，培训机构会有意设置一些复杂的手续和流程，或者以"影响征信"等为借口，让学生难以退款，掉入"培训贷"陷阱。

2. 防范"培训贷"骗局

① 增强辨别能力，谨慎甄别消费贷款和消费分期，慎重签署贷款协议或含有贷款内容的培训协议。

② 要对培训机构进行初步考量和调查。确有需求参加职业培训的，可到当地人力资源和社会保障部门官方网站查询公布的正规培训机构。

③ 如不慎踏入"培训贷"陷阱或者遇到疑似"培训贷"诈骗的情形，应积极收集并留存有关证据，立即向公安机关报案，并及时向监管培训机构的部门反映情况，要勇于用法律手段维护自己的合法权益。

四、消防安全

（一）校园发生火灾的具体原因

① 乱接乱拉电源线引起火灾；
② 宿舍使用违禁电器引起火灾；
③ 电器设备使用不当而引起火灾；
④ 学生实验过程中因操作不慎而引起火灾；
⑤ 乱扔未熄灭的火柴、烟头等，引燃可燃物而引起火灾；
⑥ 电器设备老化及超负荷运行引起火灾；
⑦ 电灯等发热电器离可燃物太近，使可燃物长时间烘烤发热起火。

（二）火灾事故的预防

1. 预防教室、实验室和实习场地火灾的要点

要严格遵循操作规程及管理制度，使用设备仪器时应认真检查电源、管线、辅助仪器设

备等是否有异常情况,是否放置得当;充分做好实验准备,熟悉实验内容,掌握实验步骤。涉及使用易燃易爆危险品的实验或实习,要了解其性能、使用方法、操作规定、防护方法。试验、实习场地应配有足够的灭火器材,并且熟悉其放置地点和使用方法。离开实验、实习场地时,应按规定要求,关闭电源、水源、气源等,清理杂物和垃圾,以及摆好各项物品等。实验、实习场地的通道要保持畅通无阻,严禁将物品堆放在门口、走廊、过道等通道上。

2. 预防宿舍火灾的要点

应严格遵守宿舍安全管理规定,做到人走断电;严禁乱拉乱接电线;禁止使用电炉等大功率电器;禁止随意加大电路保险丝;禁止在宿舍内使用明火;禁止将易燃易爆危险品带进宿舍;禁止在疏散通道内堆积杂物;发现不安全的现象要及时向宿管人员或有关部门报告,尽快消除隐患;要爱护宿舍内的消防设施和灭火器材,掌握正确使用消防器材的方法。

3. 熟悉安全通道

进入建筑物时,应留意安全通道的具体位置,如果发生火灾,即可迅速逃离现场。

(三)火灾的扑救与逃生

1. 火灾的扑救

初起火灾火势较小时,可采取立即报警、及时扑灭的原则。发现火灾,迅速拨打"119"火警电话报警,同时大声呼救,争取周边人的帮助。在消防人员赶到现场之前,应设法灭火自救。灭火时,有灭火器最好,如没有灭火器,可就地取材,可用脸盆、水桶等取水浇灭或用棉被等覆盖火苗,然后浇水扑灭;电气火灾应先切断电源再灭火。着火时不要随便打开门窗,以免空气对流造成火势蔓延。

2. 逃生

一旦火势较大,不能扑救,立即疏散逃生。首先要沉着冷静,分辨情况后自救。若火势不大,应尽快离开火场,不要留恋财物而错过逃生时机;若烟火很大,要放低身体,用湿毛巾或湿手帕等捂住口鼻沿墙角匍匐前进逃离;若身上着火,可就地打滚将火压灭,不能奔跑,也不宜用灭火器直接向人体喷射;若被困于室内,要及时发送求救信号,用湿毛巾捂住口鼻,尽可能紧闭门窗,减少空气对流,防范大火窜入。

五、网络安全

大学生网络安全,是指大学生健康使用网络,避免因不当使用互联网造成伤害。

(一)大学生常见的网络安全问题

1. 网络成瘾综合征

是指过度使用互联网,对互联网产生强烈的依赖而导致的社会和心理功能损害。上网时间过长,除了诱发生理疾病外,还会导致缺乏社会沟通和人际交流,引发人际障碍等心理疾病。

2. 网络诈骗

犯罪分子利用网络平台,通过聊天、购物交易、实习兼职等名义寻找特定目标大学生实施诈骗、抢劫、强奸等犯罪活动。

> **知识拓展**
>
> 　　密聊软件，因其加密通讯的私密性强，尤其是"阅后即焚"的功能，为犯罪分子销毁犯罪证据提供了便利，使密聊软件成为"灰色地带"。
> 　　如今，犯罪分子将服务器从境内转移至境外，将通讯工具从大众软件改为境外密聊软件或境内小众聊天软件，这类利用新空间、新设备实施的通讯网络诈骗犯罪技术性极强，增大了案件查办的难度。

　　3. 网络道德失范

　　个别学生在网络不负责任地编造、转载一些虚假信息，传播庸俗、低俗的信息，或使用不文明语言，肆意谩骂他人，对他人进行人身攻击等。

　　4. 网络犯罪

　　大学生网络犯罪主要表现为三大类型：一是危害互联网运行安全的犯罪行为；二是利用互联网破坏市场经济秩序或社会管理秩序的犯罪行为；三是利用互联网侵犯他人人身权利以及危害他人合法财产权利的犯罪行为。

（二）大学生网络安全的预防

　　1. 加强网络法制学习

　　可以通过参加专题学习、法律宣讲等活动进行网络法制学习。课余生活可以通过浏览网络法制论坛来进行更加广泛的自主学习，使自身认识到哪些行为在网上是非法的，让法律法规真正起到震慑作用。

　　2. 提高网络素养

　　青年学生正处于世界观、人生观和价值观塑造的关键时期，容易受到不良价值导向的影响。大学生应懂得不仅在现实中需要尊重他人、遵守伦理道德，在虚拟的网络环境中也要做到对他人的尊重。提高网络道德素质，形成善恶是非观念，理性对待网络中的海量信息，有效规范自己的网上行为。

　　3. 树立网络安全意识

　　在微信、微博等自媒体发达的信息爆炸时代，大量的信息良莠不齐，应提高自己的鉴别能力，明辨是非，正确判断网络信息的真伪，提高自我保护意识和行为能力，不要轻信他人，更不能随意地接受他人的邀请，或将个人信息告知他人，避免上网受骗。

　　4. 减少对网络的依赖

　　正确看待网络，正确处理虚拟和现实的关系，提高自律能力，合理使用互联网，积极参加社会实践活动和丰富多彩的集体活动。避免将网络作为逃避生活问题和消极情绪的主要工具，对一些现实生活中遇到的困惑，要积极与外部沟通寻求支持。

思考与讨论

　　1. 新时代大学生应如何做一个有信仰之人？

2. 新时代大学生应如何做到爱国与爱党、爱社会主义相统一？
3. 新时代大学生应如何做有礼仪之人？
4. 新时代大学生应如何投入到国防建设中？
5. 新时代大学生如何健全与提高自己的法治观念？
6. 大学生安全教育主要有哪些内容？如何在学习、生活中防范各种安全隐患？

大学生
入学教育

第四章 悦纳自己

一个人怎样才能认识自己呢？绝不是通过思考，而是通过实践。

——歌德

  本章导读

情绪和情感是人的内心体验与感受，正因为有了喜怒哀乐等不同的情绪和情感，生活才显得丰富多彩。大学生青年的心理变化和起伏波动大，情感体验较浅、盲目，容易陷入情绪困扰，这将影响到大学生的学习、生活等各方面，长期的不良情绪还会使大学生的身心健康受到危害。因而正确了解大学生情绪和情感的特点，学会调适，消除不良情绪，培养良好的情绪和情感，对大学生的心理健康意义重大。

第一节 心理适应

一、心理适应的相关概念

（一）适应与心理适应

1. 适应的内涵

简单来说，适应就是生物体对外界的改变所产生的一种应激反应。它不仅是一种"过程"，而且是一种"状态"。

从主观方面来看，适应可分为消极适应和积极适应两类。消极适应是一个主体与其所处环境的负向相互作用的过程。在此过程中，个体对外界环境的改变是消极的。这就导致了环境对人的影响，而人对环境的改造却没有充分地发挥自身的能动性；积极适应是主体在客观环境中，积极主动地调整自己与环境之间的不协调和不适应，用积极主动的方式，既能改变环境，又能适应环境，从而让自己在不断地适应的过程中获得发展。积极地适应环境是一种合理而又健康的适应行为。

2. 心理适应的内涵

心理适应，就是在人与环境相互作用的过程中，人可以自主地决定自己的行为，从而对环境进行顺应和改造。在与环境的相互作用过程中，个体在面对不同的环境时，甚至对相同的事物，都有可能做出不同的反应。心理适应是人在社会生活中所必须具备的一项基本能力，其目的在于将主客体关系从不和谐的状态中恢复到和谐的状态，让主体的发展与周围的环境相和谐。一般情况下，当外部环境发生改变的时候，人们会通过自我调节系统，做出能动的反应，让自己的心理活动和行为方式与环境的变化以及自身发展的需要更好地适应，从而使主体与环境之间形成新的平衡。从大学生的角度来看，心理适应性主要表现为：学习适应性、人际关系适应性、社会适应性、压力调节、生活问题适应性等五个方面。通过对自身的调整和改变，与周围环境达到和谐统一，平衡协调。人与环境的和谐发展主要表现为：一是人对环境的认识、看法和意识与实际环境的契合程度；二是个体对真实情况的响应能力；三是主体与其所处的环境能否形成一种良性的相互作用，也就是主体与其所处的环境的相互作用是否经历了一个由均衡，失衡，再到均衡的主动变化过程。

（二）心理适应与心理素质

心理适应是一种动态的、重新建立平衡的过程。个体顺从环境、调整环境或改变环境，追求自己的目标，可以自由地选择自己所从事的活动。心理素质是建立在生理条件的基础上，把外部获得的事物转化为稳定的、基本的、衍生的，并且与人们的社会适应性和创造性有紧密联系的心理品质，它是人的总体素质的一个组成部分。人的心理素质，是以人的先天素质为基础，通过后天的环境和教育，逐渐发展起来的。心理素质包含人的认知能力，情感品质，意志品质，性情、性格等人格特征多方面。心理品质与心理适应性之间存在着紧密的联系，心理素质良好的个体，可以利用自身的能力、个性等方面的优势，在社会生活中获得积极的心理适应。而如果一个人的心理素质不好，那么他就会处于一种不适应的状态。很明显，在一定程度上，心理适应也是一种心理素质所具有的心理与社会功能。而心理适应又是一种心理素质，也是一种功能性层次。因此，心理适应不仅是心理素质的一种功能，还是其构成部分。

（三）心理适应与心理健康

从本质上讲，心理健康具有个体与社会二重性，个体性具有发展性与自主性特征，社会性具有适应性与规范性特征。从生理上来说，一个人有了健康的体魄，个人的情绪、个人的意识、个人的认知、个人的行为，才有正确发挥的基础。从心理学角度来看，心理健康者各项心理机能都是正常的，具有积极的自我认识能力；了解自己的潜力、强项和弱项，然后开发自己。在现实生活中，心理健康者不仅能够顾及到自己的生理需要，还能顾及到社会道德的要求，能够正视现实中存在的问题，并对其进行积极的调整，而且拥有很好的情绪感觉和心理适应能力。在社会行为方面，一个拥有良好精神状态的人能够很好地融入到自己所处的社会环境中，并能够很好地处理好自己所处的人际关系，他们的行为与生活环境中的主流文化相一致，而且并不显得怪异；角色顺应社会需求，与社会互动较好，并能为社会做出贡献。

大学生的心理健康水平是：正常的智力水平，健康的情感水平，健康的意志水平，健全的人格，正确的自我评价，和谐的人际关系；心理行为与其年龄特点相一致。

二、大学生心理不适应的常见问题及原因剖析

（一）大学生心理不适应的常见问题

长期的心理不适应，可导致疲劳、焦虑和抑郁。"新生适应不良综合征"是指出现烦躁、厌倦、无用的感觉以及表现出不好的行为表现。还有一些学者将大学一年级阶段称为"心理间歇期"。具体表现如下：

1. 对所处的环境的不适应

这种不适应又可分为气候环境、都市环境和语言环境不适应。我国地域辽阔，地形复杂，气候具有明显的差别，温度和湿度差异较大，在从北向南或从南向北迁移过程中，很多大学生都会出现对气候环境的不适应情况。北方学生到了南方，会觉得潮湿、冬天阴冷、夏季炎热，感到特别难受，因此，有些学生就会产生沮丧、烦躁、害怕的心理。南方学生到北方，感受到的是干燥、风沙大的天气，早晚冰凉的，令人难受。如果不能很好地适应气候，还可能引起身体上的不适。

案例

> 王某，广东人，赴西安一所大学学习。到达西安后，不到两日，他就开始出现呕吐、腹泻、消化不良等症状。在医院里，打了一周的点滴，身体也慢慢地好了起来，王同学在上大学前从来没有想过会有这样的情况。
>
> 林同学从内蒙古来到广东的一所大学，浑身又红又肿、奇痒难当。在一年的时间里，还出现了严重的睡眠问题，并且经常会有大量的梦境出现，药物的治疗也没有起到很好的作用。生活环境骤然改变，生理上的不适应，给人带来了心理上的负担，然后就会产生抑郁或者焦虑等情绪。有的从乡下来到城市的大学生，面对高耸的、密密麻麻的大楼，喧嚣的车辆，会觉得自己心胸郁闷，容易感到压抑，容易自卑。

2. 对饮食的不适应

因为不同地区的饮食习惯不同，许多大学生在异乡读书时，会产生一些不适应的情况。部分学生初次在学校餐厅用餐，会担心食物是否卫生。

案例

> 薛某，山东人。她的父母都是医生，她第一次离开自己的家，不敢在食堂用餐；一连数日都是用方便面和水果充饥，有时她也会在食堂用餐，但一吃完就觉得想吐，特别是她还听到有一位学生来学校后得了胃肠炎，她更吃不下饭了，神经紧绷，心情烦躁，身体虚弱。最终在两周后提出休学。

3. 离开亲人的不适应

高中生的人际交往比较单纯，最常见的就是他们的家人、老师、同学。刚刚踏入大学校园的大学生，第一次要长时间离开自己的父母，要离开那些每天都对他们照顾有加的同学，要跟那些素未谋面的人共同生活，会感到很茫然。不少学生不顾一切地打电话回家，或向高中教师写信、打电话，诉说自己的苦衷，寻找精神上的慰藉。新生无法与双亲割断心灵的"脐带"，长假匆忙赶回家，甚至于以各种理由请假，长时间不来上学。当他们重新回到学校的时候，他们又会觉得很不舒服，并且会有一种分离的忧虑。

> **案例**
>
> 赵某，北京人。第一次离家，爸妈开车送她去上学，父母走后，她放声大哭；教师谈话劝说，她仍泪流满面。回到宿舍，她就躺在床上呼呼大睡。对大学的新老师，她的态度出奇地冷淡，甚至有些排斥。因无法忍受与父母分开的孤独，渴求陪伴，在两个星期内，她就和一个班级里的男孩陷入了爱情的漩涡。

4. 孤身一人生活的不适应

很多孩子在上高中的时候，除了读书，什么事都是靠父母或亲戚帮忙做的。高中的时候，学校的教室是非常固定的，老师每天都会和同学们见面，关心他们的学习和生活，而大学的校园要大得多，一栋栋教学楼，一间间的教室，新生每天活动的空间复杂又陌生。初入大学校园的大学生，第一次拥有了自己的经济支配权，加之新生活的种种诱惑，一些学生们互相攀比，很多大一的学生都没有规划好自己的花销，所以每个月的生活很快就会变得捉襟见肘。

> **案例**
>
> 吴某，女，浙江人，性格较孤僻。刚到学校的第一个星期，就有三次没有找到教室，只能回到宿舍去睡觉。周日在本地最大的购物中心逛了一圈，看见一条秋天的裙子，觉得很合意，就把它买了下来，花了380块钱。余下的1000元，是她一个月的饭钱和零花钱，但没过几天，她就花光了。两个月后，她第一次清洗被褥时，将枕芯和枕头都浸到了水中，这让她的室友们看了一个大笑话，她心里很不是滋味。

5. 群体生活和人际关系的不适应

大部分高中生都是住家的，即使是住校的，也经常能回家。他们的生活是由他们的父母来安排的，交往的也是他们熟悉的亲戚，同学都有着同样的文化背景、同样的语言环境。上了大学，和来自各地的同窗住在一个宿舍里，他们来自不同的地方，每个人的性格和家庭背景都不一样。对于第一次离开自己家乡的大学生来说，如何适应新的环境是一个很大的问题。大学一年级的学生，刚与家人分别不久，他们非常渴望友情，但是因为生活经验不足，交际能力差，不善于了解别人，不会站在别人的立场上思考问题，经常会因为一些琐碎的事情而发生冲突，从而造成了一种心理上的障碍，但是却不会主动地去解决问题，人际关系很难和谐，人际矛盾时有发生。在现实生活中，不少大学生短时间内很难很好地适应集体生活，也很难与人融洽地交往。

> **案例**
>
> 　　湖北人刘某，个性比较内向，话也比较少，不善于和别人交流。刚进大学没多久，他就因为一件小事和一个室友起了争执，还打了一架，最后还是导师和其他学生赶到，才阻止了这场争执。当天晚上，他就去了学校外面的一家网吧，一觉醒来，已经是第二天中午十一点了，没能赶上上午的课。从那以后，他常常逃课，表现出严重的孤独倾向，连心理老师都不愿意见，一个学期下来，他三门课程都没有通过。人际间的不和谐，会造成学生的孤独感和自闭感，也让许多新生容易陷入对往事的追忆中。

6. 角色调整的不适应

很多大学生，特别是一些重点院校的学生，他们在初中、高中的学习成绩一直名列前茅，受到教师的赞扬。还没踏入大学大门的时候，他们一向心高气傲，觉得自己在年轻一辈中是出类拔萃的，习惯性地听着各种夸奖，颇有一种高人一等的感觉。进入大学后，由于同窗们都是高考优胜者，很多人在学业上的优会被削弱，甚至位居班级末尾，从"鹤立鸡群"变成"平庸之辈"，这种身份的转变和心态的转变，很容易让人对自己的认知发生偏差，从而出现失落、自卑的情绪，如果得不到正确的引导，很可能就会出现心理问题。

> **案例**
>
> 　　浙江一所重点中学的刘某，在高中学习阶段，她的成绩一直名列前茅；曾在全国物理比赛和英语比赛中拿到过第一名，一直都是三好学生。但进入大学之后，家乡的方言使她和同学之间的交流有一些障碍；也很少能见到老师，就算见到老师，也很难与老师说上几句。小刘的自尊心与信心受到了极大的打击，心理阴影整个学期都笼罩在她的心头，导致她在期末考试中的成绩只能算是中下游。这样的反差让小刘很难接受，觉得很难在这个世界上找到属于自己的位置，也没有什么成就感。寒假回到家里，她有种不想看到父母的心情，甚至想过要结束自己的生命。新学期的开始，她来到了心理老师的办公室向老师寻求帮助。

7. 学习方式的不适应性

在初、高中阶段，学习的过程有教师的指导，有细致的讲解，有反复的练习，有具体的安排，并被严格的监督，学生对教师的依赖非常大。与之相比，大学教育的内容更多、任务更重、领域更宽。在进入大学之后，因为大学是培养高等专门人才的地方，大学生除了要学习基本理论知识外，还要学习科学技术的最新进展以及新的思想观念。学习的内容不会仅限于课本，教师一节课可能会讲授教材的十多页，甚至几十页，并且会补充讲授一些教材中没有的新的理念、新的成果。文科的老师，一般都会让学生看很多参考书，或者让学生就某一专题写一些文章，或者是组织学生们讨论。曾经听到一些学生说："我在高中时可以完全理解老师在课堂上所讲的内容，但在大学时，我却只理解了六成。"可以想象，大一的学生们既要了解所学的知识，又要在学习过程中培养独立思考、探索创新的能力，有不少同学在进入大学后会面临着学习的压力。而这一挫败又会引起很多的连锁效应，比如失去了学习的积极性，降低了学习的效率，在课堂上无法专心，学习成绩严重下滑，与老师产生疏离、隔阂等。

案例

> 孙某，湖南女孩。原来，孙同学在中学是个非常出色的学生，在学校里很得老师们的喜爱。刚进了大学，她觉得教师们讲课很快，很多课都是无法理解的。课后，很多作业她都没能完成，比如"信号""模电"等，她已经很努力了，每天都要熬夜到十二点，这让她缺乏睡眠。她的期末考试成绩在全班排名第十二，没有拿到一等奖学金，心里很不是滋味，常常责怪自己，经常想些无聊的小事，和伙伴们发生争吵，越是如此，越是不能专心学习，而且还经常会出现疲惫感。

8. 理想与现实差距的不适应

在进入大学之前，很多人都在为高考做准备，对于这个社会和大学的生活知之甚少，常常是凭借自己的想象，对大学的想法太理想化了，对大学的幻想太过浪漫了。当其置身于真实世界时，就会与原本对它的期待产生很大的对比，会觉得很多事情都不尽如人意，于是就会感到失望、困惑和迷茫。

（二）大学生心理适应性存在问题的成因探析

大学生出现的各种心理适应问题，其原因是多方面的，主要有社会、家庭教育、环境、生理等因素。

1. 社会因素

在这个快速发展和变革的时代里，我们看到了经济的飞速发展、科学技术的进步、社会的竞争日益激烈，世界愈来愈小，文化差异加大，价值观碰撞激烈，生活压力大，人类已经进入了情绪负重的年代。学生从相对封闭的中学生活转变到了开放的大学教育，他们受教育的水平很高，内心也很敏感，对这些改变的反应更快，也更强烈。这些社会变化对人们的心理素质提出了更高更复杂的要求，这让身处特殊环境中的大学生们觉得不知所措，很难适应，进而陷入了各种各样的负面情绪，造成了精神上的紊乱和心理失衡。"我不知道我该怎么办，我能做什么？"许多学生都有这种情绪，这是对未来的困惑，也是对未来缺乏自信的表现。

除此之外，经济的发展也推动了社会上一部分家庭先富裕起来。有些学生的家庭经济条件很好，生活比较奢侈。而另一方面，也存在家庭经济压力较大的同学，甚至有连学费都付不起的学生。当前，贫困学生大约占到了我国大学生的20%左右，而其中5%～7%的学生是特困生，有一些学生由于自尊心强，无法承受贫困所造成的心理压力，不敢正视自己，与同学交往时容易产生自卑、逃避、自我封闭的心理，一些同学甚至会发展成自闭症、抑郁症。

案例

小江，穿着简朴，性格内向，只知道埋头读书，几乎不和同班的人来往，周末都外出打工。而他的室友们家庭比较富裕，生活消费较高，跟他形成对比，他深深体会到了贫穷的自卑感与压迫感。

2. 家庭教育因素

一个人的性格形成，与他所处的家庭环境有密切关系。家庭对子女的教育如存在问题，子女在融入社会的过程中就更易产生心理问题。

一是家庭对子女的溺爱。如今独生子女的比率越来越高，即便非独生子女，每个家庭也不过两三个小孩，这会使得家长对其过分宠爱。过分宠爱可能会让某些学生变得任性、自私，以自己为中心，不易与他人和谐共处，缺少合作意识，且自我控制力差，做事情没有恒心，有很大的依赖心理，很爱竞争，很容易发展成孤独症。

二是家庭对子女学习成绩的高期待。父母"以分数论英雄"，甚至有些家长为了让自己的子女能够专注于学业，而替他们做了很多原本应该是他们自己应该做的事情，这表面上是呵护他们，实际上却是在剥夺他们自我发展的权利，把他们培养成了温室中的花朵。导致他们自我感觉良好，但性格软弱，对挫折的抵抗力很低，一碰到困难就容易放弃；或者容易否定自己，让自己从一种极端到另外一种极端。

三是家庭对子女责任教育的缺失。有些家长只要遇到孩子与同学闹矛盾、与老师对着干等问题，从不要求自己子女从自身出发去剖析原因，把责任归结于他人、归结于学校，期望着学校为孩子去更改规则，他人为孩子作出改变。这种教育必然是一种缺少责任感的教育，是一种过分纵容，让他们一直生活在父母的保护之下，无法自立。

四是家庭教育的粗暴简单。有些家庭只注重孩子的身体健康，满足孩子的物质需求，而忽视了孩子的精神诉求和心理需求，这样让孩子在家庭中无法寻找到心理宣泄的出口。也有一部分的家庭教育，更多的是使用简单、粗暴的教育方式，这样很可能会导致孩子产生敏感多疑、自卑易怒、抑郁焦虑的心理。也有一些家庭会用金钱的奖励和一些其他的物质来鼓励自己的子女，这就会让子女在潜意识里产生一种"钱是最重要的"的想法，对孩子行为举止会有误导作用，也不利于孩子的心理健康。

案例

小李："最近，我觉得自己的生活、学习压力很大，同学关系也很紧张"。小李已报名参加英语四级考试，距考试仅剩50天，许多同学已于上个学期通过了英语四级考试，他觉得自己跟其他人的落差有点大，总是觉得自己低人一等。"我的普通话说得不太标准，常常被他们取笑，英语也不大会说，再有两天就轮到我做一个演讲了，我感到很沮丧。也不知是不是自己过于消极，老是感觉自己被人压着打，真想和人说说话，却害怕被人耻笑。"

3. 环境因素

在中学阶段，许多学校都是封闭的，而大部分的大学都是在大、中型城市的中心地带，这就使得大学生的社交空间陡然增大，社交活动也复杂而频繁了，大学生容易结交形形色色的人。大学生与外界的接触突然增多，错综复杂的社会环境让他们的心理活动变得更加复杂，他们一时无法找到属于自己的世界，这就有可能导致了他们的焦虑情绪。

4. 大学生的生理和心理因素

大学新生大多年龄在17~22岁之间，他们的生理发育已基本完成，处于个性和自我意识的萌芽阶段，心理既成熟也不成熟，真实的自我和理想的自我之间产生了一种冲突。在这一阶段，身体上的改变和受到的刺激所导致的心理上的改变是最显著的，也是最强烈的。因为他们自身的调节功能尚不健全，所以在面对问题的时候，经常会感到手足无措，很容易产生混乱、空虚和压抑的情绪，有一种心绪不宁的感觉。处于这一年龄阶段的大学新生，有一种自我封闭的心理特点，与此同时，他们又非常渴望与人交流，但很多人又缺少与人交流的勇气和方式，所以他们很容易产生焦虑的情绪。该年龄阶段的大学生表现出的特点主要有：自我控制力差、情绪不稳定、好胜心强等。他们往往会表现出一种冲动、不计后果等不稳定的情绪，这给他们适应新的大学生活带来了一些困难。

案例

小姚（广东男孩）："老师，我总是忍不住去想或去做某些事，但我知道那是没有任何意义的。比如临近考试，明明应该好好读书的，却偏偏读不进去；明知道不能打开手机游戏，却还是打开了。我的自制力很差，我很为难，希望你能帮助我。"

根据最近几年的研究，部分大学生仍有心理上的幼稚倾向。他们的潜意识里，对孩童时期的幸福渴望仍然需要保持满足。一些大学生沉溺于网游、网恋，以逃避现实、避免冲突、避免责任。他们渴望有人相伴，无法忍受寂寞，却又不愿意与群体融为一体，把人和事都理想化，这些都是孩子气的表现。大学生在步入大学后，首先要对自己的角色进行准确定位，然后要对自己在社会中的作用有一个清晰的认知，并在各种社会活动中不断地完善自己。心理学称之为心理断乳。

三、大学新生的心理调适方法

大学新生更好地适应大学的生活，更好地完成学业，可以从以下几个方面进行心理调适。

（一）了解环境，主动学习

大学是个新的环境，进入新的环境后，要在心理上尽快地接受新的人和事物，并主动地与新的环境相适应。大学生应该积极、主动地适应大学教育教学活动的规律，将被动学习转变为主动学习，学会对自己的时间进行管理和安排，并主动向老师请教。要具有良好的发现问题和解决问题的能力，运用探索性、研究性的方式，掌握新的知识，并能很好地将所学的知识进行整合。我们应该明白，在大学里，除了上课之外，还应该积极与老师和同学进行讨论，甚至是辩论，阅读参考书和论文，参加学术讲座等等。

(二）认清自己，悦纳自己

心理学的研究结果显示，人们对自我的理解和评估越贴近自己的真实情况，他们的自我防卫行为就越会减少，他们的社会适应性也越会增强。对大学生来说，要有信心，不要对自己要求太高，不要一味追求完美，也不要因自身的不足而灰心丧气，不要拿自己的长处去比较别人的短处，不要拿自己的短处去比较别人的长处，每个人都有自己的特点。

（三）以爱助人，以德服人

良好的人际交往对人们身心的健康、生存环境的优化、生活品质的提升都有积极的作用。大学生要积极主动地与他人交往，在日常生活中，见到老师、同学要主动打招呼，主动和同学交谈，对待同学不要因为对方的家庭、经历、特长而有所偏颇。新生要做到以礼待人，以诚待人，以德待人，以德服人。要有一种信念，就是要去帮助他人，而不要求任何回报；学习聆听和尊重他人。每个人都是不同的，不能用一成不变的标准来要求别人，要善于换位思考。多向身边的朋友表示友好，一个微笑、一个短信、一个礼物、一次帮忙、一声招呼，就能建立和维护你的友谊。

（四）锻炼意志力，培养心性

在大学生活中，遇到困难、与同学发生矛盾、情绪低落，这些因素都会使人产生挫败感，但是，如果你做好了充分的准备，那么你就可以很好地处理这些挫败感，并使自己处于一种良好的状态。挫折会给人带来各种不愉快的心理经历，但是它也会磨砺人的意志，提高人对负面情绪的控制能力，从而培养人的坚强毅力和不屈不挠的精神。

（五）张弛有节，以求身心健康

大学生们在大学里不仅要学习如何学习知识，更要学习如何生活。生活方式与心理健康的关系日益受到重视。什么是一个健康的生活方式？要养成良好的作息习惯，合理的饮食，合理的作息，科学使用大脑等等，都是一种健康的生活习惯。有的学生一心扑在学业上，一心只想着考试成绩，生活没有趣味，没有章法，随性而为，懒散懈怠，对周遭的一切都无动于衷。这些学生的心理健康状况普遍不佳。大学生在生活中必须要有张有弛，并且要自觉地培养自我控制力和其它兴趣爱好。

（六）正视困难，积极求援

大学生要时常对照自己的身体状况，在心理上做好自我护理，重视朋友、家长、老师的帮助与支持，并要有向专业机构求助的觉悟。心理辅导是维持大学生心理健康的一种重要方式。目前，大部分学校已经建立了心理辅导办公室，并配备了专职心理老师。心理咨询能够帮助咨询者正确看待自身存在的心理问题，能够从专业的角度对内部矛盾进行分析，对一些错误的认识进行矫正，能够为咨询者创造一个良好的新型人际关系。其保密工作原理，使访问者可以打开自己的心门，说出自己想说的话，缓解自己的心理压力。通过对大学生进行心理辅导，可以使他们更好地了解自己，更好地进行心理调控，更好地促进大学生的心理健康，带着一颗放松的心，重回学习与生活。

(七)思想升华,目的明确

高中的时候,学习的目的很清楚,就是为了迎接高考,为此,每个人都在努力,都在和时间赛跑,日子过得很充实。进入了大学,也就是达到了中学的目的,但是大学的目的又是什么呢?"做一个高层次高质量的人才"是一个长远目标。如果只有一个概括性的长远目标,而没有具体的短期目标,大学生往往会觉得自己的方向不明确,目标不清楚,内心也会变得孤独、空虚、无聊,甚至是无助。一些学生选择了"放纵""享受"的生活方式。可是时间过得太快,直到第一年的考试成绩出现了好几科不及格的情况,才意识到这一点。此时,只想拼命地追赶,但其他人还在向前飞奔,要追上其他人就更难了。因此,在大学一年级的新生进入学校之后,就要展开深入的自我剖析,认真地思考自己的人生,尽早地找到适合自己的方向、兴趣和爱好。只有了解了学校的情况,明确了自己的专业定位,了解了自己所要做的事情,才能更好地定位自己的目标。只有这样,才能在制定目标的时候,既符合国家的需求,又顾及到每个人的实际情况。一旦确立了目标,就要坚持下去,不能轻易放弃。

第二节　心理调适

一、大学生的情绪特征

(一)情绪活动趋向丰富,高级社会情感逐渐成熟

大学阶段的主要心理变化就是自我意识的持续发展,这一发展在情绪上表现为情绪活动的对象、内容增多,大学生出现较多的自我体验,自我尊重需要强烈,自卑、自负情绪活动明显。同时,理智、美感、集体荣誉感等高级情感也有所发展。

(二)情绪的波动性与两极性

由于大学生人生观和价值观还没有定型,认知能力有待提高,他们的情绪活动常常是强烈的。他们的情绪活动是随自己的认知标准变化而变化的,情绪起伏波动比较多,常在两极之间动荡:时而平静、时而激动,时而积极、时而消极,时而肯定、时而否定,今天情绪高涨、精神振奋,明天就可能情绪低落、萎靡不振,容易从一个极端走向另一个极端。大学生青年的情绪往往来得快,平息得也快,学习成绩的优劣、与同学关系的好坏、恋爱的成败等都会引起情绪波动,使情绪呈现波动性和两极性。

(三)情绪的冲动性与爆发性

心理学家霍尔认为青年期正处在"蒙昧时代"到"文明时代"之间的过渡期,具有动摇和波动的特征,会发生互相对立的矛盾,他称这一时期为"狂风暴雨"期。大学生的情绪体验尤为强烈,由于他们的意志能力发展不健全,理智往往无法驾驭感情,因此情绪一迸发出来,在语言、神态及动作等方面失去控制,忘却其他事物的存在,从而产生破坏性行为。在处理同学关系、师生关系的矛盾时,在对待学业中的挫折时,他们常常易走极端,给自己及他人带来伤害。青少年犯罪,如打架、斗殴等,往往都是因为对小事处理不够冷静,进而发展至激怒,导致意外的发生。

(四) 情绪的矛盾性与复杂性

大学生往往会面临着一些重大的抉择,此时会产生矛盾而又复杂的情绪状态。如有的大学生因追求学业成功而自信,又常常因为条件所限或意志力不强而自卑自责,唉声叹气;有的因成绩好、获得奖学金而愉快、欣喜,又因个别同学的闲言碎语而担心害怕、焦虑不安。他们希望自己具有独立性,但同时又有依赖他人的需要;既希望得到他人理解,又不愿意接受他人关心。这些都使大学生呈现出复杂、矛盾的情绪。

(五) 情绪的外显性和内隐性

大学生对外界刺激的反应速度快而灵敏,喜形于色,比成年人更直接;而相对于中小学生来说,则掩饰或压抑其真实感情,呈现出内隐和含蓄等特征。一般而言,大学生的很多情绪往往一眼就能看出,如考试成绩好时,班、系、校文体比赛获胜时会欢呼雀跃;学校因某种原因突然断水、停电时,常常会"敲盆打碗",表露不满。由于自制力的逐渐增强,以及思维的独立性和自尊心的发展,其情绪的外在表现与内心体验并非总是一致的,在某些场合和特定问题上,有些人会隐藏或抑制自己的真实情感,表现出内隐、含蓄的特点。

(六) 情绪趋向心境化

所谓心境化,即某种情绪状态一旦被激发出来,即使外部刺激因素已经消除,这种情绪状态仍然持续。情绪的心境化是大学生情绪的重要特点。中学生的情绪特点往往受制于外界情境,随着情境的变化,情绪反应来得快,消失得也快。而大学生情绪反应往往不会随着外界刺激环境的改变随即消失,而表现出一定的延迟性,趋向心境化,持续时间较长。例如,一次考试的成功所引起的愉快心情会持续一段时间;同样,一次考试的失败也会导致数日心情不好。大学生中存在的一些情绪困扰,如焦虑、抑郁、自卑等往往与消极情绪的心境化有关。

二、大学生健康心理情绪的标准

判断个体情绪健康与否是有一定标准的,健康情绪和不健康情绪的区分是相对而言的,很难有严格的界限。就大学生而言,健康的情绪主要有以下特征:

(一) 情绪的基调是积极、乐观、稳定的

在人的情绪中消极情绪是不可避免的,但总体而言,一个人应当能在较长时期内保持积极情绪,如热情、乐观、愉快,对自己、对生活充满信心,这是情绪健康的重要特征。大学生积极、乐观、稳定的情绪特征表现为关心社会生活的变化,关心国际国内大事,对生活有强烈的兴趣;积极参与社会生活,乐于参加各类活动;努力克服各种困难,追求积极向上的生活目标,在奋斗中体验快乐。如果一个大学生感到生活空虚、无聊、没有意义,从而对生活产生厌倦感,就是情绪不健康的表现。

(二) 能够控制和调节情绪

大学生所处的青年期是情绪容易激动的时期,而且易产生一些过激行为。随着年龄的增长、认识水平的不断提高和自我意识的发展,他们对情绪进行自我调节与控制的能力不断增

强，学会了调节情绪，既能克制约束，又能适度宣泄、不过分压抑，在不同的时间和场合恰如其分地表达情绪，使情绪的表达既符合社会的要求，也符合自身的需要。

(三) 情绪反应适度

健康的情绪反应是由适当的原因所引起的，情绪反应的强弱和引起该情绪的情境相符合，既不反应过度，也不冷漠麻木。大学生处于青年期，具有青年人的情绪特点。青年人情绪的敏感性和反应的强度一般高于成人，他们遇到兴奋的事，如节日庆祝或球赛获胜时，比成年人更容易激动，常常会欢呼雀跃。但是如果大学生的情绪反应既与现实不符，也与同龄人的情绪反应不符，表现出类似儿童的幼稚、冲动且缺乏自控力，则是情绪不健康的表现。

三、大学生常见的不良情绪表现

情绪活动是人类生活的一部分，人只要活着就会有情绪存在。判断情绪好坏和正常与否的标准，关键是情绪的"度"。适度的情绪是人类在进化过程中有利于种族生存发展的适应机制，即使是通常视为消极的情绪，如悲伤、忧虑等，如果能维持在一个适度的范围内，并不损害人的身体；而通常视为积极的情绪，如兴奋、欣喜，过度也会导致灾难。根据起因不同，大学生常见的情绪问题可分为情绪反应过度和情绪反应不足两个方面。

(一) 情绪反应过度

1. 激动易怒

愤怒是指由外界干扰导致愿望达成被抑制和目的被妨碍，因而逐步累积紧张所引起的一种情绪体验，其程度可以划分为不满意、气恼、愤怒、暴怒、狂怒等。愤怒不利于身心健康，会破坏心理平衡，使思维能力降低，自我控制力下降，容易做出不理智的事情。

大学生正处在身心快速发展、情感丰富强烈、情绪波动大的青年期，他们比其他成年人表现出更多的自尊和好胜心，从而易受外界的刺激而激发愤怒情绪。易怒是大学生中普遍存在的消极情绪之一，有些大学生因为一件小事或者一句话而怒形于色，出口伤人，拔拳相向，行为不能自控，做事不计后果，甚至殴人致伤，做出违法犯罪的事情。然而盛怒之后又追悔莫及。正如古希腊学者毕达哥拉斯所言："愤怒以愚蠢开始，以后悔告终。"有这种易怒性格的人，让人不敢接近，从而导致其人际关系紧张。

2. 焦虑

焦虑是指个体预料会发生某种不良后果或者发生某种威胁，表现出的不安情绪，同时伴随着担心、苦恼、恐惧和紧张的情绪体验。人的精神状态、认知、行为和身体状况常不由自主地受其影响。被焦虑所困扰的大学生常出现烦躁不安、思维受阻、行动不灵活、身体不舒服、失眠等现象。然而生活中暂时的焦虑并不是心理异常。在这个发展、变化极快的社会，绝大多数人都可能有过焦虑体验。而大学生在学习、前途、人际交往、婚恋、社会适应等方面常遇到很多问题，使得焦虑在大学生这一特殊人群中的发生率偏高。适度的焦虑可以提高人的警觉水平，促使人投入行动，从而尽快适应环境，有利于工作、学习效率的提高；无焦虑或焦虑不足，会缺乏学习动力，导致注意力分散，效率下降；而过度的焦虑则是有害的，因为它妨碍人准确地认识、分析和考察自己所面临的挑战与环境条件，难以做出符合理性的判断和决定，不利于发挥效能，影响大学生的学习和生活。

(二)情绪反应不足

1. 抑郁

抑郁是一种愁闷的心境,表现为没有激情、言语减少、食欲不振等生理和心理反应。一些学生不能正视生活、学习中的压力或对所学专业不满而处于郁闷状态,具体表现为对生活和学习丧失了兴趣,不能体会快乐,行为活动水平降低,逃避人际交往等。严重时伴有不良心境、失眠、甚至有自杀倾向。抑郁情绪和抑郁症之间既存在着联系也存在着质的差异。前者属不良情绪困扰,需进行心理调节;后者属于心理疾病范畴,需要及时到专业医院就诊。

2. 压抑苦闷

压抑是指情绪与感情受到过分克制约束而无法适度抒发的一种内心体验,包含了苦闷,烦恼,迷茫,孤独等多种情绪。大学生压抑苦闷是由多方面因素造成的。一些大学生兴趣广泛,精力充沛,渴望体验丰富多彩的大学生活,然而繁重的学习任务、激烈的竞争,加之单调枯燥的课余生活,使大学生文化生活需要得不到满足,他们往往感到乏味、压抑。另外,人际关系紧张、失恋的痛苦、对社会现实难以理解所产生的疑惑等,都会使他们产生压力感,如果长期无法宣泄便形成压抑。处在压抑苦闷中的大学生,往往觉得感情无法倾诉,具体表现在精神不振,缺乏活力,终日唉声叹气,疲倦,和人相处缺少激情,对别人的喜、怒、哀、乐缺少共鸣等,压抑久了就会引发心理疾病。

3. 冷漠

冷漠就是对人、对事无动于衷的消极情绪体验。情感淡漠的大学生往往会表现出行为上不热心生活,不关心集体活动,对待身边同学冷漠,对学习不感兴趣,性格很孤僻。日本心理学家松原达哉教授将这种情绪状态下的学生描述为无欲望、无关心、无气力的"三无"学生。冷漠形成的原因主要在于人的心理与外界客观环境之间的矛盾和冲突,而情感冷漠者通常与其个人经历及个性特点有关。如有的人从小缺乏父母的关爱,与家人关系冷淡,有的人自己的努力长期得不到承认,好心得不到理解等,都容易使他们渐渐产生冷漠情绪。另外具有思维方式片面、固执、心胸狭窄、耐受力差、过于内向等个性特点的大学生更容易在遭受挫折时产生冷漠情绪。事实上,表现冷漠的人往往内心很痛苦、孤寂,具有强烈的压抑感。由于巨大的心理能量无法释放,便会破坏心理平衡,并严重影响身心健康。

四、大学生良好情绪的培养

大学生保持良好的情绪和高尚的情感,对其身心健康和正确的人生观、价值观的形成至关重要。由于不良情绪会妨碍人的身心健康,因此,心理学家主张对大学生的情绪进行科学指导,并提倡大学生进行自我调节。大学生良好情绪的培养可以从以下几个方面入手:

(一)情绪疏泄法

心理学认为,当一个人受到挫折后,用意志力压抑情绪虽能缓解表面紧张,但却会给身心带来伤害。人的情绪处于压抑状态时,应当加以合理宣泄,缓解不良情绪的困扰和压抑,恢复正常的情绪状态。情绪疏泄法指大学生在情绪比较激烈的状态下,通过社会允许的途径直接或间接表达自己情绪体验。实践证明,把心中的气愤,苦闷,抑郁等情绪袒露出来,心情会变得舒畅些,紧张程度降低,生理改变就能更快回归正常。情绪疏泄法同样存在一个

"度"字,理性的情绪疏泄不应该被理解成疯狂式情绪发泄。如果用暴力等不当手段来宣泄自己的感情,其结果往往是非常严重的,不仅对解决问题不利,而且还可能造成新的麻烦。大学生间产生矛盾,比如情绪冲动下手打架伤人等,一时冲动都有可能带来日后的痛悔。因此情绪疏泄法注重合理性,宣泄情绪不应伤害他人利益。

宣泄的方式多种多样,常用的有以下四种。

1. 倾诉

在内心忧虑时,可以向知心朋友或老师、家长倾诉,敞开心扉,将心中的郁闷、不快通通倾吐出来,以获得他人的理解和劝导,重新获得心理平衡。

2. 运动

如果盛怒时,找份体力活猛干一阵,或进行较大运动量的体育运动,也有助于释放激动情绪带来的能量。

3. 转移注意力

情绪不佳时,转移自己的注意力是一种控制情绪的好办法。苦闷、烦恼时做些自己喜欢的事,或置身于另一种环境气氛中,从而转移注意力。如出去散散步、听听音乐或找朋友玩等,都可以摆脱不良情绪的困扰,使人心情舒畅一些。

4. 哭喊

过度悲伤时,不妨大哭一场,因为哭能释放能量,把眼泪排出体外,对身体有利,也可以调节机体平衡。

宣泄法提倡发泄情绪、疏导情绪,达到正常值。值得一提的是,情绪的发泄不应毫无顾忌,而应以不影响他人的学习、休息和工作为原则。有的大学生产生压抑情绪后,不愿讲出来,不做合理的宣泄,时间长了,往往会造成严重后果。若遇此情况,不妨用宣泄来排解自己的不良情绪。

(二) 自我调节法

情绪困扰的常用自我调节方法主要包括放松训练法,音乐疗法和想象放松法。

1. 放松训练法

放松训练法就是通过主动放松身体,提高人们控制自我情绪能力。例如缓解肌肉紧张,减缓呼吸节律,均可解除焦虑和其他不良情绪。感觉到压力的时候,要让自己安静 10~15 分钟,集中精力于呼吸上,并计算呼气和吸气的次数,从而达到放松心情、缓解压力感的目的。另外还可以做肌肉放松,采取站立、坐位、卧位,主要是卧式,在放松前要充分体会到身体的紧张感,再从头到脚顺序放松。

2. 音乐疗法

音乐是表达人们感情的方式之一,曲调与节奏不一样的音乐能够带给人们不一样的心情感受。用音乐来调节心情,已经被人们广泛采用。心理学家经过研究确认,音乐可以通过人们的听觉器官、神经,与一些组织结构产生共鸣,从而激发机体产生能量;音乐也可以促进身体分泌某些对身体有益的激素,从而达到调节血液循环的作用。优美的音乐能帮助人们把消极情绪转移,把精神与注意力都集中在音乐的积极形象上,从而改变人们的心情。情绪低落,可选用《蓝色多瑙河》《卡门》《渔舟唱晚》等意境开阔、富有生气、节奏轻快、旋律顺畅的乐曲,使精神振奋;心情不好时,可选用节奏舒缓、曲调清逸的乐曲,达到平静的效果。

3. 想象放松法

当被不良情绪所困扰时,适当地使用想象放松法是有益的。选择一种舒适的方式和一个安静的环境,然后全身放松,开始进行想象。通常是想象一些美好的景物和愉快的经历等,譬如想象自己躺在沙滩上感受阳光的温暖,耳边能听到海浪拍岸的声音,微风徐来,有说不出的舒畅感受;接着想象自己离开海滩归来,再慢慢睁开眼睛。想象会使人心里安静,非常放松、自在。此外,气功、认知训练等也是放松调节情绪的有效放松。

(三)善用社会支持系统

当大学生处于比较严重情绪障碍的情况下,需要求助于社会支持系统。每一个大学生都要善于运用社会支持系统来争取支持与援助。社会支持系统存在的意义是多方面的:①能获得倾诉的人,把烦恼倾诉给别人后就会感到轻松自在。②别人能提供不一样的观点和想法,帮你摆脱习惯思维模式,对困境进行再评估,找到新的方法。③与人交流,得到心理支持与力量,从无能为力的负面情绪中解脱出来。④社会工作者、心理医生能够提出专业性意见与建议,利用心理学手段与方法来有效消除情绪障碍。

(四)认知情绪管理训练

美国临床心理学家艾利斯在 20 世纪 50 年代创立了合理情绪理论。该理论认为,情绪困扰并不一定由诱发性事件直接引起,常常由经历者对事件的非理性解释和评价所引起。如果改变非理性观念,调整对诱发事件的认识和评价,建立合理的观念,情绪困扰就会消除。这一理论也称为情绪困扰的 ABC 理论。当我们遇到不好的事情(adversity,A)时,会不断地去想它,这些思绪很快会凝聚成想法(belief,B)。这些想法不会停在那里不动,而是会引起后果(consequence,C),我们的所作所为就是这些想法的直接后果。它是我们放弃、颓废或是振作、再尝试的关键。

现实生活中的许多情绪困扰的确如此,从非理性的角度去认识某件事情,会使人感到愤怒、沮丧,但换个角度去思考、去认识,便会减弱或消除愤怒、沮丧情绪。《禅海珍言》中有一则"哭婆变笑婆"的故事。京都南禅寺住着一位老太太,她下雨天哭,晴天也哭,成年累月神情懊丧,面容愁苦。南禅寺的和尚问她:"你怎么总是哭呢?"她边哭边回答:"我有两个女儿,大女儿嫁给了卖鞋的,小女儿嫁给了卖伞的。天晴的日子,我想到小女儿的伞一定卖不出去;下雨的时候,我又想到大女儿那一定没有人去买。我怎么能不伤心落泪呢?"和尚劝她:"天晴时,你应去想大女儿一定生意兴隆;下雨时,你该想到小女儿的伞一定卖得很多。"老太太当即"顿悟",破涕为笑。此后,她的生活内容没变,但由于观察生活的角度变了,便由"哭婆"变成了"笑婆"。换个角度,顿时柳暗花明,坏事变成好事。

五、大学生心理调适的途径

大学时代是心理断乳的关键期。心理断乳意味着个人离开家庭的监护,切断个人与家庭在心理上联系的"脐带",摆脱家庭的依赖,成为独立的个体,完成自我心理世界的建构。作为大学生应掌握并学会利用各种途径,进行积极的心理调适,不断完善自己的心理健康状态。

（一）积极地进行自我调适，增加"心理弹性"

积极地自我调适是指通过自我调节自觉地认识自己、独立地调节各种心理问题。

1. 掌握一定的心理健康知识

（1）通过阅读相关的书籍、报刊，浏览网页信息等获取心理健康知识。

（2）主修或选修有关心理健康教育方面的课程，如大学生心理健康课程、听讲座、听报告会等获取心理健康知识。

（3）参加校内外各种心理健康方面的社团及实践活动，如心理沙龙、心理健康主题班会、心理话剧表演、心理知识竞赛、观看心理电影、心理健康教育活动周（月）等方式获取心理健康知识。

2. 做好生涯规划，树立符合实际的奋斗目标

大学生养成积极、健康的心理或摆脱心理上的困惑，离不开科学的生涯规划和符合实际的奋斗目标。在正确的自我认识和学业探索的前提下，制订自己长期、中期、短期的学业发展规划。在目标的引领下，不断发展。当然，目标并非越大越好，大的做不到，目标本身就失去了价值和意义。适合的目标既要有能达到的把握，又存在适度的风险；既能通过自己的努力得以实现，又能在实现后使自己感到满意。

3. 了解自我，悦纳自我

（1）学会多方面、多途径了解自己，评价自己。既不盲目自信，也不妄自菲薄。

（2）学会从周围获悉对自我的真实反馈，并做出科学的分析。如果对于从周围同伴处获取的有关自我的信息不能正确分析，就会造成自我认识误差，不能客观、正确地了解自我。

（3）学会从社会生活经验中了解自我，积极参加各种社会实践活动，在实践中锻炼自己的能力，并扩大自己的社会接触面，积累经验，增加对自我的了解。

（4）学会热爱生活。五彩缤纷的生活是快乐的源泉，作为大学生，要用合理的标准、积极的生活态度来对待生活，看待自己，做到"知足常乐"。唯有如此，才能始终保持心情的舒畅和精神的振奋。

（5）避免用完人标准衡量自己。要正确对待得与失，以免引起不必要的自卑和自我拒绝情绪。

4. 学会管理自己的情绪

情绪是一种复杂的心理历程，是个体对客观事物是否符合自身需要而产生的一种态度体验。每个人的生命过程中都会伴随着不同的情绪，如愤怒、悲伤、恐惧、快乐、爱、惊讶、厌恶、羞耻等。情绪发生时间短暂、表面，通过生理变化、内心体验、外在行为表现，并且容易变化，是一个十分复杂的心理过程。人的情绪有两种——消极的和积极的，它们是人们对外界正常的心理反应，积极情绪有利于人的身体健康，而消极情绪则会给人的机体带来损害。我们不能成为情绪的奴隶，而是要管理好自己的情绪。

（1）培养乐观主义精神。积极乐观的精神能促使人保持良好的情绪状态，从而轻松、从容地应对生活。

（2）学会合理宣泄。合理宣泄的方法很多，如向朋友、亲人或老师倾诉，伤心难过时不妨痛哭一场，如果不愿意找人诉说，可以用写日记等文字方式宣泄；也可以参加一些运动，在运动中调节自己的情绪，疏泄自己的压力与不快。

(3) 培养自己的各种兴趣爱好。在大学阶段，可以根据自己的性格特点和条件，培养一些兴趣和业余爱好，积极投身第二课堂，参与有益活动，扩大自己的生活领域，丰富自己的精神生活，培养自己开阔的胸怀。

5. 建立良好的人际关系

(1) 尊重社会习俗、关心他人的需要，真诚地赞美，多与他人沟通，保持自尊和独立等。

(2) 与人交往时对他人期望不要过高，不要处处盲目与人竞争。坚持诚实、宽容和谅解的原则，学会包容别人。

6. 塑造健全的人格

人格由气质、性格等诸多因素构成，诸因素的相互作用构成了一个人的人格。人格是人的心理行为的基础，它在很大程度上决定了人面对外界的刺激如何做反应以及反应的方向、速度、程度、效果，塑造健全人格的目的不仅仅是避免身心疾病，更重要的是发挥人格的最佳作用，达到自我实现的目的。

(1) 培养优秀的个性品质。在了解自己性格特征的条件下，发展乐观、热情、诚实、宽容等良好的性格特征，努力克服和改造不良的性格特征。

(2) 学会自控，防止过犹不及。凡事讲求"适度"原则，做到刚柔相济。

(二) 朋辈辅导

高校朋辈辅导是同龄学生之间的一种互帮互助的行为，主要是给予当事学生安慰和支持，基本不涉及深层心理问题的处理，是非专业性的。朋辈心理辅导员一般是从广大学生中选拔出来的优秀分子或由班级心理委员担任，他们覆盖在每个寝室，活跃在学生当中。他们既能联系同学、服务同学，又能与辅导员、班主任进行沟通，对同学间存在的心理问题比较了解，并且因为相近的价值观念、经验和生活方式使得朋辈辅导对于日常生活中的心理问题的解决有超乎寻常的有效性。高校心理健康教育咨询服务中心对朋辈辅导员进行选拔、培训，定期就入学适应、压力应对、情绪管理、人际交往、生涯规划等问题开展交流和讨论，提高朋辈辅导员的帮扶能力。班级心理委员协助辅导员老师通过主题班会、心理素质拓展活动等丰富班级同学的心理卫生知识，促进班级同学和睦团结，提升全班同学的心理健康水平。

(三) 辅导员、班主任、教师的引导

辅导员、班主任、教师的引导即辅导员、班主任、教师在日常教学和管理中发现学生心理问题，帮助学生解决心理困惑，或协助心理健康中心解决心理问题。高校辅导员作为专门从事大学生思想政治教育、日常事务管理和大学生素质教育及培养工作的基层政工人员，在整个高等教育体系中起着极其重要的作用。

(四) 心理咨询

1. 大学生心理咨询

心理咨询是由专业人员运用心理学知识针对来访者的各种适应问题与发展问题，通过与来访者交谈、启发和指导的过程，帮助来访者达到自立自强，增进心理健康和提高社会适应能力的目的。通过心理咨询，可以使来访者的认识、情感和态度有所变化，解决情感、学

习、工作、生活、个人成长与完善、疾病和康复等方面出现的状况，从而更好地适应环境，保持身心健康。心理咨询所创造的全新环境可以帮助来访者认识自己与社会，处理各种关系，逐步学会以更积极和理性的方法对待自己和他人，改善生活品质，提供全新的人生经验和体验，以便更好地发挥人的内在潜力，实现自我价值。目前，对心理健康的重视，大学普遍设有大学生心理健康服务中心，负责对大学生提供心理咨询、心理测试、心理训练、心理健康教育等服务。对于大学生来说，心理咨询大致有以下的功能和作用：

(1) 矫正性情绪体验　不同的心理咨询和治疗都可以使来访者产生这种情绪体验。一方面，来访者的焦虑、紧张、沮丧、自卑等心情可能减轻；另一方面，来访者在与咨询者交谈中可能萌生希望甚至信心，感到心情轻松愉快，感到被理解和被尊重。

(2) 从事新的有效行为　所谓新，是指来访者过去未曾尝试过的；所谓有效，是指行动能满足来访者的需要，如友好关系的体验、成就感等。启发、鼓励和支持来访者从事新的有效行为是多种不同心理咨询与治疗起作用的一个共同因素。这种启发、鼓励和支持可以是公开的和直截了当的，包含明确的建议和具体的指导，也可以是含蓄的、间接的或暗示性的。

(3) 提出可供选择的生活态度　各种不同形式的心理咨询和治疗都有共同的临床策略，就是为来访者提出另外的可供选择的生活态度和看待他们自己以及周围世界的方式。这被许多咨询者和治疗家公认是帮助来访者改变和成长的一个共同因素。

(4) 随时准备接受社会影响　来访者求助行动本身，就意味着他准备接受社会影响。但是，只有初步的求助动机是远远不够的，还必须具有随时准备接受社会影响的能力和自觉性。否则，不仅来访者的求助行为可能会中断，而且也不会从社会生活中接受别人有益的影响。心理咨询和治疗的主要任务之一，就是培养来访者随时准备接受社会影响的能力和自觉性，并鼓励来访者去与别人建立和发展类似他与咨询者之间的关系，在广泛的社会生活中随时准备接受他人有益的影响。

(5) 意识扩大性自我探索　在咨询者和治疗者的启发与引导下，来访者积极进行自我探索，自我探索使意识的范围和深度加大，过去觉察不到的内心世界逐渐清晰地呈现出来。

2. 心理咨询的几个不等式

(1) 心理问题≠精神病　心理问题与精神病是两个不同的概念。每个人在成长的不同阶段及生活工作的不同方面，都有可能遇到这样那样的问题，导致消极情绪的产生。这些问题若不能及时加以处理，则会产生持续的不良影响，甚至导致心理障碍。主动求助心理咨询，正是表明了个体具有较高的生活目标，希望通过心理咨询更好地自我完善，而不是回避和否认问题，虚度一生。积极寻求帮助是强者行为。

(2) 心理学≠窥见　一些学生来咨询室后，不愿或羞于吐露自己的心理活动，认为只要简单说几句，咨询师就能猜出他们心中的想法，甚至质疑咨询师水平不高。其实心理咨询师也是人，他们没有什么特异功能，不能窥见他人的内心世界。他们只是应用心理学的理论和方法，对来访者提供的一定信息进行讨论和分析，并进行疏导与治疗。因此，大学生在进行心理咨询时要真诚面对，敢于袒露自己的心事，这样才能使咨询达到良好的效果。

(3) 心理咨询≠无所不能　有的人认为心理咨询是万能钥匙，什么样的"心锁"都能随之而开，所以有时咨询一到两次，觉得没有达到预期的效果就大失所望。其实，心理咨询是一个连续的、艰难的改变过程，咨询的效果是与来访者的个性和经历息息相关的，就像在心中久久堆积的冰雪，如果没有强烈的求助、改变的动机，没有持久的决心与之抗衡，是难以守得云开见月明的。

（4）心理咨询≠思政工作　还有些人认为心理咨询就是做思想政治工作，因为两者都依靠谈话来改变人的观点和行为。其实心理咨询与思想政治工作是相辅相成的，它们的最终目的都是培养身心健康的有用人才，但是思想政治工作侧重理性，重视社会和集体利益，强调说服教育，探讨"对不对"，而心理咨询侧重人性，肯定个人价值，采取客观中立态度，寻找心理症结，探讨"为什么"。

（5）心理医生≠救世主　一些来访者把心理咨询师当作"救世主"，将自己的所有心理包袱丢给心理咨询师，以为心理咨询师应该有能耐把问题——解开，而自己无须思考、无须努力、无须承担责任。事实上来访者需要认识到，"救世主"只有一个，那就是自己。只有改变自己、战胜自己，最终才能超越自我，达到理想目标。倘若把自己完全交给心理咨询师，消极被动，推卸责任，只会一事无成。

3. 咨询服务工作原则

（1）守时原则　咨询师按时到位，不迟到、不早退，特殊情况不能准时到位的，必须事先和来访者商量。

（2）自愿原则　寻求或终止咨询由来访者决定，咨询师只能提建议不能强硬要求。相应地，随意终止咨询带来的不良影响也由来访者承担。

（3）自主原则　帮助来访者自己解决问题，而不是代替来访者解决问题。

（4）真诚原则　热情、耐心、尊重、信任地接待来访者，营造亲切、自然的咨询气氛。

（5）平等原则　尽力了解、理解、感受来访者的内心世界，不以训导者身份自居，不把自己的情感、判断与利害关系参与进去，保证咨询的公正性和客观性。

（6）保密原则　为来访者严格保密，不把来访者的隐私向外界透露；在使用来访者的个案材料进行科研、教学时，必须隐去可能会据以辨认出来访者的有关信息；咨询辅导的个案记录，严格存放位置，严禁带出办公室。如果来访者有自我伤害或伤害他人的紧急危害或涉及法律案件时，咨询中心将突破保密原则，采取相应措施，但也将信息暴露程度限制在最低范围内。

（7）慎重原则　工作中需要使用心理测验时，必须按心理测验的规范进行，不滥用心理测验，科学、客观地使用测验结果。

（8）适度原则　注意专业职能的局限性，在职责和能力范围内开展工作。对不能解决的问题，必须及时转介。转介时要耐心做好来访者的工作，不给他们增添心理负担。

（9）感情中立原则　咨询教师坚持中立的咨询关系，既不与来访者产生咨询外的双重或多重关系，也不将自己的价值观强加给来访者。

（10）伦理道德和法律法规原则　中心仅为来访者提供咨询服务，不涉入其他服务，也不接受学生的礼物，严格遵守各类咨询的职业道德规范。

测试一：焦虑自评量表（SAS）

焦虑是一种比较普遍的精神体验，长期存在焦虑反应的人易发展为焦虑症。本量表包含20个项目，分为4级评分，仔细阅读以下内容，根据最近一个星期的情况如实回答。填表说明：所有题目均共用答案，在A、B、C、D下打"√"，每题限选一个答案。

自评答案：A. 没有或很少时间；B. 小部分时间；C. 相当多时间；D. 绝大部分或全部时间。

题号	题项	选项			
1	我觉得比平时容易紧张或着急	A	B	C	D
2	我无缘无故地感到害怕	A	B	C	D
3	我容易心里烦乱或感到惊恐	A	B	C	D
4	我觉得我可能将要发疯	A	B	C	D
*5	我觉得一切都很好	A	B	C	D
6	我手脚发抖打战	A	B	C	D
7	我因为头疼、颈痛和背痛而苦恼	A	B	C	D
8	我觉得容易衰弱和疲乏	A	B	C	D
*9	我觉得心平气和,并且容易安静坐着	A	B	C	D
10	我觉得心跳得很快	A	B	C	D
11	我因为一阵阵头晕而苦恼	A	B	C	D
12	我有晕倒发作,或觉得要晕倒似的	A	B	C	D
*13	我吸气、呼气都感到很容易	A	B	C	D
14	我的手脚麻木和刺痛	A	B	C	D
15	我因为胃痛和消化不良而苦恼	A	B	C	D
16	我常常要小便	A	B	C	D
*17	我的手脚常常是干燥温暖的	A	B	C	D
18	我脸红发热	A	B	C	D
*19	我容易入睡并且一夜睡得很好	A	B	C	D
20	我做噩梦	A	B	C	D

评分标准:正向计分题A、B、C、D按1、2、3、4分计;反向计分题(标注*的题目题号:5、9、13、17、19)按4、3、2、1计分。总分乘以1.25取整数,即得标准分。低于50分为正常;50~60分为轻度焦虑;61~70分为中度焦虑,70分以上为重度焦虑。

测试二:抑郁自评量表(SDS)

本量表包含20个项目,分为4级评分,为保证调查结果的准确性,务请您仔细阅读以下内容,根据最近1星期的情况如实回答。填表说明:所有题目均共用答案,在A、B、C、D下打"√",每题限选一个答案。

自评答案:A. 没有或很少时间;B. 小部分时间;C. 相当多时间;D. 绝大部分或全部时间。

题号	题项	选项			
1	我觉得闷闷不乐,情绪低沉	A	B	C	D
*2	我觉得一天之中早晨最好	A	B	C	D
3	我一阵阵哭出来或想哭	A	B	C	D
4	我晚上睡眠不好	A	B	C	D
*5	我吃的跟平常一样多	A	B	C	D
*6	我与异性密切接触时和以往一样感到愉快	A	B	C	D

续表

题号	题项	选项			
7	我发觉我的体重在下降	A	B	C	D
8	我有便秘的苦恼	A	B	C	D
9	我心跳比平时快	A	B	C	D
10	我无缘无故地感到疲乏	A	B	C	D
*11	我的头脑跟平常一样清楚	A	B	C	D
*12	我觉得经常做的事情并不困难	A	B	C	D
13	我觉得不安而平静不下来	A	B	C	D
*14	我对将来抱有希望	A	B	C	D
15	我比平常容易生气激动	A	B	C	D
*16	我觉得做出决定是容易的	A	B	C	D
*17	我觉得自己是个有用的人，有人需要我	A	B	C	D
*18	我的生活过得很有意思	A	B	C	D
19	我认为如果我死了别人会生活得更好些	A	B	C	D
*20	平常感兴趣的事我仍然感兴趣	A	B	C	D

评分标准：正向计分题 A、B、C、D 按 1、2、3、4 分计；反向计分题（标注 * 的题目，题号：2、5、6、11、12、14、16、17、18、20）按 4、3、2、1 计分。总分乘以 1.25 取整数，即得标准分。低于 50 分为正常；53～62 分为轻度焦虑；63～72 分为中度焦虑，73 分以上为重度焦虑。

第三节 人际沟通

卡耐基说过，"一个人的成功 15% 是专业知识，85% 是靠人际关系与处事能力。"由此可见，有效的人际沟通能成为一个人成长、成才、成功的助推器。在我们生活中的各个阶段，人际沟通都发挥着重要的作用。无论是在儿时与朋友玩耍，还是在青少年时期与同伴建立深厚的友情，再或者在成年后与同事进行职业合作，人际沟通无处不在，无时不在。大学是一个人发展的关键时期，它是一个人从青涩的高中生过渡到成熟的社会人的重要阶段，也是人际沟通训练的重要时期。在这一阶段，他们不仅需要学习专业知识，更需要学习如何与人沟通，与人相处。

一、大学生人际沟通的概述

（一）人际沟通的内涵

人际沟通是一种在社会互动中进行信息交换的过程，而这种交换并不仅仅局限于文字或语言的层面，它更是涉及心灵深处的交融。这是一个复杂而微妙的过程，因为它涉及的不仅是表面的言语交流，还包括了非言语的信号，例如肢体语言、面部表情、甚至是沉默的寓意，这都是我们在进行人际交往时需要解读的信息。

人际沟通也是一门学问，它需要我们运用理论知识，综合运用言语和非言语的沟通方式,以及倾听、理解和反馈的技巧,才能真正达到有效的沟通。在个人与社会关系的发展过程中,这种沟通技巧的重要性不言而喻,因为只有通过有效的沟通,我们才能理解他人,被他人理解,建立和维护良好的人际关系。

(二) 人际沟通的作用

人际沟通是个人与他人之间交换信息、感受和理解的过程,是人际关系的基础和核心。与此同时,人际沟通也与个人发展紧密相连,涉及认知、情感、社交和职业方面的成长。

1. 认知与理解

有效的人际沟通能够促进个人的认知和理解能力的发展。通过与他人的交流和互动,人们可以获得新的知识和见解,拓宽视野,增强批判思维和解决问题的能力。这种交流不仅包括言语沟通,还包括非言语的沟通方式,如肢体语言、面部表情等。

2. 情感与同理心

人际沟通也涉及情感的交流和共享。通过与他人沟通,人们可以表达自己的感受和需求,理解他人的感受和立场,培养同理心和共情能力。这种情感的连结和理解有助于建立和维护深厚的人际关系,提升生活的满意度和幸福感。

3. 社交技能与人际关系

有效的人际沟通是建立和维护人际关系的关键。通过沟通,人们可以建立信任和尊重,解决冲突和误解,共同合作和实现目标。沟通技能的培养和运用,如倾听、提问、反馈等,对于个人在家庭、职场等社交场合的成功至关重要。

4. 职业发展与领导力

在职业领域,人际沟通也是个人成功和提升领导力的关键因素。有效的沟通能够促进团队合作,提升工作效率,增强创新和解决问题的能力。此外,沟通技能也与领导力密切相关,领导者通过沟通来设定目标、激励团队、解决冲突,推动组织的发展和成功。

(三) 大学生人际沟通的必要性

1. 大学生需要借助有效的人际沟通来理解他人

在大学中,我们会遇到来自不同地域,甚至不同国家的人,这些人有着各自不同的价值观、信仰、生活习惯等。因此,理解他人就变得尤为重要。只有理解他人,才能做到尊重他人、接纳他人,从而和他人建立良好的关系。有效的人际沟通就是理解他人的重要手段。通过与他人的深入交流,我们可以了解到他们的思想、他们的观点、他们的情感,从而真正理解他们。

2. 大学生需要有足够的能力来表达自己

大学是一个思想激荡、学术研究、知识探索的地方。只有通过有效的人际沟通,才能做到清晰、准确、有说服力地表达自己的观点,让自己能更好地被人理解。这对于大学生的学术成长,甚至对于未来的职业发展,都有着至关重要的影响。

3. 大学生需要有效的人际沟通来建立各种各样的社会关系

包括与老师的学术关系,与同学的友情,与恋人的爱情,甚至与工作人员的合作关系。这些关系在大学生的生活中扮演着重要的角色。它们不仅会影响到学生的学习生活,更会对他们的个人成长与发展产生深远的影响。而建立和保持这些关系,就需要有效的人际沟通。

通过有效的沟通，学生们可以理解他人、表达自己、解决冲突，进而建立和维持稳定、健康的人际关系。

无论是理解他人，表达自己，还是建立和保持社会关系，大学生都需要借助有效的人际沟通技巧来实现。因此，大学生的人际沟通的重要性不容忽视。只有通过学习和实践，大学生们才能真正掌握这一技能，从而在人生的道路上走得更远，更稳。

二、大学生人际沟通存在的问题和沟通技巧的提升

（一）大学生人际沟通存在的问题

大学生人际沟通存在一些常见的问题，这些问题可能影响他们的学术表现、社交关系以及个人成长。

1. 社交焦虑和羞怯

社交焦虑在大学生群体中是一个相对常见的问题，可表现为躯体症状，如心跳加速、出汗、手颤抖，以及心理症状，如紧张、恐惧和自我怀疑。许多大学生可能面临社交焦虑或羞怯，导致他们在与他人交往时感到紧张和不自在。这可能阻碍他们主动参与课堂讨论和社交活动进一步影响团队合作。

2. 数字交往依赖

随着技术的进步，大学生更多地倾向于使用社交媒体等数字工具进行沟通。过度依赖数字交往可能会导致大学生面对面交流能力的下降，难以应对复杂的现实沟通场景，如冲突解决、情感表达等，更会使大学生错过与他人建立更深层次、有意义的人际关系。

3. 冲突处理困难

不同的观点和背景可能导致冲突产生，有些大学生不知道如何寻找解决问题的方法，缺乏有效的冲突沟通解决策略，倾向于避免冲突，害怕表达自己的不满或观点，导致问题得不到妥善解决，可能影响团队合作和友好关系。

4. 沟通技巧匮乏

人际沟通技巧是建立积极、健康人际关系的基础，良好的人际沟通技巧是实现大学生个人和职业目标的关键要素。譬如一些大学生可能缺乏基本的沟通技巧，如表达清晰、遣词造句、非语言沟通等，这可能对他们个人社交关系、职业发展以及团队合作产生不良影响；一些大学生可能在交流中缺乏倾听他人的技能，过于关注自己的观点，而忽视了他人的意见。这可能导致误解、沟通障碍以及人际关系的紧张。

5. 情绪管理困难

良好的情绪管理能力使大学生更能理解和尊重他人情感，从而建立互相支持和信任的人际关系。在当前学业、社交双重压力下，可能导致大学生在人际沟通中感到焦虑，影响情绪的调控能力，过于情绪化，从而导致不良的沟通结果。

6. 跨文化沟通障碍

跨文化沟通是指在不同文化背景下进行的人际沟通，不同文化之间存在语言、价值观、行为习惯等方面的差异。在多元化的大学环境中，大学生文化敏感度不足，缺乏对其他文化的了解和尊重，导致沟通不适应或产生冲突。

7. 缺乏自信

人际沟通缺乏自信可能是由于内在的不安全感、负面自我认知或情感经历等因素造成

的。一些大学生可能因为自信心不足而在交流中表现犹豫和退缩，影响他们的社交关系、学习和职业发展。

（二）大学生的人际沟通技巧

大学生活是社交技巧发展的关键时期。在这一阶段，学生不仅需要学会如何与不同类型的人相处，而且要能在团队中有效地工作。以下几种人际沟通技巧尤其重要。

1. 倾听

倾听，从字面上理解，是指听的过程，然而，倾听的真正含义远远超过了这个定义。倾听不仅仅是被动的接受声音，而是主动的、积极的理解和消化他人传达的信息。倾听是一种涉及注意力、理解、回应和记忆的复杂过程。

在人际沟通的过程中，一种被大众普遍忽视，但却至关重要的技能就是倾听。人们常常更关注如何更好地表达自己，而忘记了沟通的本质是双方的理解和互动。在大学生的日常生活中，无论是在课堂上学习，还是与朋友、导师或家人的日常交流中，良好的倾听能力都能更好地理解他人，增进人际关系。

（1）专注注意力　许多人认为自己是一名很好的倾听者，但事实上，真正的倾听并不容易。倾听需要我们全神贯注地专注于说话者，抑制自己的反应，给说话者提供充足的时间和空间去表达他们的情感、观点和需求。

（2）适当的反馈　倾听的艺术在于掌握如何给予适当的反馈，这需要我们对说话者的意图有足够的理解和尊重。对话并不仅仅是一个人说话另一个人听，而是一个信息交换、理解和反馈的互动过程。倾听者需要在听的过程中，不断地给予反馈，表示自己已经理解和接纳了说话者的观点。这样的反馈可以帮助说话者知道他们的信息被接收和理解，从而使他们更愿意分享自己的想法和感受。

（3）重视理解　在倾听的过程中，我们也需要不断调整自己的理解。有时候，由于文化背景、生活经验等因素的差异，我们可能会不理解或者误解说话者的观点。这时，我们需要通过提问、确认等方式，了解自己是否真正理解了对方的意思。只有真正理解了对方，我们才能做出适当的反馈，完成有效的沟通。

在大学生的生活中，倾听的重要性不言而喻。无论是在课堂上听讲，还是在日常生活中与人交往，我们都需要倾听。良好的倾听技巧可以帮助我们更好地理解和记忆课堂内容，更好地理解他人的需求和感受，从而提高我们的学习效果，增强我们的人际关系。因此，掌握倾听的艺术，是大学生必须具备的一种重要技能。

2. 非言语沟通

非言语沟通是人际沟通的一个重要组成部分，是一种通过非言语方式传达信息的沟通形式。这种沟通方式包括肢体语言、面部表情、眼神接触、语调和节奏等，它们在日常交流中都扮演着重要的角色。非言语沟通在信息传递中的作用有时候甚至超过了言语沟通，因为人们常常更容易通过观察对方的非言语行为来判断对方的真实情感和意图。

非言语沟通的重要性在许多场合都得到了体现。在大学生的日常生活中，无论是在课堂上听讲，还是在与朋友、导师、家人的交往中，非言语沟通都发挥着重要的作用。对非言语信息的理解和使用能力，直接影响了沟通的效果和质量。因此，大学生需要学会如何正确地理解和使用非言语信息，以提高沟通的效果和质量。

（1）肢体语言　肢体语言，包括姿势、动作、手势等，是非言语沟通的一种重要形式。

通过观察对方的肢体语言，我们可以了解对方的情绪状态、行为意图等。例如，当一个人双手交叉在胸前，可能表示他在防御或抵抗；当一个人微笑并点头，可能表示他同意你的观点。理解肢体语言，可以帮助我们更准确地理解对方的意图，更好地进行沟通。

（2）面部表情　面部表情是另一种重要的非言语沟通方式。人们常常通过面部表情来传达自己的情绪和态度。例如，当我们开心时，会自然地笑；当我们生气时，会皱眉。因此，理解面部表情，可以帮助我们更准确地理解对方的情绪，从而更好地进行沟通。

眼神接触也是非言语沟通中的一个重要元素。合适的眼神接触可以显示我们的尊重和理解，可以帮助我们建立和对方的连接。

（3）语调和节奏　语调和节奏是非言语沟通中的另一种重要形式。通过调整语音的音高、音量和语速，我们可以传达不同的信息。例如，当我们的语速加快，可能表示我们很兴奋或者紧张；当我们的语音音量提高，可能表示我们强烈地表达我们的观点。

非言语沟通不仅仅是一种沟通技巧，更是一种生活态度，一种对他人尊重和理解的表现。掌握非言语沟通的技巧，对大学生来说，无疑是一种无比重要的能力。每一位大学生都要意识到非言语沟通的重要性，学会理解和使用非言语信息，用非言语沟通的技巧去丰富自己的大学生活，提升自己的社交能力，从而更好地融入社会，实现自我价值。

3. 情绪管理

情绪管理是至关重要的，它影响着个人的行为、决策以及对周围环境的理解。在沟通中，情绪的管理尤为关键，因为情绪状态不仅影响自身的表达和理解，也会对他人产生直接或间接的影响。当情绪得到适当的管理，沟通更可能顺利进行，构建的关系也更可能健康稳定。

（1）认识和接受情绪　情绪管理的核心在于认识和接受情绪。大学生在面临挫折、冲突和困惑时，可能会有各种不同的情绪反应，如愤怒、焦虑、伤心等。这些情绪本身没有好坏之分，都是人的正常反应。关键在于如何理解和处理这些情绪。理解自己的情绪，是情绪管理的第一步。这意味着要有意识地去察觉和接受自己的感受，而不是忽视或否定它。只有认识到自己的情绪，才能进一步有效地处理它。

（2）寻求适当的表达和调适　情绪的处理，需要寻求适当的表达和调适。适当的情绪表达，可以帮助自己释放情绪，也可以让他人了解自己的情绪状态，从而促进沟通。在表达情绪时，应当注意表达方式，如言语的选择、语气的控制、面部表情和身体动作等。另一方面，调适情绪则需要寻找合适的策略，如进行深呼吸、做一些放松的活动，或者寻求他人的帮助等。

（3）培养冲突解决技巧　学会恰当地处理冲突和分歧，避免情绪升级，使用积极的语言，专注于问题的本身，而不是攻击对方的情感，合适的情绪管理可以帮助大学生更好地处理人际冲突，减少误解，提高沟通效果。譬如当遇到争议或冲突时，如果能够控制自己的愤怒，保持冷静，听取他人的观点，那么解决问题的可能性就会大大提高。

情绪管理是一项重要的生活技能，对大学生的人际沟通具有重要的影响。通过学习和实践情绪管理，大学生可以更好地理解自己，更有效地与他人交流，建立更健康的人际关系，从而提高生活的满意度。对情绪管理的学习和提升，应当成为每一位大学生在大学期间的重要课题，这对他们的个人发展，以及他们未来在工作和生活中的成功，都具有重要的影响。

三、大学生在团队合作中的人际沟通

团队合作中的人际沟通是决定团队活动能否高效运行的重要环节。当大家在一起共同工作时,我们需要沟通以确保每个人都了解共同的目标,以及如何实现这些目标。团队中的每个人都带有独特的技能、经验和观点,通过沟通,我们可以集合所有的智慧,制定最佳的计划并有效地解决问题。同时,团队沟通也能够增强团队成员之间的关系,提高团队的凝聚力和士气。

(一)团队沟通的重要性

团队沟通是协作成功的关键。在当今世界,无论是学习还是工作,我们都越来越依赖团队的力量。而在团队中,良好的沟通是确保高效率和高质量工作的重要因素。

团队沟通的核心在于信息的共享。这包括任务的分配、计划的制定、问题的讨论、想法的提出等。通过有效的沟通,团队成员可以明确自己的职责,理解团队的目标,了解问题的现状,提出并讨论解决方案。这不仅能帮助团队解决实际问题,提高工作效率,还能增强团队的凝聚力,提高团队成员的满意度。

团队沟通对于团队的决策过程也是至关重要的。通过有效的沟通,团队可以集思广益,汲取每个人的智慧和经验,从而作出更全面和明智的决策。同时,沟通也能保证决策的公正性和公平性。当每个人都有机会表达自己的观点,听到他人的观点,参与决策过程,那么他们就更可能接受并支持决策结果,从而增强团队的团结和协作。

团队沟通还对团队的创新和学习具有重要的价值。创新是团队成功的关键,而学习是创新的基础。在一个开放和尊重沟通的团队中,成员更可能提出新的想法,分享自己的知识和经验,向他人学习,从而不断增强团队的创新力和学习力。

然而,团队沟通并不是一件简单的事情。它需要团队成员具有一定的沟通技巧,如倾听、表达、反馈等。同时,也需要团队建立一种开放和尊重沟通的文化。在这种文化中,每个人都有机会表达自己的观点,每个人的观点都被尊重和考虑,每个人都愿意并且能够倾听他人的观点。通过建立这样的文化,团队可以建立一种互信和尊重的氛围,从而促进有效和积极的沟通。

团队沟通是团队成功的关键,也是大学生必须掌握的重要技能。通过学习和实践团队沟通,大学生不仅可以提高自己的团队协作能力,也可以提高自己的人际沟通技巧,从而在未来的学习和工作中取得更大的成功。

(二)团队沟通的原则

团队沟通的原则对团队的健康和效率有着深远的影响。遵循这些原则可以确保信息的准确传递,减少误解和冲突,增强团队成员之间的信任和尊重。

1. 开放性

开放性是指团队中每个成员都能够自由地发表自己的观点和想法,无论这些观点和想法是否与大多数人的想法一致。团队中的每个成员都应该感到他们的观点和想法被尊重和接纳。这种开放性的环境可以激发团队中的创新力和创造力,因为每个人都有可能提出新的想法或解决方案。在一个开放的环境中,团队成员也更愿意分享他们的知识和经验,从而提高团队的整体能力。

2. 尊重

尊重是团队沟通的重要原则。尊重是指每个团队成员都应该尊重其他成员的观点和想法，尽管他们可能并不完全同意这些观点和想法。尊重也是指在团队沟通中，每个成员都应该避免贬低或侮辱其他成员。一个充满尊重的环境可以帮助团队成员建立信任和友谊，从而增强团队的凝聚力。

3. 真诚

真诚是团队沟通中不可或缺的一个原则。在团队沟通中，每个成员都应该诚实地表达自己的观点和想法，而不是说出他们认为其他人想听的话。这种真诚的沟通可以帮助团队成员更好地理解彼此的观点和想法，从而做出更好的决策。真诚的沟通也可以帮助团队成员建立更深的信任和尊重。

4. 及时反馈

及时反馈是团队沟通的另一个重要原则。在团队工作中，信息的及时传递和反馈是至关重要的。无论是对团队任务的进展，还是对团队决策的反馈，都应该及时和明确。这样可以确保每个团队成员都了解当前的情况，从而做出合适的决策。

5. 有效的倾听

有效的倾听也是团队沟通的原则。在团队沟通中，每个成员都应该听取其他成员的观点和想法。有效的倾听不仅仅是听别人说什么，更重要的是理解他们的意思。这种有效的倾听可以帮助团队成员更好地理解彼此，从而减少误解和冲突。

团队沟通的原则是为了更有效的沟通，可以帮助团队成员更好地理解彼此，增强团队的凝聚力，提高团队的效率。遵循这些原则，可以为团队创造一个开放、尊重、真诚、反馈及时和有效的倾听的环境，从而提高团队的整体性能和效率。

（三）解决团队冲突的沟通技巧

解决团队冲突也是团队运作中的重要内容，是一种重要的沟通技巧。团队中的冲突无法避免，因为每个成员都有自己的观点和想法。如果正确处理冲突可以成为团队发展的催化剂，而不是破坏性的力量。解决团队冲突的沟通技巧具体体现在：

1. 识别冲突

首先，我们需要识别和理解冲突的性质和来源。这可能需要我们对冲突的各个方面进行深入的探讨和反思，以便找出其根源。通过这种方式，我们可以确定冲突是由于不同的目标、价值观、方法、资源分配，还是由于人格或情绪的冲突。一旦我们理解了冲突的来源，我们就可以更好地制定解决冲突的策略。

2. 开放沟通

有效的沟通是解决冲突的关键。这需要我们以开放和诚实的态度去交流我们的观点和想法，同时也尊重和理解其他人的观点和想法。在沟通的过程中，我们需要倾听、反馈，可能会挑战对方的观点，但是我们需要保持尊重和理解的态度，避免攻击和贬低。

3. 寻求共识

解决冲突不仅仅是寻找妥协，更是寻找共识。这可能需要我们去理解和尊重对方的观点和需求，同时也需要我们表达和解释我们自己的观点和需求。通过这种方式，我们可以找到一个双方都能接受的解决方案,这个解决方案不仅能满足我们的需求,也能满足对方的需求。

4. 激发创新

冲突可以被看作是一种激励创新的机会。当我们面对冲突时,我们可以借此机会去思考和尝试新的观点和方法,以解决我们面临的问题。通过这种方式,我们可以从冲突中学到新的东西,提高我们的能力和适应性。

5. 转化冲突

如果我们正确地处理和利用冲突,它可以被转化为一种积极的力量。这可能需要我们改变对冲突的看法,把冲突看作是一种学习和发展的机会,而不仅仅是一种负面的和破坏性的力量。通过这种方式,我们可以把冲突转化为一种动力,推动我们去改变和发展。解决团队冲突的沟通技巧是团队成员必须掌握的一种重要技能。通过有效的沟通,我们可以更好地理解和解决冲突,提高团队的效率和凝聚力,从而达到我们的目标。这种沟通技巧不仅能帮助我们在团队中解决冲突,也能帮助我们在生活中解决冲突,提高我们的社交能力和人际关系。

案例

李华是一名大学新生,他对大学生活充满了期待。然而,刚入校的前几个月,他发现自己在人际沟通方面遇到一些困难。初到大学,李华发现自己需要与很多不同的人进行交流,比如室友、老师、学长等。他意识到,有效的人际沟通对于自己的生活至关重要。然而,他发现自己并不擅长沟通,以至于在普通的日常交流中,他也常常感到紧张和不安。一次,李华参加了一个小组项目,团队里的每个人都有自己的意见和想法,无法达成共识。在第一次会议上,每个人都在争吵,没有人愿意倾听他人的观点。李华感到非常困惑和沮丧,他不知道该如何处理这种情况。他决定去咨询学校的心理咨询师,寻求帮助。咨询师建议他学习一些人际沟通的技巧,如倾听、非言语沟通以及情绪管理。通过学习和实践,李华逐渐掌握了这些技巧。他开始尝试在团队项目中应用,发现团队的沟通效果大大提高。他学会了如何在听别人的意见时保持开放的心态,如何通过非言语手段表达他的情感和态度,以及如何在情绪激动时保持冷静和理智。经过一段时间的努力,李华发现自己在人际沟通方面有了显著的进步。他不再害怕团队项目,而是开始期待和团队成员一起工作。他的社交圈也扩大了,结交了许多新朋友,并和他们建立了深厚的友谊。

这个案例展示了人际沟通技巧在大学生活中的重要性。通过学习和实践这些技巧,可以更好地理解他人,表达自己的观点,处理团队冲突,以及建立和维持良好的社交关系。这不仅有助于个人发展,也有助于学业和职业成功。

第四节 婚恋生活

大学阶段,大学生基本上都已经从未成年人成长为成年人,一些人也开始有了自己的感情生活。正确的婚恋观可以成为大学生成功的催化剂,错误的婚恋观则相反。为此,大学生应该认识、了解婚恋生活,树立正确的婚恋观,在和谐的婚恋生活中拥抱阳光,悦纳自己。

一、恋爱生活

恋爱生活是许多人生活中的一个重要部分，它不仅是一种与另一个人形成紧密联系的方式，还是自我认知和成长的一个过程。恋爱让人们体验到一种独特的深层情感联系，这种联系充满了激情、理解、信任和忠诚。在恋爱中，人们学会了倾听、沟通、理解和妥协，这些技能不仅有助于形成稳定和有意义的伴侣关系，还有助于个人在其他人际关系和职业生涯中的成功。然而，恋爱生活也可能充满挑战和困难，如与期望不匹配、存在沟通障碍或信任问题。通过耐心和适当的努力和相互支持，伴侣可以共同克服这些困难，形成满足和滋养的关系。总的来说，恋爱生活是一项复杂的"课题"，它要求付出时间、注意力和承诺，但它也提供了人际连接、自我发现和个人成长的独特机会。

（一）爱情概述

1. 爱情的内涵

在心理学诞生之前，西方哲学已经开始了对爱情的探讨。柏拉图在《会饮篇》中记录的神话传说认为，人们对于寻找另一半、恢复完整的希冀和追求就是所谓的爱情。黑格尔继承并发展了这一观点，认为爱情就是一种整合，即把一个个体所包含的一切全部渗透到另一个人的意识里去，成为其追求和占有的对象。

自20世纪30年代以来，心理学家也开始致力于从不同角度对爱情进行阐述。精神分析学家埃里希·弗洛姆认为，爱是指热烈地肯定他人的本质，积极地建立与他人的关系，在双方各自保持独立和完整性基础上的相互结合。爱的本质是给予而非获取，爱的目的是使其对象获得幸福、发展和自由。弗洛姆指出，所有形式的爱都包含共同的基本要素：关心、责任、尊重和了解。家庭社会学家威廉·J·古德认为，工业化时代的家庭特点造就了浪漫爱情的普及，爱情是两个成年异性之间包含性欲望和温柔体贴的强烈感情倾注。社会心理学家齐克·鲁宾是对爱情进行系统科学研究的第一人，他认为爱情是个体对特定他人持有的一种态度，比如更加思念对方，希望和对方身体接触。爱情的三种成分包括亲密依赖需求、帮助倾向、排他性和占有性倾向。心理学家斯坦顿·皮尔认为，爱情是一种广泛的经历，它能为个人提供更多的机会接触世界和了解除身边以外的人，使人更活泼、勇敢、开放；爱情是一种帮助性的关系，双方彼此信任，能接受和提出批评而不担心影响两人关系；爱情能提高一个人的能力，实现外部的成长，也能增强生活中的快乐，是友谊和吸引力的延续。

中国学者张怀承认为，爱情是人类个体之间基于性生理基础而产生的一种相互倾慕、积极奉献的行为和心理，包括情爱、理想和性爱三个基本要素。伦理学家罗国杰指出，爱情是指一定社会经济文化状态下，两性间以共同的生活理想为基础，以平等地互爱和自愿承担义务为前提，以渴求结成终身伴侣为目的，按一定道德标准自主结成的一种具有排他性和持久性的特殊社会关系。

温尼伯大学心理学系博士贝弗莉·费尔和波士顿学院教授詹姆斯·A·拉塞尔认为，爱情的概念太过复杂而不可能被精准定义，爱情是多向的，没有一个定义能代表其全部内涵。人们需要认识到爱情复杂而多维的本质。

2. 爱情的意义

（1）自我发现与成长　对于许多人来说，恋爱还是一种自我发现和成长的过程。与另一个人亲密相处可以揭示自己的需求、愿望、强项和弱点。恋爱还可以提供一个安全的环境，让人们探索自己的情感、性格和身体。通过这样的自我发现，人们可能更好地了解自己，成为更加完整和成熟的个体。

（2）社交联系与支持　恋爱还为人们提供了重要的社交联系和支持。恋人之间的关系可以提供情感安慰、陪伴和援助。在一些情况下，恋爱关系可能是人们主要的社交支持网络之一。这种联系和支持可以增强个人的心理健康和幸福感。

（3）娱乐与享受　除了深刻的心理和社交功能，恋爱还为人们提供了娱乐和享受。恋爱中的浪漫、冒险、快乐和愉悦可以丰富人们的生活，给日常带来新鲜和刺激。

恋爱的意义是多元和复杂的，涵盖了从选择伴侣和准备婚姻到自我发现、社交联系和娱乐享受等多个方面。恋爱的这些不同功能可能相互影响和交织，共同构成了恋爱的丰富和多层次的人际经验。

（二）大学生恋爱的特点

1. 恋爱阶段低年级化

以往大学生恋爱以高年级或面临毕业时比较多，现在随着社交媒体和智能手机的普及使得年轻人更容易建立社交联系，包括与异性建立关系，逐步发展成为恋爱关系。许多大学生刚进入大学就开始探索自己的情感需求，有意识地寻找亲密关系。

2. 恋爱行为公开化

现代大学生恋爱行为普遍呈现出更为公开化的趋势，多种社交媒体如微博、抖音、朋友圈等，使得大学生能够轻松地分享自己的生活、感受和关系状态，他们俨然把在社交媒体上分享日常生活和体验当成一种习惯，分享恋爱关系也被视为日常的一部分。通过在社交媒体上展示恋爱关系，为恋爱中的情侣们提供了额外的情感表达和沟通渠道。

3. 恋爱过程快速化

当代大学生们更倾向于在相对短的时间内建立和发展恋爱关系。一方面，大学生的生活节奏较快，处理学业、社交和兴趣爱好之间的关系成为挑战，在这种情况下，他们更多选择在较短时间内决定是否进入恋爱关系；另一方面，社会科技发展提供了更便捷的途径，大学生能够更快速地与潜在伴侣互动和建立联系，进入恋爱关系。但因为双方没有足够的时间来深入了解彼此，快速的恋爱关系往往容易带来冲突和失望。

4. 恋爱观的多元化

不同个体对于爱情、伴侣关系和恋爱方式持有各种不同的看法和态度。一些大学生仍然坚持传统的恋爱观，他们认为爱情是长期承诺和奉献的结果，更注重稳定和长久的伴侣关系；一些大学生强调个人的自由和独立，他们更愿意在恋爱关系中保留一定的自主性，不愿意被束缚。

（三）大学生恋爱中存在的问题

1. 盲目追求浪漫主义

许多大学生可能受到电影、书籍和社交媒体上浪漫爱情的影响，把恋爱过分浪漫化，将其看作童话故事，认为恋爱应该充满戏剧性和激情，忽略了现实生活中的问题和挑战。然而，真实的恋爱是基于沟通、理解的平稳发展，需要理性和现实地看待恋爱。

2. 忽视个人发展

有些大学生过于专注于恋爱，将其视为生活的主要目标，忽视了学业、职业规划和个人成长。不少人为了迎合伴侣，牺牲自己的兴趣、爱好和个人发展；更有甚者过度依赖伴侣，忽略了个人的独立性和自主性。恋爱是人生的一部分，健康的恋爱关系应该是平衡和支持，在恋爱中一起成长，恋爱不应该成为人生唯一的重心。

3. 情绪过于波动

大学生恋爱往往是第一次体验到浓烈的情感和激情，导致其在恋爱中常常容易情绪化。一方面大学生面临着未来不确定性，包括学业、职业等方面，恋爱关系可能会引发对未来规划的焦虑；另一方面，大学是一个社交密集的环境，同学之间的看法或评价可能影响恋人的情绪，情绪是会相互影响的，当一个人情绪低落或不安时，另一个人也会受到影响，过度的情绪波动会对个人的心理健康产生负面影响。

4. 轻率对待性行为

在不同文化背景下，大学生受到文化、教育、社会压力等多方面的因素影响，一些大学生为寻求认可、满足虚荣心、寻求情感满足等易采取轻率的性行为。大学生往往缺乏对性行为可能带来的后果的充分认识，一些大学生只是因为受到同龄人和同伴的影响，为适应群体或者满足社交期望而采取性行为，不是出于自己的真实情感和意愿。

（四）树立正确的恋爱观

当谈及正确的恋爱观时，我们其实是在探讨一种健康、成熟和建设性的关系态度和方式。在这里，"正确"并不意味着有一个固定的、不变的标准来衡量每一个人的恋爱观。每个人的经历、价值观和背景都是独特的，但在恋爱中，有些普遍的理念和态度能够帮助人们建立更健康、更和谐的关系。

1. 健康恋爱观的特点

（1）平等与尊重　在恋爱关系中，双方都应该是平等的。每个人的感受、需求和愿望都应被尊重和考虑，不应存在控制、剥夺或压迫的行为。

（2）真诚的沟通　开放的沟通是任何关系中的关键，能够诚实地表达自己的感受、需求和关心，同时也愿意倾听伴侣的心声。

（3）自我认知　理解自己的情感、需求和边界，不完全依赖伴侣来定义自己或寻求快乐。

（4）成长与支持　鼓励彼此的个人成长和发展，相互支持，而不是限制或束缚。

（5）面对与解决冲突　冲突在恋爱中是难免的，但关键是如何有效、健康地解决这些冲突。

2. 树立健康恋爱观的建议

大学生作为年轻人，树立正确的恋爱观尤为重要，这将有助于他们在恋爱中建立健康、成熟和长久的关系。

（1）自我认知和成熟　在恋爱之前，了解自己的需求、优点、缺点以及未来的目标，确保已经在情感和心理上足够成熟，能够处理恋爱中的各种情绪和挑战。

（2）建立健康的友谊基础　在开始一段感情关系之前，尽量建立深厚的友谊基础，了解彼此的兴趣、价值观和生活态度，确保你们有共同的理解和默契。

(3) 沟通与诚实　建立良好的沟通习惯，能够坦率地分享自己的想法和感受。遇到问题时，勇于面对并找到解决方法，避免猜疑和误解。

(4) 尊重和平等　尊重是构建关系的基石，确保在关系中得到平等的待遇，同时也要尊重对方的感受、选择和意愿。

(5) 理性和感性的平衡　恋爱中需要同时考虑理性和感性，不要过于冲动，也不要过分理智。理性能够帮助做出明智的决策，而感性能够为关系增添温暖和情感。

(6) 接受多样性　大学环境充满了各种背景、文化和观念的不同，尊重和接受对方的多样性是建立健康关系的关键。

(7) 未来规划　在恋爱中讨论未来的计划，包括事业、家庭等方面的目标，确保你们的规划是一致的，避免因为未来的不确定性而引发分歧。

（五）正确处理恋爱与学业、事业

恋爱与学业、事业的关系，尤其在大学生活阶段，常常是一项复杂而敏感的议题。爱情、学习和工作，每一方面都对个人的时间和精力有着巨大的需求。恋爱可以带来情感满足和个人成长，但同时也可能对学业和事业造成干扰。如何平衡这三者之间的关系，不仅是成功管理个人生活的关键，还涉及个人的长期发展和幸福。如何平衡恋爱与学业、事业之间的关系就成为每一个大学生的必修课题。

1. 理解优先级

理解优先级是平衡恋爱、学业和事业的第一步。这些优先级可能随着时间和环境的变化而变化。有时学业或事业可能需要付出更多的精力，有些时候，恋爱关系可能需要付出额外的精力。通过明确短期和长期的目标，可以更好地判断在不同情况下哪些方面应该优先。

2. 有效时间管理

时间管理是平衡恋爱、学业和事业的关键。有效的时间管理不仅可以确保每个方面得到足够的关注，还可以减轻压力，提高生活质量。通过计划和管理时间，可以确保既有时间投入到恋爱关系中，又不会忽略学业和事业的责任。

3. 沟通与协商

与伴侣之间的沟通和协商是确保恋爱关系和学业、事业之间平衡的重要方面。让伴侣了解自己的学业和职业目标，以及这些目标如何影响恋爱关系是非常重要的。通过沟通和协商，双方可以找到既满足关系需求，又不牺牲学业和职业目标的办法。

4. 设置清晰的界限

界定恋爱、学业和事业之间的界限有助于确保每个方面都得到充分的关注。例如，设定一些专门用于学习或工作的时间段，并确保这些时间不受干扰，可以提高学习和工作效率。同时，也可以设定专门的恋爱时间，确保关系得到充分的培养。

5. 保持灵活性与适应性

生活总是充满变数，所以在恋爱、学业和事业之间寻找平衡时，保持灵活性和适应性至关重要。灵活的态度有助于快速适应变化的情况，并确保在各个方面都能保持平衡。

6. 自我反思与调整

定期反思自己在恋爱、学业和事业方面的表现，并根据需要进行调整，有助于保持平衡。自我反思可以帮助识别哪些方面可能需要更多关注，哪些方面可能需要调整。

7. 保持个人成长与独立性

恋爱关系不应该妨碍个人的学业和职业成长。保持一定的个人空间和独立性，不仅有助于个人的学习和职业发展，还可以促进恋爱关系的健康发展。

平衡恋爱、学业和事业是一项复杂的任务，但通过明确优先级、有效时间管理、沟通与协商、设置清晰界限、保持灵活与适应性、自我反思与调整，以及保持个人成长与独立性等策略，可以找到一个既满足个人发展，又充实恋爱生活的有效方案。

二、婚姻生活

（一）婚姻的概述

1. 婚姻的内涵

婚姻是为当时社会制度所认可的，男女两性互为配偶的结合，强调两性、配偶身份及"婚姻是家庭产生的前提"。作为婚姻法调整对象、婚姻法学研究对象的"婚姻"，必须有一个明确的法学概念。婚姻的法学概念应当与民法学中的民事行为概念相对应，并能在婚姻法学体系中始终如一。它应涵盖以下三层含义：以男女两性结合为基础；以共同生活为目的；具有夫妻身份的公示性。

婚姻，是涵盖浓厚情感与责任的社交契约，不仅代表着两个人之间的深厚联结，而且蕴藏着对于家庭、社会以及文化价值的承诺和尊重。

2. 婚姻的意义

（1）婚姻的情感意义　婚姻首先是一个情感的纽带，通过共同的目标和价值观，夫妻间的情感联结得以不断深化和维护。它不仅是一个法律契约，更是一种情感的承诺，代表着爱、尊重和理解的永恒保障。

（2）婚姻与家庭的责任　婚姻不仅仅是两个人的事，更是家庭结构的基石。它对于孩子的教育和成长，以及家庭成员间的互相支持，都有着无法替代的作用。夫妻间的关系和责任感也会对孩子的价值观和人格塑造产生深远影响。

（3）社会责任和义务　婚姻在许多文化中被视为社会稳定和和谐的象征。健康的婚姻关系可以增强社会的凝聚力，促进社会责任感的培养。通过承担婚姻中的责任，个体也在承担着对社会的责任。

（4）婚姻与个人成长　婚姻还是一个持续的个人成长过程。通过与伴侣的相互扶持和学习，个体可以不断地认识自己，克服困难，实现成长。

婚姻的意义远不止于浪漫和情感的满足，它是一个复杂且深入的社会现象，涉及多重的责任和义务。理解并承担这些责任，是构建和维护健康婚姻的关键。从深化夫妻间的情感联结，到支撑家庭和社会的稳定，再到促进个人的持续成长，婚姻在人们的生活中扮演着多重重要角色。恰当地认识和对待婚姻，有助于人们在这一人生重要领域中找到满足和成长的道路。

（二）错误的婚姻观

1. 婚姻是解决一切问题的答案

许多人长大后渴望结婚，梦想着浪漫、幸福的生活。然而，有些人的婚姻观念基于一些不切实际的期望,他们可能认为婚姻可以解决个人的孤独、不安全感和自卑等问题。这种观点往往导致了一种依赖伴侣来满足所有需求和期望的模式,而这实际上可能导致失望和不满。

2. 婚姻可以不付出努力

另一个普遍但错误的观念是,一旦结婚,关系将自动运作,无需付出努力。这种态度可能会导致伴侣忽视了持续投资和努力维护关系的重要性,从而导致感情的冷漠和疏远。

3. 爱情可以战胜一切

爱情被普遍视为婚姻的基石,但认为它足以克服一切挑战和分歧的观点可能是错误的。现实中,伴侣间可能会有价值观、目标和期望的重大分歧,没有足够的沟通和协作,这些问题可能无法解决。

4. 伴侣必须符合所有期望

有人可能期望他们的伴侣在所有方面都完美,从职业到外貌,从社交技能到家庭角色。这样的期望不仅不切实际,还可能对伴侣造成沉重的压力,导致关系中的不满和紧张。

5. 婚姻是屈从和牺牲

一些人可能认为,婚姻意味着不断的屈从和牺牲。他们可能认为自己必须舍弃自己的梦想、兴趣和价值观,以适应伴侣或家庭的需求。这种观点可能会导致沮丧和怨恨,并可能破坏个人的身份和自我实现。

6. 婚姻的目的是为了孩子

有些人可能认为婚姻的主要目的是为了孩子,而忽略了伴侣之间的情感联系和成长。虽然子女是婚姻中重要部分,但忽略与伴侣间的关系可能会导致关系的枯竭和失衡。

7. 物质财富是婚姻成功的标志

在某些文化和社会环境中,物质财富和地位可能被误认为是婚姻成功的标志。这种观点可能导致人们忽视婚姻中更深层次的精神和情感层面,从而导致表面上成功但内心空虚的婚姻。

8. 婚姻中的冲突是失败的标志

有人可能认为,婚姻中的任何冲突或分歧都是失败的标志。然而,冲突和分歧是所有关系中的正常组成部分,关键是如何有效地解决这些问题。将冲突视为失败可能会影响伴侣之间的开放和诚实沟通。

婚姻是一个复杂且不断变化的伙伴关系,需要双方的理解、尊重和努力。任何关于婚姻"应该是什么样"的僵化观念都可能成为障碍,阻止伴侣之间的真实、诚实和满意的联系。有必要开展教育和反思,帮助人们形成基于现实、同情和自我认知的婚姻观。这样的观点更可能营造健康、满意和有意义的婚姻生活。

三、正确处理恋爱与婚姻的关系

恋爱与婚姻关系在人类生活中占有重要地位,它们既是个人情感满足和成长的渠道,也是社交、法律和经济体系的核心部分。恋爱通常被视为婚姻的起始阶段,它为双方了解和信任对方提供了基础。然而,并非所有恋爱关系都会发展为婚姻。

(一)恋爱与婚姻的价值和目的

① 情感满足:恋爱与婚姻提供了情感连接、理解和支持,为人们提供了满足感。

② 家庭建设：婚姻是家庭结构的基础，涉及孩子的抚养、家庭责任和角色分配。
③ 社交和经济合作：婚姻也涉及资源共享、经济合作和社交地位等因素。

（二）恋爱与婚姻的挑战和困难

① 沟通障碍：缺乏有效沟通可能导致误解、冲突和不满。
② 价值观和目标的冲突：不一致的价值观和目标可能会削弱关系的稳定性和满足感。
③ 外部压力：工作、金钱等外部因素可能会给恋爱和婚姻关系带来压力。

（三）社会和文化因素的影响

① 社会期待：不同社会和文化对恋爱和婚姻有不同的期待和规范，这可能会影响个人选择和行为。
② 法律和政策：法律和政策也可能影响恋爱和婚姻的形式和性质，例如涉及离婚法规、婚前协议等。

（四）现代恋爱与婚姻的发展趋势

① 多样性：随着社会的进步和全球化，恋爱与婚姻关系变得更加多样化，比如同性恋、异地恋等。
② 个人主义：现代社会强调个人选择和自我实现，这可能影响恋爱与婚姻的形式和目的。

恋爱与婚姻关系是一种复杂而多面的人际关系，涉及广泛的情感、社交、法律和经济问题。理解恋爱与婚姻的复杂性和多样性，以及它们在个人和社会生活中的作用和价值，有助于促进更健康、更满意的恋爱与婚姻关系。恋爱与婚姻不仅是个体的选择和体验，也是社会结构和文化传统的反映。

案例　从大学到婚姻的旅程——陈阳与刘涵的故事

陈阳与刘涵两人相识于大学，恋爱六年后步入婚姻殿堂。他们的婚恋生活旅程充分体现了当代大学生的恋爱观念、恋爱与自我成长的关系、恋爱中的沟通技巧，以及正确的婚姻观等。

大学时期的相遇：陈阳与刘涵在一次社团活动中相识。陈阳来自传统家庭，注重责任和承诺；刘涵则追求自由和激情。两人虽性格迥异，却因共同兴趣和理念走到一起。

恋爱观的塑造与成长：初恋的甜蜜让两人逐渐理解到，恋爱不仅是浪漫的相遇，更是责任和成长的过程。他们学会了如何在恋爱中找到自我，提升自信，学会了倾听和理解。

平衡学业与恋爱：大学时期，他们时常面临学业与恋爱的平衡问题。通过相互沟通和支持，他们找到了各自的舒适点，学业和感情都取得了良好发展。

婚姻观的形成：毕业后，两人选择了共同的城市工作。通过日常的相处，他们逐渐明白婚姻不仅是两个人的事，还涉及家庭、社会责任和未来规划。两人开始深入讨论结婚的意义和责任，并最终走入婚姻。

婚后生活的调适：结婚后，两人在生活琐事、家庭责任等方面遇到了许多新的挑战。他们学会了运用恋爱时期积累的沟通技巧来解决问题，并努力为彼此创造健康、温馨的家庭环境。

陈阳与刘涵的婚恋生活旅程从大学时期的相识、恋爱的探索与成长，到毕业后在同城规划职业和家庭生活，再到结婚后的生活调适，这一案例对于理解当代大学生的婚恋观念具有一定的参考价值，也为恋爱与婚姻教育提供了生动的实例。

思考与讨论

1. 大学新生如何进行有效的心理调适？
2. 大学新生如何培养良好情绪？
3. 大学新生如何开展院校人际沟通？
4. 大学生应树立怎样的婚恋观？

第五章 习惯养成

大学生入学教育

> 思想决定行动,行动养成习惯,习惯形成品质,品质决定命运。
>
> ——陶行知

 本章导读

古人谈学养,讲究进德修业,其实质就是讲养成。所谓"古人学问无遗力,少壮工夫老始成",说明良好的德行与修养的养成贯穿于人的一生,需要不断地学习与实践。孔子是养成教育的典范,他"十有五而志于学","三十而立","四十而不惑","五十而知天命","六十而耳顺","七十而从心所欲,不逾矩"。孔子毕生不遗余力,终成一代儒家宗师。当代大学生肩负着祖国的希望,承担着民族兴衰的重任,养成良好的习惯可以为大学生成长成才打下坚实基础。

第一节 大学生道德习惯养成

"大学之道,在明明德,在亲民,在止于至善。"大学生作为大学的主体和大学中最活跃的部分,道德培养远胜于知识学习。

一、大学生道德习惯养成概述

(一)道德

孔子云:"志于道,据于德,依于仁,游于艺。"这其中的"道"是指做人治国的根本原则。朱熹说:"德者,得也。"德即为得,人们认识"道",遵循"道",内得于己,外施于人,即推己及人,便是"德"。荀子《劝学》:"故学至乎礼而止矣。夫是之谓道德之极。"至此,"道德"主要是指调整人们相互关系的行为准则和规范,也可以指人的思想品质、修养境界、善恶评价,泛指风俗习惯和道德教育活动。

（二）习惯养成教育

中国古时就有"始生之者天也，养成之者人也"的说法。意思是人具有自然天性的一面，而人之为人，需要后天教育引导、环境熏陶、启发，把社会需要人们遵守的道德规范内化于心，外化于行。陶行知曾说："什么是教育，简单一句话，就是养成良好的习惯。"生活中，人们经常把行为习惯与养成教育联系起来。实际上，养成教育不仅包含行为习惯的养成，还包括人的基本思想素质、道德素质、心理素质的培养，以及知识结构、思维方法、生存能力、沟通能力、团队协作能力的培养和教育。养成教育是在知识传播、教育实践以及受教育者自我教育的相互配合下逐步达到"内化于心，外化于行"的过程。

养成教育是指教育者通过有目的、有计划、有组织的教育训练活动，使受教育者的日常行为习惯、语言习惯、思维习惯等规范化的教育过程。在养成教育的内涵表述中，有几点是值得注意的，第一，受教育者日常行为规范化的标准是国家和社会公认的准则和规范；第二，养成教育途径是家庭、学校、社会三者相协调的，其中学校教育是主要途径；第三，养成教育需要长期有意识、有目的、有计划的社会实践、教育、训练及培养；第四，自我教育是养成教育的最终途径，社会个体在养成教育的过程中逐渐变被动为主动，通过有效的自我控制、自我约束形成不需要外力就能表现出来的个人行为习惯和优良社习惯。

（三）大学生道德习惯养成教育

大学注重培养"德智体美劳"全面发展、"以德为先"的人才，帮助大学生养成良好的道德行为习惯，并最终让大学生从他律转变为自律。大学生道德习惯养成教育，不是要求学生机械地学习道德理论，而是希望大家做一个理论的理解者和道德的践行者，人格、性格、情感、意志、认知上的完美者。学校培养出的大学生，不仅在学业上是强者，在道德上也应是标杆。

二、大学生道德习惯养成的价值意蕴

大学生道德习惯的养成对于个人的成长和社会的进步都具有重要的意义。它不仅能够提升个人的品德素质、自律能力和社会责任感，还有助于建立良好的人际关系。养成良好的道德习惯，大学生可以成为有道德修养、有社会责任感的新时代青年。

（一）道德习惯养成是大学生全面发展和完善的需要

1. 道德品格是人的本质特征之一

马克思说："人的本质不是个人所固有的抽象物，在其现实性上，它是其一切社会关系的总和。"个人只能在社会关系中生存和发展，而这种关系有特定的准则需要个人遵守，道德便是其中最为普遍、基本的行为准则。也就是说，一个人的道德素质的高低标志着他是否由生物学意义上的人转变为社会学意义上的人，是否被社会所接受并称之为"人"。大学生只有具备了优良的道德品质，才能成为社会主义合格接班人。

2. 道德素质提高，是个人发展的核心内容和主要目标

人类历史是一部改造世界的历史，也是自我改造发展与完善的历史。社会生产、社会关系的发展创造了道德，道德又进一步促进了人的发展与完善。因此，个人道德素质的提高，

是个人发展与完善的核心内容和主要目标。

3. 大学生道德素质提高伴随着整个成长成才的过程

大学生在成长的过程中,蕴含着对人类真善美的追求。他们总是明辨是非,追求真理;识别善恶,追求至善;分辨美丑,追求完美。可以说,追求成才的过程也是实现道德品质升华的过程。

(二) 优良道德习惯的养成是大学生成才的助推器

优良道德习惯的养成在人才成长过程中的推动作用,主要表现在对个体成才动机的帮助和强化,对成才过程的激励和引导。高尚的道德品质能帮助大学生树立科学的世界观、人生观和价值观,树立远大的理想和抱负,培养坚强的意志和虚怀若谷的优良品质;激励大学生为实现崇高的道德理想而刻苦钻研,努力拼搏,忘我求索;帮助大学生正确认识和理解社会,树立正确的政治方向,坚定成才的信心。古今中外的政治家、思想家、教育家无不重视对道德品质的塑造,以此作为促进人的成长和发展的重要条件。

(三) 道德品质的塑造是大学生的立身之本

个体的道德品质高低在各个不同的方面是有差别的。人们对善恶的标准认识不尽一致,因此也就增加了人们认识社会群体和个人道德素质的复杂程度。大学生是文化程度较高的社会群体,整体来说,绝大部分大学生具有较为高尚的道德品质,但这并不意味着大学生不需要进行道德品质的进一步塑造。大学生刚进入大学校园,道德品质的塑造不但没有结束,反而更应加强,应在大学阶段不断完善。

三、大学生道德养成的内容

新时代大学生理应具有较高的道德水平,但不能理所当然地认为其完全具有向更高的道德品质追求的基本水平,而要经常进行自我反省。在追求更高的道德品质前,大学生首先应该遵守一般道德规范和要求。

(一) 爱国守法

荀悦说"爱国如家",贾谊说"国而忘家",陆游说"位卑未敢忘忧国",孙中山说"做人最大的事情就是要知道怎么样爱国",雷锋说"我们是国家的主人,应该处处为国家着想"。由此可见,对每一个中国人来说,爱国是本分,也是职责,是心之所系、情之所归,爱国主义应是扎根每个人心中的永恒旗帜。为此,爱国是最基本的大学生道德规范,是对每一个大学生最根本的道德要求,是每个大学生应该承担的道德责任和应该履行的道德义务。

1. 高扬民族精神

民族精神是一个民族在其发展过程中慢慢形成的、通过自身及其成员的行为显现出来的、以维持民族生存和促进民族发展为目的的精神风貌。"在五千年的发展中,中华民族形成了以爱国主义为核心的团结统一、爱好和平、勤劳勇敢、自强不息的伟大民族精神。"它们是中国成为少数几个历史悠久且仍然生机勃勃的文明古国之一的精神支柱。一个大学生对祖国的热爱,首先表现在他致力于高扬民族精神上。

2. 维护祖国利益

每个大学生都应把祖国的利益放在首位,维护祖国领土完整,抵抗外敌入侵,确保祖国主权神圣不可侵犯；维护祖国统一，巩固民族团结，维持社会稳定。

3. 增强民族自尊心和自信心

大学生应尊重自己的祖国和民族，为祖国如今取得的巨大成就和为整个人类文明进步作出的卓越贡献而骄傲自豪，保持民族气节，拒绝崇洋媚外。

4. 守法

守法是大学生道德品质要求的最基本规范，也是公民道德的基本要求。大学生承载了更多社会责任，应当自觉维护法律权威，自觉遵守法律法规，同时也要懂得正确维护自身的合法权益。

(二) 明礼诚信

明礼诚信是人与人之间交往的道德规范，它包括明礼和诚信两个方面。明礼是要求大学生知礼、懂礼与行礼；诚信则是大学生在人际交往当中应该做到诚实守信。

1. 坚持礼的精神

礼的本质内容有两个方面：一是尊敬，二是谦让。尊敬需要人的内心情感真实、诚恳，不一定直接指向某种利益；谦让则是一种道德境界，这种境界是人在对待某种利益时直接表现出来的。尊敬要求每个人以诚恳的态度对待他人，发自内心地尊重自己身边的人；不要表里不一，言行不一；同时，对上级非常恭敬、对下级十分轻蔑，对有钱有权的人敬重、对普通百姓怠慢等做法都违背了礼的精神。谦让要求大学生在利益面前互相礼让，在行善方面当仁不让，做到"好事须相让，恶事莫相推"。

2. 注重礼的形式

行礼是一种外在的行为，它讲究外在形式，如果不注重外在的形式，也就等于取消了礼。当然对于礼的外在形式，不要刻意追求，故意做作，而是要发自内心，且又符合文化、场合的需求。注重礼的形式，就是注重礼貌和礼仪，如讲究仪表、言语文明、举止文雅、有往有来、仪式庄重；切忌衣冠不整、随地吐痰、恶语伤人、举止粗鄙、无事生非等。

3. 诚实不欺

诚实，就是自己的所思所想与言语表达一致；不欺，就是既不欺骗自己又不欺骗别人。

4. 信守承诺

承诺可以分为制度性承诺与人际性承诺。就人际性承诺而言，它又分心诺和言诺两种。心诺就是自己在内心答应他人却未向他人言语表达的承诺，言诺就是自己当面答应他人的承诺。一个人的承诺是有限的，他可以不答应别人的请求，但是，一旦答应了他人，就应该兑现承诺。

(三) 团结友善

团结友善是人与人之间交往的仁义规范，它包括团结和友善两个方面。团结是反映人与人之间合作、彼此支持、共同奋斗、以大局为重的道德规范；友善是指尊重、帮助、支持他人的态度。

1. 顾全大局

人们因为经验、认识水平、思考角度等的不同，对共同体的发展目标和发展战略会有不同的看法。为此，应该求同存异，不要因为自己的见解而影响整个集体的计划，更不要给组织实现其既定目标设置障碍,特别是当意识到自己的言行是错误的时候,应该主动地投入到实现组织目标的活动中去。

2. 齐心协力

要求共同体成员认同共同体的价值目标,将自己的目标与之统一起来,把共同体的前途与个人的命运前途结合起来,不要过多地计较个人的得失,要意识到自己应该和大家同舟共济、同甘共苦、互相配合、互相支持。

3. 心胸开阔

真正的友善不是迫于外在压力而是发自内心的,只有心胸开阔的人才能真正做出利他的行为,才能够正确处理自身利益和他人利益、社会利益之间的关系,崇人之德,扬人之善,谅解别人对自己的误伤和错怪。

4. 严己宽人

人要在道德上严格要求自己,追求道德人格的不断完善,做到"勿以恶小而为之,勿以善小而不为",正人先正己。对待他人要宽厚,容许他人有不同的兴趣、想法,容纳他人的不同意见。当然,宽容并不是不说"不",是以坚持道德原则为前提的,以抑恶扬善为指向的,否则社会就会败德成风,恶行蔓延。

5. 助人为乐

有利的事情就去做,不利的事情就不做,兴天下之利,除天下之害。当他人处于逆境时,就应多给一些温暖;当他人处于困难时,就伸出援助之手;当他人被伤害时,就应该见义勇为。不应该因人而异,不局限于家人、朋友范围之内。但是,那种放弃道德考虑而"为朋友两肋插刀"的行为并不是助人为乐。

(四) 敬业奉献

大学生在校期间的主要任务就是学习。而大学生在毕业之后走上工作岗位要实现自身的价值,敬业奉献是必须具备的品质。

1. 忠于职守

首先就要热爱自己所从事的职业,对自己的工作岗位具有浓厚的兴趣。在此基础上,才会自觉地听从组织安排,了解自己工作岗位的特定职责、操作规程、安全知识及其他纪律,兢兢业业一丝不苟地做好每一件事,按质按量完成自己所承担的任务,并与同事精诚合作、相互支持,敢挑重担、敢为人先,秉公办事、不徇私情。

2. 精通业务

敬业还要求对自己的业务水平能够精益求精。一个做一天和尚撞一天钟的人,一个甘于平庸的人,一个满足于现有业务能力的人,并不是敬业的人,他不可能出色地完成自己的本职工作。一个真正敬业的人,是对自己业务水平永不知足的,会不断为提高自己的工作能力充分发挥自己的积极性、主动性和创造性,并从"勤"与"专"两方面下功夫。"业精于勤荒于嬉。""勤"体现了一个人自强不息的精神。勤不仅能补拙,还能出智慧。"专"首先要求不能见异思迁、频繁跳槽,工作的稳定和专一是一个人提高其业务能力的必要条件;其次要求一心一意地钻研专门的技术,这样才能不断创新。

3. 服务群众

一个只想通过职业活动来获取生活物资的人,是不可能真正敬业的。从业人员应该端正自己的工作动机,为自己的服务对象竭尽全力。服务对象是职业存在和发展的群众基础,他们关系这一职业的兴衰存亡。尊重、服务群众就是要根据群众的需要和意愿来提高自身的工作水平,生产优质产品,提供优质服务,在提高经济效益的同时注重社会效益。

4. 济世利民

奉献并不都是惊天地泣鬼神的壮举,更多的是在完成自己工作的同时为他人和社会做出贡献。维护社会秩序,为社会生产更多更好的用来满足人们物质需要和精神需要的产品,为民请命,为他人的生存发展提供更多的机会和更大空间,急人之所急,救济他人,都是对社会的奉献。

四、大学生良好道德习惯养成的方法

(一) 认同道德规范

道德规范作为调整社会道德关系的行为准则,以及判断、评价人们行为善恶的基本价值标准,是根据一定的经济、政治、文化和社会需要制定出来的,因而,它对于道德的实施主体来说属于外在的要求。大学生对道德规范的认同是从感性认同到理性认同的过程:第一,感性认同阶段。大学生通过接受道德教育和自身生活实践,在面临一定的道德情境时,会感受到一定的道德现象,这就需要正确的感性认识,对道德规范的基本内容有一个初步的了解,但这种了解只是表面的、初级的感性认同,后期再通过亲身经历和修养达到对社会道德规范的理性把握,做到不只是知其然,还知其所以然。第二,理性认同阶段。理性认同是由理性考虑和自我价值抉择产生的。经过感性认同阶段对所经历道德认知进行思考,即通过道德判断、推理、归纳等过程,形成对社会道德规范的进一步认识,在学习了一定概念的基础上,通过反复的社会实践形成理性的道德认同。理性认同阶段不是一次性能够完成的,需要进行反复认知最终达到较为深刻的理性高度。第三,感性认同和理性认同是密不可分的。理性认同依赖于感性认同,是以感性认同为基础的;感性认同有待于发展和深化为理性认同,只有感性认同上升为理性认同,才能够真正地满足道德实践的需要。

(二) 自己为自己"立法"

大学生自己为自己"立法",即把他律的社会道德要求修养为自身的行为准则。这一阶段是在大学生认同社会道德规范的基础之上进一步发展而来的。这里的"立法"包含两层意思:第一,从表面上来说是社会道德规范的内化。大学生接受道德教育并经过一定的亲身经历后,认同社会道德规范,不仅从概念上理解道德规范,更是对其有着理性认可,经过长期、反复的道德实践活动,自身对其有更深的认识,能够按照行为准则严格要求自己并指导实践活动。这里道德主体能够按照社会道德规范行事,但内心并未完全接受道德规范的他律性而转变为自律,是低层次的自我立法。第二,从更深一层来说是大学生对自身道德人格的超越。这是大学生将社会道德规范内化后更深层次的发展,是主体在道德意识上的一种超越。此时的道德主体不是被动地认可,而是主体自我制定具体的道德行为要求,转化为行动需求,即自我立法。在这里社会道德规范不具有外在的约束力,而是道德主体在意志自由的基础上,出于道德行为的自觉性和道德情感的非功利性而形成的一种自身别无选择的行为准则,这正是更深层次的自我立法的集中体现。

（三）合理调控道德情感

大学生个体意志对于情感和欲望的合理调控是其道德习惯养成的重要心理环节。好的心境，例如做过好人好事之后心里所产生的愉快、骄傲、满足等情感聚集到一起后，会不由自主地推动主体进行道德选择，进而展开具体的道德行为。而欲望是一种对能给道德个体以愉快或满足的事物或经验的强烈向往，是促成道德行为的动力。所以需要理性对情感和欲望进行合理的调控。这里的理性是个性化了的社会理性，具有社会性的特征，即大学生在接受道德教育和自身的道德实践中，能够将社会道德规范转化为自身的道德意识；但这种意识中并没有完全去除外在的他律性，也具有个人特征，即大学生在个体践行社会道德时，在自身的认知、情感、意志和信念等内在因素的共同作用下，认同并内化外在的道德准则为自身行事原则，使它具有了个人的特征，成为大学生自身的道德意识。也就是说，个体将社会化了的道德要求内化为个体自身内在的需要，并由个性化了的社会理性对情感和欲望进行调节。对情感和欲望的合理调控是促成道德行为的重要条件。过于偏激的情感和欲望往往容易引发不道德行为，而淡漠的情感和欲望又不利于良好道德品质的形成，因此，只有大学生自身理性地对情感和欲望进行合理调控，才能促使道德习惯养成。

（四）坚定道德意志能力

在合理调控个人情感和欲望的具体过程中，理性还表现出道德意志的能力，它是理性与积极情感的力量相融合的产物。在人的心理要素中，意志能力起着调节中间行为的作用，是自身在践行立法准则过程中所体现出自主地排除所有阻碍、作出道德抉择的力量。如果人们能够自主履行社会行为准则，那么道德意志力就会成为推动人们行善的引擎。举一个简单的例子来说，当我们在公交车上给别人让座时，我们自身内心会感知到让座是社会道德所倡导的，而且在多次的具体行动中，我们已经证明了这是对的，因此要做出让座这种道德行为。但我们同时也会意识到，在让座前，我们首先想到的是如果把座位让给别人，自己会很累，因而就会产生如何做的心理斗争。尽管后来我们让了座，用正确的做法解决了这个难题，实现了自己应该做的道德上的抉择，但也不是那么心甘情愿地认为这是发自内心应该做的事情，在这里还有内心深处的认知在起着重要的作用，这就是我们所说的道德意志。道德意志能力对认知与情感起到黏合剂的作用，是两者能够发挥重要作用的基础，只有在意志力的驱动下，一个人在独处的时候才会也能做到遵守社会原则，按规章办事，达到"慎独"而不违反规则。

（五）拥有道德自制能力

道德自制能力是指个体能够按照道德准则自觉地抑制不良情绪，约束不道德行为，既积极自主地去实施道德行为，又排除不符合道德准则的愿望、动机、情绪和行为。道德自制能力是个体道德意志能力的重要标志，并通过道德意志力发挥自己在"从道德动机的产生到道德行为的实施"这一过程中的作用。道德动机引起道德意志行为。在道德意志行为的心理过程中，自制力调节着各个环节而起到连接整体的重要作用。最初是产生动机矛盾，然后发生动机抉择，根据二者确定方法，再做出最终决定，最后是发生行为结果，这就是意志力主导行为产生发展的过程。期间自制力将调控情感，保持适应整体发展的节奏，并制约着整体的行动，这就是意志所发挥的束缚作用，排除消极情绪和冲动的行为，以便鼓舞自己实施道德行为。作为道德规范自律性表现形式的"良心",就是经过道德规范由他律向自律转化后个体的道德自制能力。也就是说,个体通过对社会规范的认同和践履,在自我内心深处进行"立法"、情感上的合理调控,坚定自身的意志力,形成了行为上的自我克制,拥有了良心,最后能够约束自己的行为,养成道德自律的习惯。拥有道德自制能力作为大学生能够约束自己的集中表现,是道德习惯养成的最后环节,更是大学生道德品质养成的标志。

第二节 大学生生活习惯养成

一、生活习惯养成概述

生活习惯在每个人的日常生活中都扮演着重要的角色。它们是一种个体经常性地表现出来的行为模式,涵盖了各个方面,如劳动、生活方式和卫生。

(一)劳动习惯

劳动习惯是个体在工作和学习中形成的稳定行为模式。它涵盖了时间管理、任务分配、工作效率等方面。在大学生(高职)阶段,培养良好的劳动习惯对于高效地完成学业和未来职业的成功非常重要。例如,合理规划学习时间、保持专注力、有效地组织学习材料都是劳动习惯的体现。

(二)生活方式习惯

生活方式习惯是个体在日常生活中养成的行为方式,包括饮食、运动、娱乐等方面。养成健康的生活方式习惯有助于保持身体健康、增强免疫力,并有助于预防一系列慢性疾病的发生。在大学生(高职)阶段,建立适当的饮食习惯、保持适度的运动以及合理安排休闲时间都是重要的生活方式习惯。

(三)卫生习惯

卫生习惯涉及到个体的个人卫生、环境卫生等方面。保持良好的卫生习惯有助于预防疾病传播、创造舒适的生活环境以及培养社会责任感。在大学生(高职)阶段,培养整洁的个人卫生习惯、保持整洁的居住环境以及遵守公共场所的卫生规定都是重要的卫生习惯。

二、大学生(高职)生活习惯现状分析

(一)不良劳动习惯

劳动是人生的阳光,是中华民族传统美德。然而在如今的大学校园,大学生群体存在不愿劳动、不屑于劳动、看轻劳动等不良现象,在劳动意识、情感和行为上存在一定的偏差。具体表现在:

1. 劳动意识普遍较弱

相对于在校学习的压力,大学生对于劳动的认识和重视往往不足,可能更关注课程、考试和论文等学业方面的任务,对于劳动的认识和意义缺乏深刻的理解。

2. 劳动情感有所欠缺

一部分学生重视脑力劳动,忽视甚至轻视体力劳动,崇尚体面劳动,对劳动有一定的抵

触情绪,对劳动和劳动者的情感较薄弱。

3. 劳动行为有偏差

一部分大学生劳动缺乏主动性,常常依赖他人完成日常生活中的家务和劳动任务,也不愿意参加社会实践和志愿服务等劳动实践;他们喜欢不劳而获,可能更偏向于消费和享受生活,对必要的劳动感到厌倦;他们不尊重他人劳动,不珍惜他人劳动成果,随意浪费、破坏甚至践踏他人劳动成果,没有深刻体会到"一粥一饭当思来之不易,一丝一缕恒念物力维艰"的道理。

(二) 不良生活方式习惯

好的生活习惯,可以让大学生发现更好的自己。然而大学校园里存在一些不和谐的生活习惯。具体表现在:

1. 饮食习惯不健康且无规律

部分大学生的饮食习惯不健康,常常选择快餐、外卖等便捷食品,缺乏膳食平衡和营养均衡的意识;倾向于高糖、高盐、高油的食物,对于新鲜果蔬的摄入不足;饮食习惯也没有规律,没在正常时间用餐,也没有保证一日三餐。

2. 睡眠习惯黑白颠倒

部分大学生的睡眠习惯不正常,晚上熬夜,白天起床晚,甚至不起床一直睡觉,睡眠时间和质量难以得到保证,颠覆了传统早睡早起的良好习惯。

3. 运动习惯有偏差

部分大学生运动习惯有一定的偏差,常常长时间坐着或沉迷于手机、电脑等电子设备,很少花费时间和精力从事运动,导致出现一系列体能和健康问题。据调查,中国青少年体质健康连续多年下滑,有些老年疾病呈现年轻化的趋势。

4. 时间管理较差

部分大学生的时间管理能力较差,容易陷入拖延和浪费时间的状态。他们可能在日常生活中容易分心和被社交媒体等干扰,导致效率低下和任务完成不及时。

5. 社交较封闭

部分大学生的社交较封闭,过于沉迷于虚拟社交、网络世界,与人交往宁愿选择在网上交流,拒绝甚至害怕在现实世界与人交流与交往。这种社交习惯可能影响到面对面的沟通能力和人际关系的发展。

为了改善这些问题,需要大学生提高健康饮食的意识、培养规律的作息、定期参与体育锻炼、学习良好的时间管理技巧以及加强现实人际交往的能力。学校和社会也应提供相应的支持和资源,帮助大学生养成健康的生活方式习惯。

(三) 不健康的卫生习惯

部分大学生在个人卫生方面存在不健康的习惯,譬如没有养成每天刷牙、洗脸、洗手等基本卫生习惯,没有养成收纳的习惯,生活物品乱丢乱放,以致藏污纳垢,影响身体健康;没有养成定期打扫和清理房间的习惯,导致居住环境不整洁等。

为了改善这些问题,需要大学生加强对个人卫生习惯的培养,包括注意每天刷牙、洗脸、洗手等基本卫生习惯的养成。同时,学校可以加强对饮食卫生知识的教育,促使学生培养健康、卫生的饮食习惯。此外，宣传公共卫生知识，提高学生对公共场所和环境卫生的重视，并鼓励学生参与到环境保护和卫生整治中。

三、影响大学生生活习惯的因素

（一）家庭环境

1. 家庭教育方式

家庭教育方式对大学生的生活习惯具有重要影响。如果在青少年阶段，家庭注重培养孩子的卫生、时间管理和劳动等习惯，那么大学生在成长过程中会形成良好的生活习惯。相反，如果家庭缺乏规范和引导，或者存在不良习惯的行为模式，那么大学生可能容易受到消极影响。

2. 家庭环境和规律性

家庭环境的有序性和规律性对大学生的生活习惯形成有影响。如果家庭生活有规律，起居有序，家人之间互相尊重和关心彼此的生活习惯，大学生在成长中会倾向于模仿并培养良好的生活习惯。

3. 家庭价值观和习惯传承

家庭的价值观和习惯传承对大学生的生活习惯有重要影响。如果在家庭中注重规律、卫生、劳动和自律等价值观的传承，大学生更有可能在自己的生活中形成相应的习惯。

4. 家庭经济状况和风格

家庭的经济状况和风格也会影响大学生的生活习惯。经济状况的好坏可能对大学生的饮食习惯、消费习惯和生活方式产生影响。家庭中的风格和习惯如节俭、环保等也可能在一定程度上塑造大学生的生活习惯。

总之，家庭教育方式、家庭环境和规律性、家庭的价值观和习惯传承，以及家庭的经济状况和风格等因素都会影响大学生的生活习惯的养成和发展。因此，建立良好的家庭环境、注重家庭教育和价值观传递，以及提供有规律的生活和积极示范，都有助于培养大学生良好的生活习惯。

（二）同伴压力

1. 习惯的模仿和影响

大学生常常通过模仿和受同伴的影响来形成习惯。如果身边的同伴有良好的生活习惯，如作息规律、饮食健康、积极参与体育运动等，那么大学生更可能受到其影响而养成良好的生活习惯。相反，如果同伴存在不良的生活习惯，如熬夜、不注意饮食卫生等，大学生可能受到负面影响。

2. 社交圈子和价值观传递

大学生的社交圈子对他们的生活习惯有很大的影响。如果所交往的同伴倾向于健康、积极、负责任的生活方式，大学生更容易接触到有益于生活习惯的信息和行为。相反，如果周围的同伴更倾向于懒散、不负责任的生活方式，大学生可能受到消极影响。

3. 同伴压力和适应需求

大学生在同伴间可能面临适应需求和社会认同的压力。为了获得认同和融入群体，他们可能会模仿同伴的行为习惯,不论是正面的还是负面的。同伴之间的交往和压力会影响大学生生活习惯的养成和改变。

总之,同伴压力对大学生生活习惯的形成和发展有着重要的影响。社交圈子和相处的同伴会传递生活方式和价值观,大学生可能通过同伴的模仿和影响来形成习惯。为了引导大学生发展良好的生活习惯,需要提供正面的同伴关系、积极的社交环境,增强他们的自我认同和价值观,培养他们对健康、积极生活习惯的意识和追求。此外,大学生应主动选择和培养良好的同伴关系,以建立一个积极、健康的生活习惯群体。

(三)学校环境

1. 学校文化和价值观

学校的文化和价值观对大学生的生活习惯有重要影响。如果学校注重培养学生的健康、自律、劳动等习惯,并通过相关的教育和活动加以指导和鼓励,大学生更有可能在校园环境中形成良好的生活习惯。

2. 学校设施和资源

学校提供的设施和资源也会对大学生的生活习惯产生影响。如果学校提供充足的运动场地、健身器材、健康餐饮选项等,大学生更容易积极参与体育运动、养成健康饮食等良好的生活习惯。

3. 学校组织和活动

学校组织和开展的各种活动对大学生的生活习惯具有重要影响。如果学校鼓励和组织学生参与各类体育运动、文化艺术活动、社会实践等,大学生更可能形成积极、多样化的生活习惯。

4. 学校宿舍等生活环境

学校宿舍等生活环境的安排也会对大学生的生活习惯产生影响。如果学校提供舒适、干净、安全的宿舍环境,并鼓励学生参与公共卫生、环保等活动,大学生更容易形成良好的个人和环境卫生习惯。

总之,学校文化和价值观、学校设施和资源、学校组织和活动,以及学校宿舍等生活环境等因素都会对大学生的生活习惯产生影响。为了促进大学生培养良好的生活习惯,学校可以通过鼓励和引导、提供适当的设施和资源、组织多样化的活动等方式,营造积极向上、健康有益的学校环境。

四、培养大学生良好生活习惯的建议

(一)教育引导

1. 提供全面的教育

学校应该提供全面的教育,包括生活教育在内。通过课程设置、讲座、社团活动等方式,向学生传授健康饮食、规律作息、个人卫生等方面的知识,引导学生形成良好的生活习惯。

2. 激发学生主动性

鼓励学生自主参与并肩负起自己的生活责任,培养他们制定自己的生活计划、时间管理和健康习惯,让他们意识到自己能够主动塑造自己的生活方式。

3. 提供实践机会

积极创造实践机会，包括社会实践、志愿者服务、校园运动等，让学生亲身参与到实践活动中，体验到健康、积极的生活方式的重要性，提高他们对良好生活习惯的认知和实践能力。

4. 角色模范塑造

学校教师和其他工作人员作为榜样和引导者，应自觉树立良好的生活习惯，以身作则。他们的言行举止影响着学生，通过模范示范和正面引导，帮助学生形成良好的生活习惯。

5. 家校合作

与家庭保持密切联系，共同关注学生的生活习惯。学校与家长之间的沟通和合作非常重要，共同为学生提供良好的生活环境。

通过教育引导，学校可以积极培养学生良好的生活习惯。提供全面的教育、激发学生的主动性、提供实践机会、塑造角色模范，以及与家庭密切合作，这些措施在培养大学生良好生活习惯方面都起着重要的作用。

（二）健康促进

1. 提供健康教育

学校应该提供健康教育课程，向学生传授饮食平衡、睡眠规律、运动与锻炼的重要性等知识。通过教育引导，增强学生对健康生活方式的认知，帮助他们形成健康的生活习惯。

2. 提供全方位的健康资源

学校可以提供全方位的健康资源，包括健身设施、运动场地、健康咨询等，为学生提供便利的健康资源，激发他们参与体育运动、健身活动等的兴趣和动力。

3. 组织健康活动

学校可以组织健康活动，如健康运动日、健康展览等，以增加学生对健康生活方式的了解和参与度。通过参与活动，学生能够亲身体验到健康活动的乐趣和益处，培养他们的健康习惯。

4. 提供心理健康支持

除了身体健康，心理健康也是良好生活习惯的重要组成部分。学校可以提供心理健康支持服务，如心理咨询、心理健康教育等，帮助学生应对压力，培养积极的心理健康习惯。

5. 建立健康文化

学校可以倡导健康文化，包括鼓励健康饮食、定期体检、强调休息和睡眠的重要性等。通过建立健康的价值观和校园文化，学校可以在全校范围内培养学生的健康意识和良好生活习惯。

（三）自我管理

1. 设立明确的目标和计划

大学生应该设立明确的生活目标，并制定可行的计划来实现这些目标。例如，制定每天的日程安排、制定学习计划、设立健康目标等，并积极追求这些目标。

2. 提高时间管理能力

学会管理时间是培养良好生活习惯的关键。大学生应该学会合理安排时间，将重要的任务放在优先位置，避免拖延和时间浪费。使用日程表、待办事项清单等工具有助于提高时间管理能力。

3. 提醒自己养成良好习惯

通过设定提醒、写下目标、使用习惯追踪应用等方式来提醒自己养成良好习惯。例如，早晨设定闹钟，提醒自己早起；或者制定每日锻炼目标，并记录每天的运动情况。

4. 自我激励和奖励

为了保持积极性和动力，学会自我激励是重要的。设立小目标，并为实现这些目标设定自我奖励，例如在完成某项任务后给自己一个小奖励，以激励继续坚持良好生活习惯。

5. 培养自律能力

自律能力对于养成良好生活习惯至关重要。学会克服诱惑、保持自控，如在需要学习时不被社交媒体分散注意力等。通过坚持、规律和自我约束，建立起自律的生活习惯。

通过自我管理的方式，大学生可以培养良好的生活习惯。设立明确的目标和计划、提高时间管理能力、自我激励和奖励、培养自律能力等都有助于学生建立自我管理的能力，并养成良好的生活习惯。

第三节 大学生行为习惯养成教育

大学时期是人生的黄金时代，是大学生行为习惯成型、定型的关键时期。在此期间，强调行为习惯的养成和素质的形成，为大学生进入社会打下坚实的基础，这不仅是一件有意义的事，更是一件紧迫的事。因此，抓好大学生行为及行为习惯，针对性地进行行为习惯的养成教育，使大学生达到规范化的要求，是实现德育目标、培养学生完善人格的关键一步。

一、当代大学生行为习惯养成教育相关概述

（一）行为习惯的概述

行为，即行动之所为。《墨经》有言："行，为也。""行"乃行动，"为"系作为，行与为可互训。凭借行动，人有所为或有所不为，如此，谓之行为。行为是在人们认知、情感和意志支配下的活动，简单来说，就是一个人在日常生活中所表现出来的一切有目的的活动。

习惯，原谓习于旧贯，后指逐渐养成而不易改变的行为。习惯是一种定型的行为，是经过反复练习而形成的思维、语言、行为等生活方式，它的实质是建立在人们头脑中的一系列条件反射。

不难看出，行为和习惯都具有可教育性和可塑性，一旦行为形成习惯便具有了一定的稳定性和自觉性。行为习惯的可教育性和可塑性使养成教育的开展具有了可能性。

（二）大学生行为习惯养成教育的科学内涵

大学生的行为习惯养成教育，就是在高校德育环境下针对大学生行为习惯的养成教育，是在道德的引领和行为规范的指导下，通过一系列行为训练，培养大学生良好行为并使之形成良好稳定的个人习惯，并进一步在良好行为习惯的道德实践作用下促进个体良好道德品质的教育。

与中小学养成教育相比，大学生养成教育体现出一定的阶段性特征，由他律向自律过

渡，强调培养学生的自我约束、自我管理、自我教育和自我养成。由此，在对大学生实施行为习惯养成教育时，应注意以下几点：第一，这是指向良好行为习惯的养成教育；第二，国家与社会在新时期对大学生的行为规范要求是其依据；第三，教育方法的重点在于对大学生实施反复的行为训练；第四，培养受教育者良好稳定的行为习惯的目的在于进一步健全受教育者的思想品德和践行能力。

二、大学生行为习惯养成教育的目标与内容

（一）大学生行为习惯养成教育的目标

行为习惯养成教育的目标是制定和实施教育计划的中心轴，是教育活动开展的指挥棒，有了行为习惯养成教育的目标，养成教育的实践活动就有了明确的方向，教育效果也有了评价尺度和准绳。培养大学生良好的行为习惯是当代大学生行为习惯养成教育的明确目标，通过建立健全大学生的行为模式来提高大学生的道德实践能力，从而实现个体人格的完善和自由而全面的发展。

1. 提高文明修养

"古者言之不出，耻躬之不逮也"，"君子耻其言而过其行"。我国古代将知行是否合一作为划分"君子"与"小人"的重要标准之一，将认识论与伦理道德修养结合起来，主张知行合一。放眼当今世界，言行是否一致、知行能否合一依然是判断一个人文明修养的重要标准。指向培养受教育者知行合一的行为习惯养成教育也将提高受教育者的文明修养作为它的目标。良好的文明修养不仅是当代大学生行为习惯养成教育的目标，也是评价养成教育效果的一项重要指标。

2. 养成健康人格

思想道德教育，就要使广大受教育者养成良好的思想道德，进而提高整个社会思想道德水准，使社会发展得到良性循环。

大学生行为习惯养成教育通过教育者的传授与引导，使大学生对已形成的行为规范经过认同、理解、接纳的过程，再以此来指导自己的行为，并在反复训练的过程中形成良好的行为习惯。一切规则和制度，无论内容如何丰富完善，除非受教育者转化为良好的行为习惯，否则终将摆置案头，没有任何实际效果。经过养成教育的培养，受教育者的思想道德也会在教育实施的过程中不断提升，有助于大学生健全人格的形成，使其在人格成长方面具备人才的高素质要求和全面发展的前提。

3. 促进个体发展

诚如英国著名唯物主义哲学家培根所言："习惯是一种巨大而顽强的力量，它可以主宰人生。"可以说，我们言行举止都是经年累月养成的习惯，会融入生命，成为人生重要的一部分。人的行为习惯不仅是外显的，而且会渗透于人的思维和语言之中，很大程度上决定了个体的生活状态和生活方式。对个人而言，大学生行为习惯的状况直接影响大学生的形象，甚至很大程度上决定了大学生人生发展轨迹。同时，大学生身心正逐渐走向成熟，处于自我分辨、自我抉择时期，探索、发现、解决问题的能力正快速形成。因此，大学生行为习惯养成教育正是通过对大学生个体行为的提升，使大学生在行为自治、道德自律的过程中形成大学生自我管理的长效机制。良好的行为习惯如同人存放在意识中的道德资本，人的一生都将享受这个资本不断增值所带来的收益。

4. 增强能动性与创造性

时代的进步需要创新型人才，创新人才的养成离不开能动性与创造性的发挥。大学生行为习惯养成教育与传统教育模式相比，既具有开放性和系统性的特点，同时又调动了大学生积极参与的主动性。通过大学生养成教育，一方面能够加强科学文化知识的系统学习和强化训练；另一方面还可以通过对大学生主观能动性的调动，使大学生在社会实践活动中，通过实践、总结、感悟和学习的过程提升自己的认知能力。通过实践活动和实实在在的行为感知，大学生的认知范围得到了最大限度的拓展，实践过程中未知的状况时刻激发着大学生的灵感，吸引大学生去探索、去解决，不断发现创造性的问题、提出创造性的观点、找出创造性的方案。主观能动性的发挥和社会实践活动的强化训练，最终使得大学生的能动性和创造性得到有效提高。

（二）大学生行为习惯养成教育的内容

1. 法律法规教育

对照《高等学校学生行为准则》所提出的具体要求，大学生要努力使自己成为社会主义事业的建设者和接班人，其中最基本的是要树立现代民主意识和社会主义法治观念。社会主义法律法规教育的主要内容包括社会主义民主、法制、法律法规和纪律教育。它不仅包括一些理论性的法律法规教育，还在潜移默化中帮助受教育者从他律向自律转化。

2. 社会主义核心价值观教育

党的十八大报告中提出了以"三个倡导"为主要内容的社会主义核心价值观，分别就国家、社会、个人三个层面不同的价值追求提出了新规范。大学生毫无疑问是培育和践行社会主义核心价值观的主要对象，然而，大学生处于由不成熟到成熟的过渡期，他们容易接受某些思想，但又不易坚持；他们相对缺乏社会经验与辨别能力，但又热情自信；他们多用理想的眼光看待现实发展，但是出现挫折又容易动摇。社会主义核心价值观明确了当代大学生的成才方向，激发了精神动力，规范了行为准则，为当代青年提供了正确的价值导向，对引导大学生形成良好的行为习惯，确立正确的世界观、人生观和价值观，形成良好的思想观念和道德情操具有重要意义。对大学生进行社会主义核心价值观的教育，首先使大学生正确认识个人成长成才与社会主义核心价值观的关系；其次以立志作为大学生培育和践行社会主义核心价值观的着力点；最后，以实践作为大学生实现人生价值、践行社会主义核心价值观的载体。

3. 日常行为规范教育

良好的日常行为习惯是大学生进行正常学习、生活的保证和依托，也是其进行良好人际交往的基础。因此，日常行为规范教育是大学生行为习惯养成教育的基本内容，也是高校在大学生行为习惯养成教育过程中制定生活作息和文明习惯规章制度的根本依据。日常行为规范的教育包括良好的学习习惯、生活习惯、待人接物习惯、人际交往习惯等，与大学生日常学习、生活息息相关。

4. 大学生行为规范教育

大学生是一群特殊的社会群体，除了应该遵守一个社会人应当遵守的日常行为规范，国家和社会还针对大学生群体制定了专门的行为规范、准则等，这些都是行为习惯养成教育中需要对大学生进行的专项教育内容。以教育部颁布的《高等学校学生行为准则》为主要依据，着重培养大学生志存高远，坚定理想信念；弘扬民族精神，增强社会责任感；勤奋学习，努力创新，学有所成；遵纪守法，公道正派，敢于与各种违法违纪行为作斗争；诚实守信，严于律己，网络时代文明使用互联网；弘扬传统美德，遵守社会公德，积极向上；勤俭节约，艰苦奋斗；强健身心、热爱生活。

三、大学生行为习惯中存在的问题

（一）不良学习习惯

一些大学生认为进入大学就是进入了"天堂"，终于摆脱了学习的苦海。在大学中尽情享乐，参加社团活动、外出游玩、化妆打扮等娱乐方式充斥着日常，全然不知学习，更别谈学习目标了。他们对于自己的学业也没有一个明确的计划，像一只无头苍蝇，盲目地学习。大学期间，专业课程的学习是必不可少的，除此之外，学生还应尽可能多地考取一些学业相关的证书，如英语四六级证、教师资格证、普通话水平测试等级证、计算机等级证书、1+X职业技能证书等，充实学习生活。相当一部分大学生阅读习惯和水平不佳，日常课余时间很少能静心在图书馆或者教室看书，思想和情绪变得浮躁，纸质书籍对于他们而言并无吸引力。

（二）遵纪守法意识薄弱

大学生作为成年人，要有纪律和法律意识，做一名遵纪守法的好公民。然而，当今一些大学生身上或多或少都会存在一些不符合校纪法规的行为。比较常见的就是旷课、迟到以及早退问题，尤其是在心理健康等一些公共课程中表现得尤为突出。学校大力倡导学生诚信应考，但考试作弊现象却屡禁不止。互联网信息的飞速发展，学生接触更多的网络信息，也会在网络上发表或传播不良言论，殊不知这样可能无形中触犯了法律，带来不良后果。

（三）不良日常行为习惯

首要表现为社会公德层面，不爱护环境、随手扔垃圾、浪费资源、破坏文物古迹等等。其次是自我约束层面，在公共场所经常不注意自己的言行，如自习室聊天、图书馆占座、在课堂上开小差等。最后是男女关系层面，由于当今社会风气变得开放，不少情侣公然在公共场合高调秀恩爱，这样的行为不仅有损个人形象，也不利于学校风气。

四、大学生行为习惯养成教育的路径

（一）加强理论教育，奠定大学生行为习惯养成的认知基础

一个人良好德行的形成，不能仅依靠内在的自然发生、发展，也不能单纯赖于外部的强化，而是自身思想品德系统与社会环境和教化相互作用的结果。当代社会环境的开放性、多元性要求大学生行为习惯养成教育必须充分利用传统和现代的一切有益的教育资源，教之以理，奠定青少年道德认知的基础，以知导行；教育引导良好道德行为习惯的养成。

1. 落实大学生行为规范、准则的教育，规范大学生认知

行为习惯养成教育一刻也离不开规范性的制约，它依靠制定行之有效的规章制度，并依

据规章制度来约束、协调、规范受教育者的行为。因此，对规章制度的认知是行为习惯养成教育实施的逻辑起点。大学生行为习惯养成教育最重要的依据便是各种行为规范、行为准则，在学习并熟知行为规范和行为准则的基础上，做到心中有戒尺，一言一行有依据，在社会实践中有所为而有所不为，进退有度。

为此，要增强教学内容的时代感和针对性；创新教学手段和方法，增强实践性教育；以班级管理为平台，以落实最基本的行为规范等方式，落实大学生行为规范、准则教育，规范大学生认知。

2. 弘扬主旋律，提升大学生认知水平

大学生行为习惯养成教育应坚持主导性与时代性交融，始终以马克思主义为导向，在弘扬爱国主义、集体主义和社会主义主旋律，坚持社会主义意识形态主导的基础上，使青少年养成符合社会主义道德规范的行为习惯。

3. 加强法律法规教育，引导大学生正确认知

在开展大学生行为习惯养成教育时，应加强法律法规教育，避免出现高学历的"法盲"。为此，一要培养大学生遵纪守法的法律意识；二要提高大学生自我约束能力和自我保护意识；三要培养大学生的法律责任意识。譬如加强法律法规教育，要重视将法律基础知识教学与主题活动相结合，可通过模拟法庭使大学生切实参与其中；可通过警校共育，邀请法律专家或政法一线工作者进校园、进课堂、开讲座等，既让学生感受法律的神圣庄严，心生敬畏，从而自觉自然遵守，又让学生意识到违反法律法规对自身、对他人、对社会甚至对国家的危害，从而自觉远离各种违法犯罪活动、避免违法犯罪行为，唤起大学生遵纪守法和敢于同违法违规行为作斗争的正义情怀。

4. 转变受教育者观念，提高其自身素养及自我教育能力

著名教育家苏霍姆林斯基说过："我深信，只有能够激发学生去进行自我教育的教育，才是真正的教育。"对于大学生而言，行为习惯的培养可以从强制性要求开始，但要通过理论教育与实践教育相结合，转变受教育者观念，从被动转化为主动再转化为自动，即养成良好的行为习惯，方能真正形成良好的道德品质。养成教育应充分发挥大学生的主观能动作用，使大学生自觉主动地进行学习，自我修养、自我改造。

在此基础上，大学生自我教育能力得到提高，并在自我教育的过程中，通过经常性地自省、自警、自励，养成自我监督、自我调节、自我约束的习惯，自觉抵制外界的不良影响，增强自身免疫力。

（二）强化挫折教育，培养大学生行为习惯养成的意志品质

行为习惯养成教育具有长期性和实践性的特征，需要坚韧不拔的意志去执行，这要求培养受教育者持久的耐性，以及面对困难和挫折不退缩不灰心、百折不挠的意志品质。

1. 加强挫折教育，培养坚韧不拔的意志

独生子女在大学生中占有很大比重，在进入大学开始独立生活之前，每个孩子都是被保护被宠溺的对象，在父母"望子成龙，望女成凤"的期望下，子女唯一的任务便是好好学习文化知识，取得好的学习成绩。父母为使子女安心学习，为他们遮风挡雨，免去生活中不必要的麻烦。在"温室"条件下成长起来的大学生，大多抗挫能力和危机处理能力较弱。为此，大学更应强化有针对性的挫折教育，譬如通过学生社团活动、户外生存训练、演出心理剧等对大学生进行挫折教育，逐渐养成学生笑对失败、愈挫愈勇的心理品质。

2. 培养大学生自律自省能力

行为习惯养成教育最重要的一点就是实现他律向自律的转化，使行为逐渐成为习惯。在行为习惯养成教育的过程中，自律是良好行为习惯开始形成的关键环节，是自我意志与他律斗争、磨合的成果。大学生大多是刚迈进成年人行列的青年，需要对自身负责并承担更多的社会责任，培养大学生的自律能力和面对失败客观、冷静、善于自省的能力，是行为习惯养成教育的题中应有之意。为此，要有重点地培养大学生自省、内求、反思的习惯和能力，引导大学生经常性地自我反省，借此来发现自己的不足，认识到自己的过失，从而主动改正。

（三）拓展实践渠道，固化大学生行为习惯养成的实践成果

实现知到行的转化是德育过程中最困难的环节，也是最关键的环节。此环节也是大学生行为习惯养成教育最重要的环节。

1. 主题活动，体验领悟

随着高等教育大众化趋势不断深入，一方面，广大学子和家长不仅仅只满足于上大学，他们对高校教育有新的期盼和新要求。另一方面，网络背景下，学生取向多样化，加之学生素质参差不齐，学生管理难度大。因此，应从学生内心深处对最基本的行为规范要求着手，通过有针对性的主题活动，引导大学生的体验感悟。

2. 榜样示范，行为引领

树立大学生身边的榜样也是一项切实可行且十分有效的引领措施，不仅可以拉近大学生与榜样的距离，而且由于年龄阶段、生活学习环境的相似，更能激起大学生共鸣，见贤思齐。开展诸如"最美大学生""感动校园人物"等评选活动，让大学生参与其中，评选出自己心目中的楷模，增强对榜样的认同感，从内心愿意向榜样学习。

同时，老师也应当行为示范，能严于律己，从自身做起，为人师表，言行一致，用美好的思想和行为去影响学生，去塑造学生良好的行为习惯和美的心灵。

3. 日常践行，规范行为

大学生行为习惯的养成教育一定要在实践中进行，这样才能帮助大学生纠正不良行为习惯，养成良好行为习惯。大学生应将教育部 2005 年颁发的《高等学校学生行为准则》、各高校具体校规校纪以及学生行为守则作为范本，且真正接纳并在行动中遵守，才能使大学生的行为真正得到规范。

4. 监督约束，行为调节

行为习惯养成教育不仅是对良好行为习惯的培养，也是对不良行为习惯的纠正，有效的监督和约束可以督促坚持良好的行为习惯，也可以在不良行为习惯抬头或反复的时候及时遏制。监督与约束要注意方式方法，不是粗暴地强迫受教育者执行，而是在受教育者行为出现偏差时予以提醒，并与受教育者一起寻找原因，通过沟通和探讨，找出调节行为的有效方法，以便在下一周期的行为训练中取得更好的训练效果。

5. 评价反馈，固化养成

大学生行为习惯养成教育是一个循环往复、螺旋推进的过程，在经过一定周期的教育、训练取得一定成效后，需要按照已有的目标设定和一定的评价体系，及时对教育效果进行科学评价，并将评价结果及时反馈给教学双方，通过正、负强化，达成最终目标。在此一环节中，应当把阶段性评价和总结性评价、正评价和负评价、教育者的评价和受教育者的评价结

合起来。以培养大学生良好的日常行为习惯为例,首先教学双方合作制定行为评定标准,从个人内在素质和处理人际关系两个角度制定出等级细目,将具体行为归纳为优、良、中、差四个等次,并据此对从已经进行的一周期行为训练中收集的行为信息进行评分,使教学双方都获得反馈。这样,大学生能够了解自己在日常行为习惯方面取得的成果,受到鼓舞,继续将良好的行为习惯稳固下来,同时也能了解不足之处并加以避免。这便是"评价反馈,固化养成"所应达到的目标。

第四节 大学生运动习惯养成

一、大学生运动习惯养成的现状

(一)意识薄弱

大学生运动习惯养成意识的薄弱是大学生身体素质下滑的重要原因。首先,高中阶段的学习压力大,可能没有时间进行体育运动,造成学生体质较差;进入大学后,因为本身对体育运动知识缺乏和高中没有养成体育运动的习惯,大学期间可能依旧不会进行体育锻炼。其次,进入大学后,紧绷的神经突然放松,很多大学生一时之间没有了奋斗的目标,开始迷恋网络游戏,贪图休闲惬意的舒适生活,宿舍、教室两点一线,根本没有意识到需要参加体育锻炼,更谈不上运动习惯的养成。最后,现在的大学生对健康有一定的认识程度,但是并不重视健康,很大部分人对于疾病的认识不足,每天只顾学习,生活没有规律,也就不愿意为了身体健康而付出时间和努力。

(二)理念偏差

部分大学生认为:第一,运动长肌肉,所以不愿意运动;第二,学校内的运动锻炼设施陈旧或者场地不全,打消了运动的想法;第三,将运动当成了一种工具,很多同学锻炼就是为了减肥,没有真正认识到运动的价值;第四,运动除了在奥运会上让运动健将拿奖牌以外,没有什么别的作用了。

(三)积极性较差

目前,大学生体育教育最明显的不足就是将体育教育与其他教育脱离开来,以应付式、消极的态度应对体育教育,使其不能发挥优势作用。面对学校体育教育问题,作为主体的大学生呈现出应付式的态度,学校教师呈现出敷衍式的态度,家长呈现出体让智、智先行的态度,综合学生、教师和家长的意见,体育沦落到了"说起来重要,做起来次要,忙起来不要"的地位。尽管,近几年体育课程越来越受到重视,大学生素质得到稳步提升,但仍存在很大的问题,主要在于学生对体育运动兴趣冷淡,参与体育的态度不积极,不积极的态度不能引发学生参与动机,体育行为实施存在一些困难。

(四)不健康体育行为

部分大学生对参与体育运动达到锻炼目的的兴趣还是很浓厚的,但忽视了对科学体育知识的学习和掌握,缺乏正确的科学健身认知。同时,忽视运动常识,锻炼缺乏针对性且随意,不遵守运动规范,造成不健康体育行为的广泛实施,导致运动性身体损伤。

二、大学生运动习惯养成的意义

（一）有助于大学生建立健康生活方式

从人身心发展的特点出发，自觉接受体育教育，并持之以恒，达到一定运动效果。人在不同的发展时期，通过对不同成长阶段的科学划分，根据体育运动细则，顺利实施体育运动。体育并不能只局限在某一地域或某一阶段，应养成良好的运动习惯，贯穿于人的一生，并将其作为健康生活方式的重要标志，持之以恒，将掌握的体育知识、技能应用于科学的运动生活中，让运动成为生活中不可或缺的部分。同时，养成体育锻炼习惯，将体育锻炼与生活密切联系起来，通过参加体育运动，强健身体，提高生活品质，实现体育同生活、工作的紧密衔接，养成健康向上的生活方式。

（二）有助于大学生实现自我调整

体育运动习惯是自觉、主动地参与到体育运动中，形成自主运动的行为，达到稳定而不易改变的状态。因此，运动习惯养成是个体因自身需要、发挥主动性进行反复体育运动的过程，是自觉地开展促进身心和谐发展的行为方式。一般来讲，体育运动习惯往往呈现出以下特点：个体参与体育运动的意识比较强，具有明确的体育运动价值取向，并且运动的内容、方式、运动强度、每周运动时间等较为固定，经过运动能强身健体，实现自我调整。

（三）有助于大学生全面发展

大学生的身体素质是其成长的基础，大力提升大学生身体素质极为重要。在个体成长的过程中，大学时期极为关键，身体的健康与否直接影响到学习效果。促进大学生形成良好的运动习惯，不仅能持续提高大学生身体素质，还能释放压力、增强心理健康水平，促进大学生全面发展。

案例

成都大运会中，所有国人都会记住这位贵州毕节大学生——夏雨雨。北京时间 2023 年 8 月 1 日晚，女子 1 万米决赛的舞台中，来自于清华大学的 25 岁运动员夏雨雨惊艳了全世界，在还剩最后一圈的时候，夏雨雨突出重围，并且凭借强大的意志力越跑越快，最终第一个冲过终点夺得冠军！

夺冠之后夏雨雨的一句话，感动了无数国人："我要把冠军留在中国，不拼对不起这片土地！"值得一提的是，夏雨雨在万米决赛冲过终点的时候，天空竟然下起了雨，上天仿佛都为夏雨雨强大的意志力所感动！

而在夏雨雨万米夺冠 2 天之后，又参加了 5 千米预赛，以小组第二名晋级决赛，又仅过 2 天，夏雨雨在 5 千米决赛的舞台中获得亚军，冲过终点线的那一刻，夏雨雨累倒在地，让所有人都为之感到动容，她真的太累了！

然而这还没有完，就在夏雨雨 5 千米决赛结束 12 个小时之后，又参加了女子半程马拉松的比赛，虽然比赛过程中夏雨雨腿部出现了伤势，但依旧咬着牙完成了比赛，并且获得了第 17 名，同时帮助中国队获得了女子团体铜牌。

> 1金1银1铜，夏雨雨在本届大运会中交出了一份完美的成绩单，但其中所付出的艰辛只有她自己知道，这位来自于贵州山村的25岁姑娘，通过自己努力考上了清华大学，而在本次大运会中，她的励志故事不仅感动了我们，更感动了全世界！

三、大学生运动内容的选择

科学地选择运动的内容，是获得体育锻炼良好效果的重要环节，是运动习惯的养成的关键一步。

（一）选择运动内容的准则

1. 基于个人身体的特征、兴趣和需要

个体之间存在差异性，在选择运动内容时，应该考虑年龄、性别、身体状况、运动基础、健康状况、兴趣和需要等。

大学生自我体育锻炼的主要特点应是有计划、有目的的。应该根据自身运动能力，并结合专业以及未来职业选择的特殊需求，制订短期或长期的运动计划。同时，既要通过计划约束主体行为，又要在实践中调整和丰富运动计划。这是大学生运动习惯养成的根本保证，也是大学生迎接现代生活方式和现代人标准挑战的有力武器。

2. 实用且方便

对于体育运动，应考虑运动内容的综合性，力求通过锻炼使全身各部位（上下肢、躯干）、内脏器官和身体素质全面发展；同时，也要考虑实际情况，根据时间和地点，结合自身情况开展一些实用、简单的练习内容和形式。

（二）运动内容的选择

运动内容丰富多样。在大学校园里，我们可以把内容分为：实施国家体育锻炼标准和实施大学生身体素质标准；体育比赛（如篮球、足球、排球、羽毛球、乒乓球等）；传统保健体育（如武术、气功等）和娱乐体育（如下棋、郊游、登山等）以及健美操、体育舞蹈等。

在运动内容的选择上，最关键的是从众多的体育项目中选择一些符合自身特点、兴趣、身体状况以及运动能力的项目作为其相对稳定的运动内容和形式，从而达到运动效果，养成良好的运动习惯。

1. 跑步

跑步是全身运动，对于久坐的大学生可以缓解便秘、视力疲劳，改善肩颈不适。每天坚持跑步可以极大地消耗脂肪，既健身又减肥，消耗脂肪的同时会让血液脂肪同步减少，所以跑步有降血脂的功效。血脂下降则动脉硬化缓解，会带来血压的下降，所以还会减少心脏病的发病率。

🌱 **知识拓展**

跑步动作要领

头和肩

动作要领：保持头与肩的稳定。头要正对前方，除非道路不平，不要前探，两眼注视前方。肩部适当放松，避免含胸。

动力伸拉：耸肩。肩放松下垂，然后尽可能上耸，停留一下，还原后重复。

臂与手

动作要领：摆臂应是以肩为轴的前后动作，左右动作幅度不超过身体正中线。手指、腕与臂应是放松的，肘关节角度约为90度。

躯干与髋

动作要领：从颈到腹保持直立，而非前倾（除非加速或上坡）或后仰，这样有利于呼吸，保持平衡和步幅。躯干不要左右摇晃或上下起伏太大。腿前摆时积极送髋，跑步时要注意髋部的转动和放松。

动力伸拉：弓步压腿。两腿前后开立，与肩同宽，身体中心缓慢下压至肌肉紧张，然后放松还原。躯干始终保持直立。

腰

动作要领：腰部保持自然直立，不宜过于挺直。肌肉稍微紧张，维持躯干姿势，同时注意缓冲脚着地的冲击。

动力伸拉：体前屈伸。自然站立，两脚开立，与肩同宽。躯干缓慢前屈至两手下垂至脚尖，保持一会儿，然后复原。

大腿与膝

动作要领：大腿和膝用力前摆，而不是上抬。腿的任何侧向动作都是多余的，而且容易引起膝关节受伤，因此大腿的前摆要正。

动力拉伸：前弓身，两脚站距同髋宽。双手放在头后，从髋关节屈体向前，保持腰背挺直，直到股二头肌感到紧张。

小腿与跟腱

动作要领：脚应落在身体前约一尺的位置，靠近正中线。小腿不宜跨得太远，避免跟腱因受力过大而劳损。同时要注意小腿肌肉和跟腱在着地时的缓冲，落地时小腿应积极向后扒地，使身体积极向前。另外，小腿前摆方向要正，脚尖应该尽量朝前，不要外翻或内翻，否则膝关节和踝关节容易受伤。可在沙滩上跑步时检查脚印以作参考。

动力伸拉：撑壁提踵。面向墙壁约1米站立，两臂前伸与肩同宽，手撑壁。提踵，再放下，感觉小腿和跟腱紧张。

脚跟与脚趾

动作要领：如果步幅过大，小腿前伸过远，会以脚跟着地，产生制动刹车反作用力，对骨和关节损伤很大。正确的落地是用脚的中部着地，并让冲击力迅速分散到全脚掌。

动力伸拉：坐式伸踝，跪在地上，臀部靠近脚跟，上体保持直立。慢慢向下给踝关节压力直到趾伸肌与脚前掌感到足够拉力，然后抬臀后重复。动作要有节奏，缓慢。

2. 健美操

健美操是以健身为基础的有氧运动，动作讲究健美大方，强调力度和弹性，能使身体各部位关节、韧带、肌肉得到充分锻炼，使人体匀称和谐地发展，培养健美的体型和健美的自我。

3. 篮球

篮球运动要求在狭小的场地范围内，参与者快速追击、抢夺、限制与反限制，通过进攻与防守向对方篮筐投篮或防止对方向我方篮筐投篮,具有很强的对抗性、团队协作性。

4. 游泳

游泳是一项有氧代谢和无氧代谢结合的全身协调性运动。游泳时,利用水的浮力,俯卧或者仰卧在水中,全身舒展而松弛,肢体节律较强,身体得到全面、匀称、协调发展。尤其是水对皮肤的按摩以及对汗腺、分泌物的冲刷,使得皮肤光洁、健美。另外,对矫正形体和健美体形有很好的作用。

5. 武术

武术,以不伤害对方为原则。讲究形体规范、精神传意、内外合一的整体观,是中国武术的特点。其练习形式、内容丰富多样,不同的动作结构、技术要求、运动风格分别适用于不同年龄、性别、体质的需求,大学生可根据自己的条件和兴趣进行选择练习。

6. 瑜伽

瑜伽练习帮助人保持身体健康,并经常处于内心平和、善于创造、丰富想象的精神状态。瑜伽姿势做得很缓慢,步骤分明,练习者做每一项练习时都是放松而又警醒的。常见的瑜伽练习姿势:

(1) 猫伸展式

双手、双膝和小腿着地,两大腿、两手臂与地面垂直。吸气抬头向上看,腰部下沉,臀部翘起。呼气,放松颈部,低头,含胸,收缩腹肌,拱起后背。

(2) 下犬式

双手和双脚着地,双手放在肩膀下方,双脚放于髋部宽度上。手掌和背部呈 90 度角,五指尽量向外展开,臀部向上伸展。头部低垂,背部平伸,保持该姿势 15 至 30 秒钟。下腰,用手和膝盖支撑身体,使身体放松松弛。

(3) 三角式

初始站姿,双脚分开与肩宽,双手自然下垂。右脚向右侧转动 90 度,左脚向右转 45 度。抬起右臂并向右伸展,左臂垂直于地面方向,呼气。作深吸气,将右手向右侧翘起,并向上伸展。身体向右压缩,向右倒,将右手触及脚踝(或大膝盖),左臂依旧垂直于地面方向。保持此姿势 15 到 30 秒钟。呼出,收回右手,起身。再重复左侧的练习。

(4) 菩提树式

初始站姿,双脚并拢,双脚向前,手臂紧贴身体,呼气。吸气,将左脚向上抬起,双手捧住左脚的脚踝水平面,右膝弯曲,右脚脚尖着地,右手手掌在胸前合十。身体向前倾斜,保持平衡状态 10 至 20 秒钟。重复练习,换换腿,左手手掌合十。

(5) 骆驼式

跪在地上,手掌放在臀部下方,手指向下。慢慢向后弯腰,将身体向后倾斜,逐渐将手臂放置在脚跟上方。将头向后仰起,掌心向外侧,然后一直保持呼吸,维持此姿势 15 至 30 秒钟。从这个姿势中解脱出来,首先弯曲下身,再抬起头部,然后一边呼气,一边将身体带回到初始站姿。

四、大学生运动习惯养成的方法

(一)明确运动目的,树立体育运动意识

体育运动主要有几个目的:锻炼身体,增强体质;培养和提高运动能力;进行意志品质

的教育，促进自身全面发展。大学生可树立具体运动目标，例如每周锻炼 4 次，每次锻炼 1 小时。锻炼内容：每次跑步 20 分钟，跑步前后拉伸运动各 5 分钟，跑步完后做腹部运动 15 分钟，做力量训练 15 分钟（视身体情况而定）。对于与运动目标有关的行为进行记录，在完成计划时给予鼓励。

（二）培养兴趣，结交志同道合的朋友

兴趣是最好的老师，兴趣的产生有利于习惯的养成。大学校园有很多的社团组织，在这里同学们能找到兴趣相投的朋友，从而增强运动兴趣，增大运动的动力。

（三）掌握运动技能，培养自我锻炼能力

自我锻炼能力要求学生掌握一定的体育运动知识和技能。要养成良好的运动锻炼习惯，必须以基本的体育运动知识和技能为基础。在体育运动过程中掌握更多的体育与健康的基本知识、技能、手段，逐步提高自我锻炼的能力，逐渐形成体育运动的习惯和终身体育意识。

（四）摒弃"没时间"的想法

"不运动是因为没有时间"，实际上只是为不想运动而找的借口。只要合理安排时间，只要下定决心参加体育锻炼，再多的阻碍也能被克服。

思考与讨论

1. 新时代大学生应养成哪些良好的习惯？
2. 大学生应从哪些方面着手养成良好的道德和行为习惯？

第六章 校园文化

文化是，或者说应该是，对完美的研究和追求；而文化所追求的完美以美与智为主要品质。

——马修·阿诺德

> **本章导读**
>
> 校园文化是先进文化的重要源头。校园文化是社会文化的重要组成部分，既承担着育人的重要职责，也承担着引领社会文化的重要任务。校园文化具有凝聚作用，通过研究和宣传科学理论，可以把人们紧紧地团结在中国特色社会主义的伟大旗帜下；校园文化具有引导作用，通过传授人类文明，可以帮助人们培养良好的道德思想品质；校园文化具有辐射作用，通过知识传播和人才培养，可以对社会主义经济建设、政治建设、文化建设和社会建设产生积极影响。

第一节 社团文化

社团文化是指在组织内部形成的一种特定的价值观、行为准则、传统习惯以及共同认同的精神氛围。社团文化通常在一个社团、团体、组织或机构中逐渐形成，反映了成员之间的互动、共享的价值观和共同目标。

一、大学生社团文化概述

（一）大学生社团的概念

大学生社团是指由在大学阶段就读的学生自愿组成的组织或团体。这些社团通常是基于共同的兴趣、爱好、专业领域或社会活动目标而成立的，旨在促进成员之间的交流、合作和成长。大学生社团可以在各种不同领域内活动，涵盖了广泛的兴趣和主题，如文化、体育、艺术、学术、社会公益、创业等。

大学生社团一般具备的要素有：第一，社团应该有明确的目标和使命，即社团成员共同追求的目标和价值观。这有助于凝聚成员，指导活动方向，并确保社团的活动具有一定的连贯性和目的性；第二，社团的核心是成员，他们共同分享兴趣、目标和价值观，社团需要招募、吸引和保留成员，以确保社团的长期稳定运行；第三，社团应该有明确的组织结构，包括领导层和各种职位，确保社团的有效管理和决策，以及分工合作，使活动能够有序进行；第四，社团通过举办各种活动、项目来满足成员的兴趣和需求，促进成员之间的交流和互动，这些活动可以是讲座、研讨会、比赛、展览、志愿服务等；第五，社团需要合理管理资金，确保活动和项目的资金来源和支出得到控制，包括预算编制、资金筹集、开支记录等；第六，社团需要在校园内外进行宣传和推广，以吸引新成员、增加知名度，并提高社团的影响力和声誉；第七，社团可以与其他社团、学校部门、外部组织建立合作关系，共同举办活动、分享资源，扩大社团的影响范围；第八，社团应该有一套规章制度，明确成员的权利和义务，规范社团的运作，维护社团内部秩序和谐。这些要素共同构成了一个完整的大学生社团，有助于社团的有效运作和实现其设定的目标。

（二）大学生社团特点

1. 成员的自愿性和广泛性

大学生社团成员的自愿性和广泛性是社团的两个重要特点，它们对于社团的组织结构、活动内容和成员互动都产生了深远的影响。

大学生社团的自愿性意味着加入社团是基于学生个人的意愿和兴趣，而非强制性要求。成员是自愿加入社团的，他们参与社团活动是出于自己的兴趣和动机，而不是因为外在的压力或强制。这种自愿性使社团成员更加积极主动，他们对社团的投入更有热情，从而促进了社团活动的活跃度和多样性。此外，自愿性还为社团成员提供了更大的自由度，让他们能够根据自己的喜好和需求选择参与的社团，并在社团内发挥个人特长和能力。

大学生社团的广泛性体现在两个方面。一是多样性的领域和兴趣，大学生社团涵盖了各种不同的领域和兴趣，包括学术研究、体育运动、艺术表演、社会公益、科技创新等。这使得学生有机会在自己感兴趣的领域找到合适的社团，从而更好地追求个人发展和满足兴趣爱好。二是多样性的成员背景，社团成员来自不同的专业、年级、文化背景等，这为社团内部带来了丰富的多样性。不同背景的成员可以相互交流、合作，从而促进了跨学科的学习和合作，拓宽了视野。这种广泛性为社团创造了一个充满活力和创造力的环境，让成员能够在多样化的社团中找到归属感，丰富校园文化和生活。这也有助于培养学生的综合素质，拓宽他们的视野，提升他们的交流和合作能力。

2. 多样性和兴趣性

大学生社团的多样性和兴趣性是社团活动的两个显著特点，它们为学生提供了广泛的选择和丰富的学习、交流和发展机会。

大学生社团的多样性体现在社团涵盖了各种不同的领域、主题和活动类型。大学生社团覆盖了广泛的领域，包括但不限于学术研究、体育运动、艺术表演、公益志愿、科技创新、文化交流等。无论学生对哪个领域感兴趣，几乎都能找到相应的社团。在每个领域内，社团的活动也可以多种多样。例如，体育社团可以组织各种类型的运动和锻炼活动，学术社团可以举办讲座、研讨会，艺术社团可以进行演出、展览等。学生社团通常由来自不同背景和文化的成员组成，这为社团内部带来了多元的文化视角和交流机会。

大学生社团的兴趣性指的是社团活动与学生的个人兴趣爱好紧密相关,能够满足他们的需求,激发他们的热情。学生可以根据自己的兴趣爱好自由选择加入感兴趣的社团,从而追求个人发展和满足内心需求。社团活动通常与特定主题或领域相关,这使得学生能够在自己感兴趣的领域深入学习、交流和实践。兴趣性强的社团活动能够激发学生的主动参与和积极投入,使他们更愿意花时间和精力参与社团活动。社团活动的兴趣性有助于学生发挥创新和个性,探索新领域,培养自己的独特兴趣和特长。

大学生社团的多样性和兴趣性共同创造了一个丰富多彩的校园社团生态,为学生提供了广阔的发展空间和学习平台。通过参与感兴趣的社团活动,学生不仅能够满足自己的好奇心和兴趣,还能够培养团队合作、领导能力和实际技能,为未来的职业和生活奠定坚实的基础。

3. 创新性和创造性

大学生社团的创新性和创造性是指社团在活动策划、项目实施和成员互动等方面展现出的新颖、独特和有创意的能力。这些特质有助于社团不断地推陈出新,为成员提供丰富多样的学习和发展机会,同时也为校园文化注入新的活力。

创新性和创造性的社团活动可以激发成员的积极性和创造力,培养他们的问题解决能力、团队合作能力和领导才能。这些特质不仅为社团带来活力和吸引力,也有助于培养学生终身学习和创新的意识,为他们的未来职业和社会角色打下坚实的基础。通过积极鼓励和支持创新性和创造性,大学生社团可以成为学生发展的重要平台,为校园带来更多的创意和创新。

4. 实践性和应用性

大学生社团的实践性和应用性强调社团活动与实际应用和实践紧密相关,让学生能够将理论知识转化为实际操作能力,培养解决问题和应对挑战的能力。这两个方面的特点可以帮助学生更好地应对现实生活和职业发展中的各种情境和需求。

大学生社团的实践性体现在将学习的理论知识应用于实际情境中。社团通常会组织实践项目和活动,如社会调查、志愿服务、科技创新、文化展示等,让学生能够在实际操作中应用所学知识。有些社团可能会安排实地考察和实习,让学生深入了解相关领域的实际情况,获得实际经验。社团可以组织模拟演练和竞赛,让学生在虚拟的情境中模拟实际操作,提升应对复杂情况的能力。

大学生社团的应用性强调社团活动与实际应用紧密结合,培养学生解决实际问题的能力。社团活动可以帮助学生培养实际技能,如演讲、写作、沟通、领导等,这些技能在职业生涯中具有重要价值。一些社团可能与特定职业领域紧密相关,通过社团活动,学生可以了解相关行业的实际情况,为未来的职业发展做好准备。一些社团可能与实际工作机会相结合,提供学生实际工作的机会,帮助他们获得职场经验。

总的来说,大学生社团是学生自我发展、学习和社交的重要平台,它们在培养学生综合素质、拓宽视野、增强社会责任感等方面扮演着重要角色。每个社团都有其独特的特点和文化,为学生提供了一个丰富多彩的校园生活体验。

二、大学生社团分类和功能

(一)大学生社团的分类

大学生社团可以根据社团活动的内容划分为学术科研类社团、艺术文化类社团、体育健身类社团、社会公益类社团和科技创新类社团。

1. 学术科研类社团

大学生社团中的学术科研类社团是专注于学术研究、学科知识交流和科学创新的组织。这些社团通常由对特定学科或领域感兴趣的学生自发组织，旨在促进成员在学术研究和知识探索方面的发展。学术科研类社团的核心目标是促进学术研究和知识传播，鼓励成员深入学习特定领域的知识。这些社团提供了一个平台，使成员能够互相交流学术观点、经验和研究成果。学术科研类社团通过组织学术报告、研讨会等活动，帮助成员提升学术研究和表达能力。社团可能会组织参加学科竞赛，鼓励成员在特定领域中展示自己的才华和能力。成员有机会参与创新性研究项目，推动科学领域的进步和创新。

学术科研类社团为学生提供了一个深入学术领域、拓展知识边界的平台，培养了学术研究和表达能力，帮助成员更好地应对未来的学术和职业挑战。

2. 艺术文化类社团

大学生社团中的艺术文化类社团致力于艺术创作、表演和文化交流，为学生提供展示才华、培养艺术兴趣和提升艺术技能的平台。这些社团可以涵盖各种艺术领域，如音乐、舞蹈、戏剧、绘画、摄影等。艺术文化类社团鼓励成员发挥创意，通过艺术形式表达思想、情感和观点。这些社团提供了一个平台，使成员能够互相交流艺术技巧、经验和创作成果。一些社团致力于传承和弘扬特定的文化传统、艺术风格和创作理念。社团可能会组织舞台演出、音乐会、话剧演出等，展示成员的表演才华。成员有机会参与创作个人或团体作品，并进行展览或演出。

艺术文化类社团不仅为学生提供了展示和发展自己艺术才华的机会，还有助于培养创意思维、审美情感和团队合作能力。通过社团活动，成员可以深入了解艺术领域，与志同道合的人一起追求艺术的梦想，并为校园文化增添了丰富多彩的艺术元素。

3. 体育健身类社团

大学生社团中的体育健身类社团致力于开展体育锻炼、健身活动和体育竞技等活动，帮助成员保持身体健康、提高体能水平，并培养团队协作和竞技精神。这些社团可以涵盖各种体育运动和健身活动，如球类运动、户外探险、健身训练等。体育健身类社团鼓励成员积极参与体育锻炼，保持身体健康和活力。在团队体育项目中，社团成员需要进行合作和协调，培养团队合作能力。社团活动可以提供健身知识、训练技巧等，帮助成员科学合理地进行健身训练。

体育健身类社团不仅有助于提高学生的体育素养和健康水平，还能够培养团队合作、竞技精神和意志品质。通过社团活动，成员可以在愉快的氛围中进行体育锻炼，结识志同道合的朋友，享受健康生活的乐趣。同时，这些社团也有助于丰富校园文化，增强学生的社交与交流。

4. 社会公益类社团

大学生社团中的社会公益类社团致力于参与社会公益活动、志愿服务和社会责任项目，通过为社会做贡献来培养成员的社会意识、责任感和人文关怀。这些社团通常关注社会问题，如环保、教育、健康、贫困等，通过各种方式为社会提供帮助和支持。社会公益类社团鼓励成员关注社会弱势群体、社会问题，传递温暖与关怀。成员积极参与志愿服务活动，为社会提供无偿帮助，回馈社会。通过社会公益活动，培养成员的社会责任感和人文情怀。

社会公益类社团不仅有助于培养学生的社会责任感和团队合作能力，还能够让成员亲身体验社会问题,了解社会需求,为社会发展贡献自己的力量。通过社团活动,学生可以在实践中学习社会工作技能,培养人际交往和组织协调的能力,为社会公益事业作出积极贡献。同时,这些社团也为校园文化注入了关爱与温暖,提升了学校的社会影响力。

5. 科技创新类社团

大学生社团中的科技创新类社团致力于科学研究、技术创新和创业活动,为成员提供探索科技前沿、培养创新能力和实践科学理念的平台。这些社团涵盖了各种科技领域,如计算机科学、工程技术、自然科学等。科技创新类社团鼓励成员深入学习科学知识,进行科学研究和实验。通过创新性的科技项目和技术应用,推动科技领域的进步和发展。社团活动通常与实际应用相结合,强调科技成果的实际应用价值。一些社团为有创业意向的成员提供创业指导、创业资源和支持。

科技创新类社团为学生提供了一个深入学习科技知识、进行创新实践的平台,培养了科学研究和创新能力,帮助成员更好地应对未来的科技挑战。通过社团活动,学生可以与志同道合的伙伴一起探索科技领域,分享技术经验,推动科技进步,为学校和社会带来创新和变革。

(二)大学生社团的功能

大学生社团作为大学生活中不可或缺的一部分,承载着丰富多彩的功能,为学生提供了展示个人特长、拓展人际关系、培养领导才能等多重机会。这些社团不仅是学生自我发展的重要平台,也在丰富校园文化、促进学生全面发展方面发挥着重要作用。

1. 培养学生的兴趣爱好

不同的社团涵盖了各种领域,从学术研究到体育健身,从艺术文化到社会公益,满足了不同学生的兴趣和爱好。在社团活动中,学生可以深入探索自己喜欢的领域,发挥特长,培养技能,展示个人才华,从而实现全面的个性发展。

2. 提供丰富的社交和交流机会

在社团中,学生可以结识志同道合的朋友,建立深厚的人际关系。社团活动促进了学生之间的交流和合作,培养了团队合作精神,增强了社交能力。通过与不同背景、兴趣的同学互动,学生可以拓宽视野,培养跨文化、跨领域的交流能力。

3. 培养学生领导才能和组织能力

许多社团都设有不同职务,如社长、副社长、部长等,学生可以通过担任这些职务,锻炼领导力和管理能力。组织社团活动需要策划、组织、协调等多方面的能力,培养了学生的组织和管理技能,为将来的职业发展打下了坚实基础。

4. 承担弘扬校园文化、服务社会的使命

艺术文化类社团丰富了校园文化生活,体育健身类社团促进了学生的身体健康,社会公益类社团传递了社会正能量,科技创新类社团推动了科技进步。社团活动不仅使校园更加丰富多彩,也使学生更好地融入社会,为社会发展作出贡献。

三、大学生社团的管理

(一)社团管理条例

校社团管理依照社团管理条例(以下简称条例)实施,条例对学生社团的定义、分类和基本任务、管理部门，以及学生社团的成立、登记和注册，组织机构、社团成员和干部的职责，社团活动，社团的变更和注销，违纪责任等进行了规范和具体的规定。

1. 学生社团的管理部门

条例一般规定，校团委是全校学生社团的登记管理单位，相关学院或职能部门是所属学生社团的责任主管单位。相关学院或职能部门所属社团超过一定数量，可根据实际情况成立二级管理单位，责任主管单位成立新社团必须向校团委备案，否则为非法社团。学生社团的责任主管单位应履行监督管理职责，负责学生社团的成立、变更、注销的登记、备案及审查，对学生社团日常活动、场地和经费使用进行审核审批，建立学生社团的考核与奖惩机制。

2. 学生社团的成立、登记和注册

条例一般规定，在校学生20人以上联合发起，有规范的章程、名称和责任主管单位，需聘请一名以上的相对固定的校内专业人士担任指导教师，并报责任主管单位批准。条例要求学院和职能部门鼓励学生成立对教学、科研、实习实践等领域有促进作用的社团。

3. 学生组织机构、社团干部

成员大会是学生社团的最高权力机构，干部由成员大会根据民主选举产生，经责任主管单位审核后报校团委备案，成员要缴纳会费并定期注册。

4. 学生社团活动

条例一般要求社团活动必须奉行公开及会员优先原则，活动必须事先申报，接受相关主管单位的监督。学生社团的责任主管单位要认真审核社团举办的活动，同时加强对学生社团出版刊物、网站的监督管理。

5. 学生社团的变更和注销

对于学生社团的登记和备案事项变更或章程修改的，要由责任主管单位核准，经成员大会决议解散、分立或合并的社团，以及被责令关闭或解散的社团，应向学生社团的责任主管单位申请变更或解散。

6. 学生社团的违纪处理

学校禁止非法社团开展活动，对学生社团的违纪行为，由学生社团管理部门对社团负责人和主要责任者进行问责，必要时可责令违纪社团暂停活动或解散，视情况追究其挂靠单位和指导老师的连带责任。

（二）校级社团的管理

校级社团是由学校社团联合会（以下简称社联）负责直接管理，社联的宗旨是"服务社团、管理社团"，以促进学校文化艺术建设和丰富校园生活为目标。社联的常设机构是常务理事会，对校级各社团在以下方面进行管理、指导和服务。

1. 社团的成立

根据社团多元化、与时俱进发展的原则，每学期都会根据实际情况成立新社团，对已有社团予以审核注册，并按照实际情况对部分社团进行注销登记。对于具备一定群众基础且拥有不少于20人的在校学生作为发起人，具有规范的社团章程以及规范的组织机构设置，有固定的指导老师等条件的学生群体，每学期初可向社联常务理事会提交书面申请及相关资料。经社联常务理事会资料审核，并由发起人正式答辩，投票过半数者提交团委审核后批准成立,并予以公告。

2. 社团注册与注销

经批准已成立的社团应于每学年进行例行注册,通常在 9 月～10 月,未在社联审批注册的均视作违规非法社团。社团的注销包括自行解散和取缔两种形式,对于严重违反该社团章程和社联章程及有关规定或规定情形的学生社团予以取缔,被注销的社团应上缴社团的结余会费和物资,由社联统一处理。

3. 社团活动管理

社团必须提前一周向社联交纳详细的活动策划方案。活动方案经社联审核,团委批准后,社团方可开展活动。各社团应保证每学期至少举行 3 次会员活动,活动情况总结及经费使用情况应及时报社联备案。

4. 经费的管理

学生社团的工作经费和资产由社联统一管理,鼓励社团通过社会赞助解决,但所有赞助合同应由社联统一审核,团委老师审批后方可签约。

5. 社团干部管理

社团干部原则上每年换届一次,经社联审批后生效。

6. 奖惩制度

社联每年根据考评情况和投票结果进行社团评优,先进社团可获得精神和物质奖励。

第二节 科技文化

中国梦强调人才是第一资源,培养创新人才是实现国家富强的基础。科技创新为年轻人提供了锻炼创新能力、解决问题的机会,培养了更多具备创新思维和实践能力的人才,为国家建设提供了源源不断的人才支持。

一、科技文化概述

(一)科技文化的概念

科技文化是指在特定社会背景下,与科技发展和应用紧密相关的价值观、信仰、行为方式以及与科技相关的文化现象和表现形式的综合体。它涵盖了人们对科技的态度、科技与社会其他方面的互动,以及科技在文化中的反应和影响。科技文化不仅是科技与社会之间的相互关系,也体现了科技在文化传承中的作用。

科技文化是一个动态的概念,随着社会、科技和文化的发展不断演变和变化。它体现了人类对科技的认知、态度和行为,同时也受到科技发展和应用的影响。科技文化在塑造社会、促进创新和推动社会变革方面具有重要作用。

(二)科技文化的构成要素

科技文化是一个多层次、多维度的概念,由多个要素构成,它们共同塑造了人们对科技的态度、行为方式和价值观。

1. 科学思想

科学思想是指在科学研究和实践中所形成的一系列理论观点、方法论和思维方式。它体现了科学家对于自然界规律和现象的认识、解释和探索方式，是科学研究的指导原则和思维基础。科学思想包括了科学的本质、科学方法、科学发展规律以及科学与社会等方面的理念和观点。

2. 科学知识

科学知识是通过科学方法获得和积累的关于自然界、世界和宇宙运行规律的一系列有组织的信息和理论。科学知识是通过观察、实验、推理和验证等方法得出的，并且在经过多次验证和检验后，被认为是可靠和可信的。科学知识的特点包括客观性、可验证性、可重复性和进步性。科学知识是逐步积累的过程，随着新的观察、实验和研究的推进，旧的理论可能会被修正或替代，从而使人类对自然界的认识不断深化和扩展。

3. 科学方法

科学方法是一种有条理、系统和逻辑的探索方式，用于获取关于自然界、现象和事物运行规律的知识。它涉及一系列步骤和原则，帮助科学家进行观察、实验、推理和验证，从而构建、测试和修正科学理论和假设。虽然科学方法的具体步骤可能因研究领域而异，但通常包括观察、提出问题、假设、实验设计、得出结论、验证与复制等关键步骤。科学方法是科学研究的基石，它强调了实证性、客观性和可验证性，有助于确保科学知识的可靠性和进步性。

4. 科技道德

科技道德是指在科技发展、创新和应用过程中涉及的伦理和道德问题，以及与科技相关的价值观和规范。随着科技的迅猛发展，许多技术和应用都带来了深远的影响，不仅对社会、环境和个人产生影响，还引发了一系列伦理和道德方面的考虑。科技道德主要涉及隐私和个人权利、人工智能和自主性、知识产权和创新、数字虚假和信息真实性等方面。科技道德是一个不断演化的领域，需要持续地讨论、反思和政策制定。在科技发展的同时，关注科技道德问题有助于确保科技的应用是有益的、可持续的，并且符合人类价值观和社会利益。

5. 科技法规

科技法规是针对科学技术领域的法律规定和法规制度，旨在规范科技活动，促进科技创新，保护公共利益，维护社会稳定。这些法规通常涵盖了与科技发展、研究、应用和传播相关的方方面面，包括科技伦理、知识产权、安全标准、数据隐私等内容。科技法规确立了科技领域的法律准则和规则，以保障科技活动的合法性、透明性和公平性；科技法规可以为创新提供保护和激励，通过知识产权法律和创新政策，鼓励科技创新和研发。随着数字化时代的到来，科技法规也开始关注个人数据隐私和网络安全问题，保护个人隐私不受侵犯。随着数字化时代的到来，科技法规也开始关注个人数据隐私和网络安全问题，保护个人隐私不受侵犯。

6. 科技体制

科技体制是一个国家或地区内的科技组织、机构、政策和法规等相互关联的结构和制度体系。它涵盖了科技研究、创新、开发、应用和传播的各个方面，旨在推动科技进步、促进经济发展、提高国家竞争力。健全的科技体制一般包括科研机构和组织、创新政策和战略、知识产权保护和管理、人才培养和引进、科技监管和法规等。科技体制的健全与否直接影响一个国家或地区的科技创新能力和竞争力。不同国家的科技体制因其政治、经济、文化等因素而有所不同，但共同的目标是推动科技进步，促进社会发展。

7. 科技传播与教育

科技传播与教育是将科学和技术知识传递给公众,并通过教育方法来提高人们的科技素养和技能水平的过程。它将复杂的科技概念和信息转化为易于理解的形式,以便广大人群能够理解和应用科技知识。

(三)科技文化的功能

科技文化作为一种融合科学、技术和文化元素的综合体系,具有广泛的功能和影响,它不仅是知识的传递媒介,更是激发创新思维、促进社会发展的重要力量。本部分将深入探讨科技文化的多重功能,从传播知识、培养创新、引导伦理,到促进教育、塑造文化,展示科技文化在现代社会中的重要地位和作用。

1. 传播知识与科技普及

科技文化作为科学知识的传播者,通过科技展览、科普讲座、科技博物馆等形式,将复杂的科学原理以通俗易懂的方式呈现给公众。它帮助人们了解科技的基本概念、原理和应用,从而提高科技素养。科技文化缩小了知识的鸿沟,让科技走入大众生活,使更多人受益于科技的发展成果。

2. 激发创新思维和实践能力

科技文化活动常常提供实际体验和互动机会,鼓励人们动手实践、探索未知。通过科技实验、工作坊和创客活动,人们培养了创新思维和解决问题的能力。这种创新的氛围激发了人们追求新知识、挑战传统的勇气,推动了科技领域的持续发展。

3. 促进教育与跨学科融合

科技文化在教育领域具有重要地位。它为学校提供了丰富的教育资源,使学生们更加生动地学习科学知识。同时,科技文化涉及多个学科领域,促进了知识的跨学科融合,培养了综合性的思维能力。

4. 推动社会进步与可持续发展

科技文化不仅连接了人类与科技,还连接了科技与社会的发展。它激发了人们参与科技创新、投身社会发展的热情。科技文化的推广有助于推动社会科技进步,为实现可持续发展目标做出贡献。

科技文化作为一个多元而富有活力的领域,发挥着连接知识、激发创新、塑造文化等多重功能。它不仅在教育、科技传播方面具有影响力,还在社会发展和文化塑造中扮演重要角色。科技文化将继续引导着人们积极探索科技的未知领域,促进社会的繁荣与进步。

二、高校科技文化实践

(一)科技文化实践

高校科技文化实践是指学生在大学阶段参与科技领域的各种实践活动和项目,以提升自己的科技素养、创新能力和实践经验。这些实践活动可以包括科研项目、创新竞赛、学术讲座、实验研究等,旨在让学生将课堂上学到的理论知识应用于实际问题中,培养他们的科学精神和实际操作能力。

1. 科研项目

科研项目是指学生在特定科研领域中进行研究,探索问题、设计实验、收集数据、分析结果，并撰写研究报告或论文的过程。科研项目的目标是深入了解特定问题，发现新的知识或解决方案。这些项目可以是导师指导下的研究，也可以是学生自主选择的研究课题。高校科技文化实践鼓励学生将理论知识应用于实际问题中，科研项目是实践这一理念的重要途径。学生通过科研项目，将学到的理论转化为实际研究，深化对知识的理解。

2. 科技技能竞赛

高校科技技能竞赛是一种通过竞赛形式来展示和评估大学生在科技领域中的技能、知识和创新能力的活动。这些竞赛涵盖了各种不同的科技领域，例如计算机科学、工程技术、生物医学、物理学等，旨在激发学生的学术兴趣，促进他们在相关领域的深入学习和发展。高校科技技能竞赛的目的之一是激发学生的创新和探索精神，鼓励他们将所学知识应用于实际问题中。高校科技技能竞赛是一个促进大学生学术和职业发展的重要平台，可以帮助他们在科技领域中展现自己的潜力和能力。

3. 项目开发

项目开发是指在一定的目标和时间范围内，组织资源、制定计划，进行实际操作和实施，以实现特定目标的过程。在高校环境中，项目开发可以涵盖科技项目、工程项目、创新项目等多个领域。学生可以在项目开发中应用所学的知识和技能，解决实际问题，积累实际经验。学生通过高校科技文化的学习，可以在项目开发中将理论知识应用到实际操作中，从而实现理论与实践的有机结合。高校科技文化在培养过程中强调创新思维，而项目开发需要学生在实际操作中提出创新解决方案。通过科技文化实践，学生可以培养创新能力，从而在项目开发中表现出色。

4. 高校专业课程学习

高校专业课程学习与科技文化之间的结合可以为学生提供更丰富的学习体验，培养他们更全面的素养和技能。这种融合有助于打破传统学科之间的界限，培养具有综合素质和创新能力的人才。将科技文化融入专业课程学习中，可以帮助学生培养更广泛的综合素质，包括科技素养、人文素养、创新素养等。这使得学生不仅在专业领域有所突出，还能够更好地适应多样化的社会需求。

（二）重大技能竞赛简介

为了培养大学生的科技创新意识、科技创新思维、科技创新能力和创新人格，造就"知识、能力、素质"三者协调发展的高素质创新人才，营造良好的校园科技文化氛围，为学校教学改革提供基础支撑，我国高校提供了丰富多彩的科技竞赛活动。

1. "挑战杯"竞赛

"挑战杯"竞赛是由共青团中央、中国科协、全国学联主办，国内著名大学和新闻单位联合发起，在国家教育部支持下组织开展的大学生课余科技文化活动中的一项具有导向性、示范性和权威性的全国性的竞赛活动，被誉为中国大学生学术科技"奥林匹克"。此项活动旨在全面展示我国高校育人成果，引导广大在校学生崇尚科学、追求真知、勤奋学习、迎接挑战、培养跨世纪创新人才。这项活动坚持"崇尚科学、追求真知、勤奋学习、迎接挑战"的宗旨。"挑战杯"已形成校级、省级、全国的三级赛事，参赛同学首先参加校内及省内的作品选拔赛，优秀作品报送全国组委会参赛。

"挑战杯"竞赛在中国共有两个并列项目，一个是"挑战杯"中国大学生创业计划竞赛，简称"小挑"；另一个则是"挑战杯"全国大学生课外学术科技作品竞赛，简称"大挑"。两者比赛侧重点不同。"大挑"注重学术科技发明创作带来的实际意义与特点，而"小挑"更注重市场与技术服务的完美结合，商业性更强；"小挑"奖项设置为金奖、银奖、铜奖，而"大挑"设置特等奖、一等奖、二等奖、三等奖；"大挑"发起高校可报六件作品，其中三件为高校直推作品，另外三件要与省赛组织方协商推荐，而"小挑"只能推荐三件作品进国赛；"大挑"有学历限制，而"小挑"没有，"大挑"分为专本科组、硕士组、博士组分开评审；"大挑"国赛最多可以报八人，而"小挑"最多可以报十人；"大挑"比赛证书盖共青团中央、中国科协、教育部、全国学联、举办地人民政府的章，而"小挑"证书只盖共青团中央、中国科协、教育部、全国学联的章。

由于"挑战杯"竞赛活动在较高层次上展示了我国各高校的育人成果和推动了高校与社会间的交流，已成为学校学生课余科技文化活动中的一项主导性活动，成为高校与社会交流与合作的重要窗口，成为促进高校科技成果向现实生产力转化的有效方式，成为培养高素质跨世纪人才的重要途径，也是企业界接触和物色优秀科技英才、引进科技成果、宣传企业、树立企业良好形象的最佳机会，从而越来越受到广大学生的欢迎和各高校的重视，也越来越在社会上产生广泛而良好的影响，其声誉远播港澳地区甚至欧美发达国家。

2. 中国"互联网＋"大学生创新创业大赛

中国"互联网＋"大学生创新创业大赛是由教育部与政府、各高校共同主办的一项技能大赛。大赛旨在深化高等教育综合改革，激发大学生的创造力，培养造就"大众创业、万众创新"的主力军；推动赛事成果转化，促进"互联网＋"新业态形成，服务经济提质增效升级；以创新引领创业、创业带动就业，推动高校毕业生更高质量创业就业。大赛旨在激发学生的创造力，激励广大青年扎根中国大地了解国情民情，锤炼意志品质，开辟国际视野，在创新创业中增长智慧才干，把激昂的青春梦融入伟大的中国梦，努力成长为德才兼备的有为人才。

3. 全国职业院校技能大赛

全国职业院校技能大赛是中华人民共和国教育部发起并牵头，联合国务院其他有关部门以及有关行业组织、人民团体、学术团体和地方共同举办的一项公益性、全国性职业院校师生综合技能竞赛活动。大赛作为我国职业教育工作的一项重大制度设计与创新，深化了职业教育"三教"改革，推动了产教融合、校企合作，促进了人才培养和产业发展的结合，扩大了职业教育的国际交流与合作，增强了职业教育的影响力和吸引力。大赛已经成为广大师生展示风采、追梦圆梦的广阔舞台，成为促进我国职业教育改革发展的重要抓手，对职业院校办出特色、办出水平的引领作用日益凸显。

大赛秉持"精彩、公平、专业、开放"的办赛理念，贯彻习近平总书记重要指示和全国职业教育大会精神，推进"岗课赛证融通"综合育人，发挥大赛对教学的引领示范作用，培养更多高素质技术技能人才、能工巧匠、大国工匠；加强同各国的交流互鉴，努力办成中国特色、世界水平的技能大赛，展示我国职业教育成就和水平，展现新时代技能人才风采，为促进技能型社会建设作出更大的贡献。

4. ACM 国际大学生程序设计竞赛

ACM 国际大学生程序设计竞赛是由国际计算机协会主办的一项旨在展示大学生创新能力、团队精神和在压力下编写程序、分析和解决问题能力的年度竞赛。经过近 40 年的发展，ACM 国际大学生程序设计竞赛已经发展成为全球最具影响力的大学生程序设计竞赛，赛事由 AWS、华为和 Jetbrains 赞助，在北京大学设有 ICPC 北京总部，用于组织东亚区域赛。

第三节 艺术文化

艺术文化在大学生的生活中扮演着重要的角色，它不仅能够丰富大学生的生活体验，还能够促进他们的全面发展和个人成长。

一、艺术文化概述

（一）艺术文化的概念

艺术文化是指与艺术相关的各种创造、表达、传播和欣赏的活动，以及这些活动所蕴含的价值观和意义。它是一种社会现象，涵盖了艺术形式、创作过程、艺术家与观众之间的互动，以及与特定社会、历史和地域背景有关的文化元素。

（二）艺术文化的种类

1. 视觉艺术

视觉艺术是一种通过视觉感知方式来表达和传达思想、情感和观点的艺术形式。它涵盖了各种不同的媒介和表现形式，包括绘画、雕塑、摄影、影像艺术、数字艺术等。绘画是最传统和常见的视觉艺术形式之一，通过颜色、线条、形状等元素的组合，艺术家可以创造出丰富多彩的图像，表达情感、思想和观点；雕塑是在三维空间中创造形体和形象的艺术形式，艺术家可以使用各种材料，如石头、金属、木材等，创造出具有立体感的艺术品。

2. 民间艺术

民间艺术也称为民俗艺术或民间文化艺术，是源于普通民众、传统社区和文化传承的艺术形式。它通常反映了特定地区、社群或文化传统的价值观、信仰、生活方式和审美观念。民间艺术在不同国家和地区有着丰富多样的表现形式，包括音乐、舞蹈、绘画、雕塑、手工艺、戏剧、节庆等。民间工艺品是手工制作的艺术品，如陶瓷、织物、编织品、木雕、铜器等，这些作品常常代表了某个地区独特的风格和传统技术；民间音乐通常以口头传承的方式存在，通过歌谣、音乐乐器演奏等形式表达情感、讲述故事，传递文化和历史；民间舞蹈通常与特定的社会活动、仪式或庆典有关。它们可以在不同的场合中展现出人们的欢乐、庆祝、宗教信仰等情感和活动。

3. 数字艺术

数字艺术是一种借助数字技术和计算机工具创作出来的艺术形式。它利用计算机软件、硬件和互联网等工具，将传统艺术媒介与数字技术相结合，创造出各种独特的艺术作品和体验。艺术家可以使用绘图软件，如 Adobe Photoshop、Corel Painter 等，创作数字绘画作品；艺术家可以使用三维建模软件，如 Blender、Maya、ZBrush 等，创建虚拟三维对象和场景；艺术家可以使用数码相机捕捉图像，然后利用图像处理软件进行后期编辑和操控，创造出独特的视觉效果。

4. 表演艺术

表演艺术是一种通过演员在舞台上或其他演出场合中的表现来传达故事、情感、思想和概念的艺术形式。它包括了各种各样的艺术形式，如戏剧、舞蹈、音乐剧、杂技、魔术等。表演艺术可以通过视觉、听觉和情感上的刺激来引发观众的共鸣和情感体验。戏剧是通过演员扮演角色,以对话、动作和情感的交互来呈现故事情节的艺术形式;舞蹈是通过身体的动作、姿势和节奏来表达情感、故事和概念的艺术形式;音乐剧将戏剧和音乐元素相结合,通常在故事情节中穿插歌曲和舞蹈表演;杂技涉及身体柔韧性、平衡、力量和协调等技巧的表演,通常还包括飞跃、跳跃、旋转等视觉上引人注目的动作。

(三) 艺术文化的功能

1. 审美功能

艺术文化作品本身所具有的美的特质,是构成艺术审美功能的客观前提。优秀的艺术文化作品可以打动人的情感,愉悦人的精神,净化和陶冶人的心灵,升华人的审美理想,培养人的审美能力,使人从中获得特殊的审美享受。审美功能是艺术的首要功能,艺术的其他社会功能都是建立在审美功能之上的。

2. 认知功能

艺术文化是对社会生活形象的反映,通过具体、生动的艺术形象真实地再现社会生活的图景,反映一定历史时期的政治风云、经济生活和社会风尚,表现各个阶级、阶层人们的生活和精神面貌。因此,人们欣赏优秀的艺术文化作品,可以获得丰富的社会历史知识,了解人生,提高观察生活和认知生活的能力。

3. 教育功能

进步的艺术文化作品是生活的教科书,可以影响人们的思想倾向、思想观念、道德意识、哲学观点,改变人们的人生态度,激励人们为实现人类进步的社会理想而斗争,起到潜移默化的思想教育作用。

4. 娱乐功能

艺术形象的艺术感染力,引发人们的审美愉悦和乐趣,"寓教于乐""寓教于美",使人们从中获得精神的享受和满足。它是人们接触艺术作品的直接动因,是对欣赏者要求获得娱乐、休息和精神调剂的满足。

二、校园艺术文化的开展方式

(一) 校园文化艺术节

文化艺术节是校园文化生活的一种重要形式,它是在一个特定时间和地点举办的艺术文化聚会,一般有特定的主题,规模可大可小,但展现形式不拘一格,其大体内容可以涵盖科技、文学、艺术、体育等多个方面。校园文化艺术不仅对美育有极大的促进作用,而且在德育中作用不小。它通过学生在艺术实践活动中的审美表达,使学生在思想道德教育、集体主义教育、爱国主义教育、智育等方面得到进一步发展,对健全学生人格和个体发展也有举足轻重的作用。校园文化艺术节是一个内容丰富的平台,它可以为学生提供一个展示自己、历练自己的机会,它是社会文化的前身,是加强综合素质教育的关键所在。所以校园文化艺术节作为校园活动文化中的一个重要组成部分,其德育功能不容小视,同时在高等学校教育中有着举足轻重的作用,对培养德智体美全面发展的社会主义的建设者具有不可忽视的作用。

同时校园文化艺术节也是推动校园文化建设的重要力量,对校园文化的发展有积极的意义,首先能有效营造校园文化氛围,全面提升学生思想素质。其实校园文化艺术节从开始起就肩负着重要的思想道德教育功能,所以文化艺术节不仅要让广大学生的才华得到淋漓尽致的展现,同时也要让学子们置身于这种良好道德氛围之中,受到优良精神的熏陶,通过耳濡目染、潜移默化的方式,受教者久而久之就会成为一个有知识、有教养、有进取精神、有良好气质、天天向上的人。

通过校园文化艺术节,学生可以有机会在这个平台尽情展示自己、肯定自己、提高自己。作为新时代的大学生通过参加校园文化艺术节不仅历练了自己,也拓宽了自己的眼界,提升了自己的涵养,同时也使积极向上的精神风貌和良好的综合素质得到了很好体现,学校还可以在艺术节的各项比赛和活动中发现一些综合素质强、才艺基础好、思想品德高尚的特长型复合型文化艺术人才。学生不仅是校园文化活动的中坚,并且能够在各项校园文化活动和校园文化建设中起到以点带面、不断推广的良好效用,为促使校园艺术文化节的发展和德育工作的推进奠定坚实的基础。最后校园文化艺术节能打造属于校园的专属文化,构建一个特色校园。通过校园文化艺术节的设立和不断开展,同时通过校园文化艺术爱好者的努力和完善,不仅可以对学校的整体文化氛围和师生风貌产生良好的熏陶和重要的影响,也会最终促使学校形成一种长远的具有传承性和延续性的校园文化内涵和体系化的机制系统,为学校的特色艺术文化的拓展开辟一条属于学校自身的艺术文化道路。

(二)绘画

1. 绘画体系

已知最古老的绘画位于法国肖维岩洞,部分历史学家认为它可以追溯至32000年前。那些画经由红赭石和黑色颜料作雕刻及绘画,主题有马、犀牛、狮子、水牛、猛犸象或是打猎归来的人类。石洞壁画在世界各地均十分常见,例如法国、西班牙、葡萄牙、中国、澳大利亚及印度等。

一般认为,从古埃及和中国等东方文明古国发展起来的东方绘画,与从古希腊、古罗马发展起来的以欧洲为中心的西方绘画,是世界上的两大绘画体系。这两大绘画体系在历史上互有影响,对人类文明都作出了各自独特的重要贡献。绘画本身的可塑性决定了它具有很大的自由创造度,它既可以表现现实的空间世界,也可以表现超时空的想象世界,画家可以通过绘画来表现对生活和理想的各种独特的情感和理解,因为绘画是可视的静态艺术,可以长期对画中具有美学性的形式和内容进行欣赏、玩味、体验,所以它是人们最容易接受而且最喜爱的一种艺术。

2. 中国绘画史

绘画工艺美术史十分久远,可以上溯到原始社会的新石器时代,距今至少有七千余年的历史。最初的中国绘画,是画在陶器、地面和岩壁上的,渐而发展到画在墙壁、绢和纸上。使用的基本工具是毛笔和墨,以及天然矿物质颜料。在无数画家不断探索、创新地努力之下,逐渐形成了鲜明的民族风格和民族气派,并有着自己独立的绘画美学体系。中国绘画工艺史也十分源远流长、独具魅力。

中国绘画的历史最早可追溯到原始社会新石器时代的彩陶纹饰和岩画,原始绘画技巧虽幼稚,但已掌握了初步的造型能力,对动物、植物等动静形态亦能抓住主要特征,用以表达先民的信仰、愿望以及对于生活的美化装饰。

先秦绘画已在一些古籍中有了记载，如周代宫、明堂、庙祠中的历史人物，战国漆器、青铜器纹饰，楚国出土帛画等，都已达到较高的水平。

秦汉王朝是中国早期历史建立的中央集权制大国，疆域辽阔，国势强盛，丝绸之路促进了中外艺术交流，绘画艺术空前发展与繁荣。尤其是汉代盛行厚葬之风，其墓室壁画、画像砖、画像石，以及随葬帛画，生动塑造了现实、历史、神话人物形象，具有动态性、情节性，在反映现实生活方面取得了重大成就。其画风往往气魄宏大，笔势流动，既有粗犷豪放，又有细密瑰丽，内容丰富博杂，形式多姿多彩。

魏晋南北朝时期，战争频仍，民生疾苦，但是绘画仍取得了较大的发展，苦难给佛教提供了传播的土壤，佛教美术勃然兴起。如新疆克孜尔石窟，甘肃麦积山石窟，敦煌莫高窟都保存了大量的该时期壁画，艺术造诣极高。由于上层社会对绘事的爱好和参与，除了工匠，还涌现出一批有文化教养的上流社会知名画家，如顾恺之等。这一时期玄学流行，文人崇尚飘逸洒脱，画史画论等著作开始出现，山水画、花鸟画开始萌芽，这个时期的绘画注重精神状态的刻画及气质的表现，以文学为题材的绘画日趋流行。

隋唐时期国家统一，社会相对稳定，经济比较繁荣，对外交流活跃，给绘画艺术带来了新的机遇，在人物画方面虽然佛教壁画中西域画风仍在流行，但吴道子、周昉等人具有鲜明中原画风的作品占了绝对优势，民族风格日益成熟，展子虔、李思训、王维、张璪等人的山水画、花鸟画工整富丽，取得了较高的成就。

在中国，绘画的真实性在12世纪宋朝时已发展到高峰，尤以郭熙的早春图为写实主义的巅峰，以后就开始转向主观情趣的抒发，自王维被盛赞诗中有画，画中有诗后，文人画悠久的传统便延续至今。又自北宋后，中国绘画渐趋注重笔墨情趣的形式主义，举例而言文徵明的画寄意不在山水的描绘，而是借由山水来堆砌各种运笔的手法。到15世纪的明朝末年，清朝初期时，画家已经开始向表现自我方向转化，不注重客观世界的描绘，八大山人、扬州八怪等都有很强的自我风格，而不再计较再现自然的真实性。

五代两宋之后，中国绘画艺术进一步成熟完备，出现了一个鼎盛时期，朝廷设置画院，扩充机构编制，延揽人才，并授以职衔，宫廷绘画盛极一时，文人学士亦把绘画视作雅事并提出了鲜明的审美标准，故画家辈出，佳作纷呈，而且在理论上和创作上亦形成了一套独立的体系，其内容、形式、技法都出现了丰富精彩、多头发展的繁荣局面。

绘画发展至元、明、清，文人画获得了突出的发展。在题材上，山水画、花鸟画占据了绝对的地位。文人画强调抒发主观情绪，"不求形似""无求于世"，不趋附大众审美要求，借绘画以示高雅，表现闲情逸趣，倡导"师造化""法心源"，强调人品画品的统一，并且注重将笔墨情趣与诗、书、印有机融为一体，形成了独特的绘画样式，涌现了众多的杰出画家、画派，以及难以计数的优秀作品。

中国绘画是中国文化的重要组成部分，根植于民族文化土壤之中。它不单纯拘泥于外表形似，更强调神似。它以毛笔、水墨、宣纸为特殊材料，建构了独特的透视理论，大胆而自由地打破时空限制，具有高度的概括力与想象力，这种出色的技巧与手段，不仅使中国传统绘画独具艺术魄力，而且日益为世界现代艺术所借鉴吸收。

（三）朗诵

1. 朗诵简介

朗诵指大声朗读，就是把文学作品转化为有声语言的创作活动。朗，即声音的响亮有力；诵，即背诵。朗诵，就是用响亮有力的声音，结合各种语言手段来完善表达作品思想感情的一种语言艺术。朗诵是口语交际的一种重要形式。朗诵不仅可以提高阅读能力，增强艺术鉴赏，更为重要的是，通过朗诵，读者可以陶冶性情，开阔胸怀，文明言行，增强理解；可以有效地培养对语言词汇细致入微的体味能力，以及确立口语表述最佳形式的自我鉴别能力。

朗诵不同于朗读，朗读是用响亮有力的声音把文章读出来，以传达文章的思想内容。朗诵则是用响亮有力的声音把文章背出来，以传达文章的思想内容。可见，朗诵的要求比朗读要高，它要求不看作品，面对观众，除运用声音外，还要借助眼神、手势等体态语帮助表达作品感情，引起听众共鸣。

朗诵常常伴随有手势、姿态等体态语，但朗诵时的姿态或手势不能过多、过火。毕竟，朗诵不同于演戏，演戏时，演员不直接和观众交流，他扮演剧中人物，模仿剧中人物的语言和动作，他只和同台的演员进行交流，而朗诵者直接交流的对象是听众，他主要是通过声音把感情传达给听众，引起听众共鸣，手势、姿态等只不过是帮助表达感情的辅助性工具，不宜过多、过火。

2. 朗诵的性质

朗诵的内容一般都是诗歌、散文、小说等文学作品。一些非文学作品，如社论、书信等，一旦作为朗诵材料，往往也会偏向于表现某个人的某种思想感情，自然带上明显的文学色彩。文学艺术也是语言的艺术。作品的人物形象、故事情节都是运用语言表现的。有声语言最能显示语言的风采和魅力。文学作品通过朗诵可以再现作品描写的人物形象、环境气氛和生活场景，充分发挥它的艺术魅力和教育作用。

朗诵是一种比较精细、高级的有声语言艺术。朗诵者必须具备一定的文学修养，要能分析欣赏各种体裁的文学作品，这是朗诵表情达意的前提；朗诵者必须具备一定的语言修养，要熟练掌握标准发音和发声技巧，要善于正确地运用语调语气，这是表情达意的关键；朗诵者必须具备一定的舞台表演艺术的修养，要敢于在大庭广众之中说话，要能正确地发音，有自然的表情，这是朗诵表情达意的重要条件；此外，朗诵者还必须具备一定的政治思想修养、社会知识修养，这是朗诵表情达意的基础。朗诵艺术就是以上各方面修养的综合体现，缺少哪一方面的修养都不可能成为一个合格的朗诵者。

朗诵一般都在舞台上，在大庭广众之中进行。朗诵者必须具备一定的表演技能。要有优美的语音、端庄的仪态、丰富的表情。朗诵者还可以适当化妆，可以运用灯光布景，可以进行配乐。所有这些，都是为了增强朗诵艺术的表演效果。只要是朗诵，即使是在小的范围内进行，都会带有表演的性质。朗诵者要向听者显示自己的文学素养和口语艺术才能，听者总要对朗诵者的文学修养、口语才能和表达效果等进行评价，这些都具有表演活动的明显特点。

（四）舞蹈

1. 舞蹈简介

舞蹈是一种表演艺术，使用身体来完成各种优雅或高难度的动作，一般有音乐伴奏，以有节奏的动作为主要表现手段的艺术形式。它一般借助音乐，也借助其他的道具。舞蹈本身有多元的社会意义及作用，包括运动、社交、求偶、祭祀、礼仪等。在人类文明起源前，舞蹈在仪式、礼仪、庆典和娱乐方面都十分重要。在五千年以前就已经出现了舞蹈，它产生于奴隶社会，发展到秦汉之际已形成一定特色。

舞蹈动作是舞蹈最基本的艺术手段，是构成舞蹈的基本单位。舞蹈动作的涵义有狭义和广义两种。狭义地指运动过程中动态性动作，包括单一动作和过程性动作。如中国舞蹈的俯、仰、冲、拧、扭、踢、"云手""穿掌""凤凰三点头""风摆柳"以及芭蕾的蹲、屈伸等。广义地包括上述动作和姿态、步法、技巧4个方面。舞蹈步法指以脚步为主的移动重心或移步位的舞蹈动作，如中国舞蹈的"圆场""蹉步""云步"，芭蕾的"滑步""摇摆步"以及舞会舞蹈中的三步华尔兹等。舞蹈技巧指有一定难度的技巧性动作，如中国舞蹈中的"飞脚""旋子"，芭蕾中的各种跳跃、旋转、托举等。舞蹈动作中的单一动作是以人体某一部位为主动，其他部位静止或随动的动作；复合动作是人体各部位在同一时刻按一定的顺序、规格同时动作。此外还有动作、姿态、步法、技巧共同复合的动作，如"探海转""串翻身"等。

2. 舞蹈分类

民族民间舞蹈是由广大人民群众在长期历史进程中集体创造，不断积累、发展而形成的，并在群众中广泛流传的一种舞蹈形式。它直接反映人民群众的思想感情、理想和愿望。由于各国家、各民族、各地区人民的生活劳动方式、历史文化心态、风俗习惯，以及自然环境的差异，因而形成了不同的民族风格和地方特色。

古典舞蹈是在民族民间舞蹈基础上，经过历代专业工作者提炼、整理、加工创造，并经过较长期艺术实践的检验，流传下来的，被认为是具有一定典范意义和古典风格特点的舞蹈。世界上许多国家和民族都有各具独特风格的古典舞蹈。欧洲的古典舞蹈，一般都泛指芭蕾舞。

现代舞蹈是19世纪末和20世纪初在欧美兴起的一种舞蹈流派。其主要美学观点是反对当时古典芭蕾的因循守旧、脱离现实生活和单纯追求技巧的形式主义倾向；主张摆脱古典芭蕾过于僵化的动作程式的束缚，以合乎自然运动法则的舞蹈动作，自由地抒发人的真实情感，强调舞蹈艺术要反映现代社会生活。

当代舞蹈是不同于上述三种风格的新风格的舞蹈，它常常是根据表现内容和塑造人物的需要，不拘一格，借鉴和吸收各舞蹈流派的各种风格、各种舞蹈表现手段和表现方法，兼收并蓄为我所用，从而创作出不同于已经形成的各种舞蹈风格的具有独特新风格的舞蹈。

第四节 实践文化

社会实践活动对于各级各类学校的学生都具有重要意义，尤其是对于大学生而言具有重要意义。良好的社会实践活动，对于在校大学生具有加深对本专业的了解、确认适合的职业、为向职场过渡做准备、增强就业竞争优势等多方面意义。

一、校外实习

利用寒暑假时间或者周末节假日时间在校外从事与所学专业相关的实践活动。校外实习是最重要的社会实践活动之一，也是最接近于真实就业状态的社会实践活动，对于提高专业实践动手能力和理论运用实践的能力具有重要意义。在大学里，都会组织开展校外实习活动，这既是教学的需要更是提升学生能力的关键。

(一) 校外实习的起源

校外实习的前身——工读教育，成形于欧洲。1903 年英国桑德兰特技术学院在工程和船舶及建筑系中实施"三明治"模式教育。这一模式要求学生在校期间必须安排一段时间走出校门参加实际工作。而校外实习，是 1906 年由美国辛辛那提大学工学院院长赫尔曼·施奈德提出的这一概念并予以实施，即一部分专业和一些参加教育项目的学生一年中必须有 1/4 的时间到与自己专业对口的企业或其他地方去工作，以获得必要的实践知识。

(二) 校外实习的内容

我国关于大学课程中的实习，是根据学生的不同年级和专业课程要求，设置相应的实习。校外实习实际上是学生能够在在校期间到业界实践操作，落实理论与实践相结合，并期望能具备毕业后马上进入职场的能力。校外实习属于实践教学的范畴，是实践教学的一种形式。实践教学主要分为三大类：一类是为了巩固理论知识而进行的理论联系实际的教学活动，活动时间较短、随机性较大，一般围绕某一课题进行组织，属于课程的辅助部分，如课堂实验、课后参观、毕业论文设计等；第二类是将专业知识、专业技能具体运用在实践中，使职业能力进一步提升，并最终向就业靠近；第三类是社会实践项目，包括公益劳动、社会调查、读书报告、各种专业技术比赛等，旨在锻炼学生探索创新、全面发展的能力。由此可见，校外实习是实践教学的一种形式，此处提到的校外实习，属于实践教学的第二类。

二、勤工俭学

通过运用所学知识进行力所能及的工作，赚取一定的经济收益是一项十分有意义的社会实践活动。作为既能锻炼实践能力又能获取一定收益的方式，勤工俭学是一个很不错的选择。在具体选择勤工俭学的时候，要注意选取合适的地点和合适的工作，确保安全的前提下进行勤工俭学社会实践锻炼。

(一) 大学生勤工俭学的特点

大学生勤工俭学是指大学生利用学习之余到企业中参加劳动并获得经济报酬、积累工作经验的行为。大学生勤工俭学主要有以下特点。

首先，大学生勤工俭学的主体是"大学生"。"大学生"是指全日制大学生，即国家计划内招生、列入国家教育委员会学籍管理，正在全日制高等学校就读的学生，包括专科、本科、研究生阶段的学生。大学生作为勤工俭学的主体区别于普通劳动者的特殊性，表现在大学生在从事勤工俭学的同时和学校存在教育管理的关系。大学生在校期间仍然以学习为主，勤工俭学只是在不影响学习的前提下参与社会实践的方式。因此，勤工俭学的主体只能是在校的大学生，不能是普通的劳动者，也不包括已经毕业正式参加工作的大学生。

其次，大学生勤工俭学的方式是参与校外企业的劳动。所谓劳动是指"劳动力所有者在与资本所有者订立用工契约让渡自己劳动力使用权的前提下，按照契约约定或者资方及其代理人的管理指令所从事的具有人身隶属性和协作分工性质相关工作或活动"。勤工俭学中大学生向用人单位提供劳动是履行双方约定劳动合同中的义务，同时这种劳动也是大学生参与到用人单位内部的分工协作与集体劳动，在用人单位的指挥管理下各自分工、创造劳动价值,获得劳动报酬。这种劳动的性质和用人单位的正式员工并无不同之处。

第三,大学生勤工俭学是为企业等用人单位提供劳动。大学生勤工俭学服务的对象专指用人单位,与勤工助学、家教不同。勤工助学是在校园内部工作,是学校为家庭贫困的大学生提供的助学方式。家教是大学生到个人家庭中辅导功课的行为(不包括在培训机构提供教育服务)。

第四,大学生勤工俭学的时间具有不确定性。大学生勤工俭学集中在寒暑假、周末或者平时没有课程的时间。和企业正式员工相比,勤工俭学的大学生和用人单位之间的管理被管理的关系相对较弱,不具有稳定性。大学生参与校外劳动被很多学者称为"打工""兼职"等。

(二)大学生勤工俭学和兼职的区别

兼职与大学生勤工俭学有范围上的交叉,但是不能完全用兼职指代大学生勤工俭学。兼职不是法律用语,只是一种社会现象的表述。兼职是指一种工作状态:个人在从事主要工作之余利用闲暇时间从事另外一项工作,可以是《劳动法》和《劳动合同法》规范的劳动关系,也可以是雇佣关系或者自由职业。个人在《劳动法》范围内的兼职具有双重劳动关系的属性,劳动法上典型的兼职存在于非全日制用工中。《劳动合同法》第六十九条规定"从事非全日制用工的劳动者可以和一个或一个以上用人单位订立劳动合同;但是,后订立的劳动合同不得影响到先订立的劳动合同的履行"。劳动者同时和两个以上的用人单位建立劳动关系的非全日制用工,可以称为兼职。大学生校外勤工俭学是建立在完成学业的基础上的,时间相对来说不会特别富裕。一般在校外选择一家企业从事劳动,建立一个劳动关系,这不属于兼职。少数大学生可能从事两份或者以上的工作的,建立了多重劳动关系,这种情形下可以说大学生勤工俭学属于兼职,但是情况较少数,不具有代表性。

三、支教活动

支教活动是一个十分有意义的社会实践活动,在带给他人知识的同时也提升了自我能力。支教活动要求比较高,需要有较好的专业知识素质和身体条件,要能够适应农村地区的艰苦生活条件。在支教开始之前,要做好充足的准备工作,把教学用品及教学方案提前做好,以便顺利开展。

(一)大学生支教的产生

1993年底,共青团中央决定实施中国青年志愿者行动,12月19日,2万余名铁路青年率先打出了"青年志愿者"的旗帜,在京广铁路沿线开展了为旅客送温暖志愿服务,标志着我国大规模志愿者服务的开始。

为进一步推动青年志愿者服务事业的发展,共青团中央于1994年12月5日成立了中国青年志愿者协会,随后,各级青年志愿者协会也逐步建立起来。1998年8月,团中央青年志愿者行动指导中心正式成立,其主要职责是规划、协调、指导全团的青年志愿服务工作,承担中国青年志愿者协会秘书处的职能。到2000年,我国已初步形成了由全国性协会、36个省级协会和2/3以上的地(市)级协会及部分县级协会组成的志愿者服务组织管理网络。

在我国青年志愿者服务事业大规模发展一年之后,我国教育发展不平衡的情况开始受到青年志愿者服务的关注。1994年,中宣部、教育部、团中央联合实施开展了大中专学生志愿者暑期文化、科技、卫生"三下乡"活动，每年组织动员近百万名大中专学生志愿者深入农村基层和受灾地区，发挥自身的知识智力优势，开展了内容丰富、形式多样的扫盲、文化、科技和卫生服务。其中，大中专学生志愿者暑假"三下乡"的文化下乡和农村扫盲活动，可以看作是我国大规模大学生志愿者支教的开始。

（二）大学生支教的快速发展

我国大学生支教从1994年正式开始到现在，大致经过了两个快速发展阶段。

1. 第一阶段（1996—1999年）

1996—1999年，是我国大学生支教快速发展的第一个时期。在这一时期，我国政府和共青团中央联合颁布了一系列的支教政策，并开展了一系列支教活动，使我国大学生支教出现了第一次高潮。

1996年，共青团中央联合中央文明办、教育部、卫生部、科技部、农业部、人事部、国务院西部开发办等部门，开始试点"青年志愿者扶贫接力计划"，采取公开招募、定期轮换、长期坚持的接力机制，组织动员青年志愿者为贫困地区提供每期半年至两年的基础教育、医疗卫生、农业科技推广等方面的服务。

1998年，为了进一步贯彻落实《中共中央办公厅、国务院办公厅关于转发中共中央组织部、国家教育委员会、人事部〈关于从党政机关和事业单位选派人员支援基层教育工作的请示〉的通知》（中办发〔1996〕23号）的精神，使支教扶贫接力计划扎实有效地实施，根据中央领导的指示，中央文明办、共青团中央从1998年开始在全国全面推广"青年志愿者支教扶贫接力计划"。这项计划以公开招募、定期轮换的方式组织具有一定文化水平的青年志愿者到贫困地区从事1~2年中、小学教育和科技、文化、医疗等方面的志愿服务。截至2007年12月底，全国30个省（自治区、直辖市）和中央直属机关组织实施了这项计划，共有近30万名城市青年志愿者报名参加，先后从中派遣了17751名青年到包括西藏、新疆等在内的中、西部19个省（自治区、直辖市）开展服务，服务贫困县达到237个，已形成省内发达地区支援欠发达地区和东西部地区对口支援两种模式以及支教扶贫、支医扶贫两大支柱项目，形成了包括招募、培训、派遣、日常管理、评估、经费筹措等方面的一套组织实施和管理机制。

1999年，共青团中央、教育部又联合组织实施了中国青年志愿者扶贫接力计划"研究生支教团"，按照公开招募、定期轮换的"志愿加接力"方式进行扶贫支教活动。从1999年到2007年已连续成功组建了九届研究生支教团，累计从全国83所重点高校招募了2906名具备保送研究生资格的应届大学毕业生赴中西部20个省（市、区）的76个贫困县（市）开展为期1年的支教志愿服务。

从1996年到1999年，我国政府和共青团中央联合颁布的一系列支教政策和开展的支教活动中，我们也可以看出，在1996年大学生支教只是作为"青年志愿者扶贫接力计划"中的一部分，依附于当时的青年志愿者支教当中。但是，1999年"研究生支教团"的成立，标志着大学生支教开始以自己独立的身份出现在我国支教的舞台上，也体现出我国对大学生支教的不断重视。在大学生志愿者支教的第一阶段，虽然大学生支教已经在全国范围内开展，但是大学生支教的概念并没有正式形成，大学生支教也没有被单独地提出。大学生支教概念的形成和提出是在大学生支教的第二个阶段完成的。

2. 第二阶段（2003—2005年）

2003—2005年，是我国大学生志愿者支教的第二个快速发展时期，在这一时期，我国政府和共青团中央主要颁布了两项重大政策，把我国大学生支教推向了第二个高潮。

2003年，共青团中央、教育部、财政部、人事部《关于实施大学生志愿服务西部计划的通知》（中青联发〔2003〕26号）规定，按照公开招募、志愿报名、组织选拔、集中派遣的方式，招募5000~6000名普通高等学校应届毕业生，到西部贫困县的乡镇从事为期1~2年的教育、卫生、农技、扶贫以及青年中心建设和管理等方面的志愿服务工作。这政策一经提出，就引起了广大大学生志愿者的关注，并在全国掀起了"志愿西部、服务西部"的大学生支教高潮，大学生支教的概念也开始正式形成。大学生支教开始成为当下社会的流行语之一，并开始受到了社会越来越多的关注和重视。

2005年，为贯彻落实《中共中央办公厅、国务院办公厅关于引导和鼓励高校毕业生面向基层就业的意见》（中办发〔2005〕18号），中央组织部、人事部、教育部、财政部、农业部、卫生部、国务院扶贫办、共青团中央决定，联合组织开展高校毕业生到农村基层从事支教、支农、支医和扶贫工作，简称"三支一扶"计划。计划要求按照公开招募、志愿报名、组织选拔、统一派遣的方式，从2006年开始连续5年，每年招募2万名高校毕业生，主要安排到乡镇从事支教、支农、支医和扶贫工作。"三支一扶"政策的提出，是我国第一次在国家政策中对大学生支教进行明确的表述，这也标志着"大学生支教"得到了我国政府的认可和支持。

3. 第三阶段（2006年至今）

2006年，国家"三支一扶"规划实施，以五年为一个周期，招收约两万人次的大学毕业生参加农村支教、支农、支医和帮扶等工作。自九九年至零七年的九年时间内，我国也成功组织了九届高校研究生支教团。

2008年，《国务院关于做好农村综合改革工作有关问题的通知》规定科学分配城乡教学资源，确立完善并支持城乡教职工、高校毕业生在乡村的支教机制和乡村特设师资岗位机制，逐步构建乡村中小学的现代远程教育体系。

2009年，《教育部2009年工作要点》中明确提出全面开展师范生实践支教计划。完善了城乡师资交流激励机制，并不断选拔城镇师资下乡支教。同年"三支一扶"同国家多项政策同步开展，对参与项目的院校毕业生予以生活补助。

2010年，按照国家相关规定，在可支持的地方，也可试点预备公务员制，录取应届本科毕业生优先进行到基层单位支教、支农、帮扶或到乡镇企业劳动锻炼，在锻炼期满二至三年后，再招聘其中的优秀人才到中央国家机关就业。

2012年，《国务院关于批转促进就业规划（2011—2015年）的通知》统筹开展了"选聘高等院校毕业学员到村工作""三支一扶""大学生志愿服务西部计划""乡村义务教育阶段小学师资特设职位规划"等基层就业工程。

2019年，中共中央办公厅、国务院办公厅印发的《加快推进教育现代化实施方案（2018—2022年）》提出了援藏援疆的万名老师支教计划。同时，在10年"银龄讲学计划"的开展，新增了七个中西部试行省，拟支教招募人员增加达到四千名，特岗计划招募规模也增加到了十万人，体现了支教政策对贫困地区的大力倾斜。

2023年，共青团中央、教育部、财政部、人力资源和社会保障部《2023—2024年度大学生志愿服务西部计划实施方案》按照公开招募、自愿报名、组织选拔、集中派遣的方式，招募选派 2 万名西部计划全国项目志愿者（含已招募的第二十五届中国青年志愿者扶贫接力计划研究生支教团志愿者）到西部地区基层工作。西部计划志愿者服务期为 1 至 3 年，服务协议一年一签。鼓励各地参照全国项目要求规范实施西部计划地方项目。

四、"三下乡"社会实践

在暑假或者寒假的时候参加由学校组织的"三下乡"社会实践活动。三下乡社会实践活动是共青团的重要品牌活动，每年都会进行，是大学生融入社会、发挥专业能力的重要途径之一。

（一）"三下乡"活动的概念

"三下乡"活动是中国特色的社会教育实践。"三下乡"是文化、科技、卫生下乡的简称。文化下乡包括送图书、报刊等下乡，送广播电视、电影下乡等群众性文化娱乐活动；科技下乡包括选派专业的科技人员下乡开展科普宣传、传递最新农业科技信息、指导现代农业生产等活动；卫生下乡具体是指包括医生护士下乡义诊、村级卫生条件改善、强化农村卫生从业人员培训、卫生保健宣讲、促进新农村合作医疗事业发展。"三下乡"活动的参与主体是全国大中专院校的青年学生群体。追根溯源，"三下乡"活动萌发于三十多年前我国的早期以大学生为目标人群开展的社会教育实践活动。早在 1982 年，北京大学就在全国高校中率先开展大学生暑假参与社会实践教育的活动。其目的在于引导青年在服务经济建设和社会发展的过程中，充分认识国情、深入了解社会，全面提升素质。随后在 1987 年，团中央在《共青团中央关于改进和加强高校团的思想政治工作的若干意见》中，将大学生参与社会实践确定为高校团的思想政治工作的重要内容、形式和方法。并强调社会实践活动是促进广大学生全面发展，走健康成才道路的有力措施，也是改进和加强高校团的思想政治工作的有效途径。1996 年 12 月，中央宣传部、教育部、农业部、文化部、国家科委等十多个部委联合发布了《关于开展文化科技卫生"三下乡"活动的通知》，从此，"三下乡"活动名正言顺。1997 年高校学生正式启动"三下乡"活动，翻开了中国大学生社会实践教育新的一页。第一个主题是"传播文明圣火，推进扶贫开发"。每年，"三下乡"的主题紧扣时代脉搏，紧跟"三农"现实需要，不断创新变化，全国各大高校、高职院校、大中专学校，纷纷响应号召，积极参与，组织各种形式的"三下乡"小分队，深入基层、深入农村、深入田间地头，开展一场轰轰烈烈的"三下乡"社会实践服务。

（二）"三下乡"活动的意义

高职院校组织的"三下乡"社会实践，就是在以实际行动服务"三农"，具有极强的现实意义。高职学生能够通过"三下乡"将所学的知识应用于农村社会服务的实践，达到理论联系实际、提升高职学生综合素质，培养他们分析问题、解决问题的能力。

从国家层面来看，高职院校开展"三下乡"活动是社会主义新农村建设时期的必然需求。无论是在过去、现在还是今后的很长一段时期，"建设社会主义新农村"将一直是各阶段党和政府各项工作的核心任务。解决好农业农村农民问题是全党工作重中之重，提出城乡发展一体化是解决"三农"问题的根本途径。要加大统筹城乡发展力度，增强农村发展活力，逐步缩小城乡差距，促进城乡共同繁荣重大战略部署。彰显了党对"三农"问题的重视达到了新的高度，体现了党对农村工作规律的认识达到了历史的深度，表明了党解决"三农"问题的决心更加坚定。

高职院校深入开展"三下乡"活动，促进农村文化、科技、卫生事业的发展，是新时期解决"三农"问题，建设社会主义新农村的现实需要。从农村社会层面来看，高职学生"三下乡"活动是沟通学生和农村文化、科技、卫生的桥梁，"三下乡"活动既是实行素质教育、爱国主义教育、思想道德教育的重要载体，也是培养和提升大学生全面发展的能力、理论联系实际的能力、全方位的综合素质的途径之一。

高职学校开展"三下乡"活动有利于增强学生思想教育、政策教育、国情教育，提升学生爱国主义、集体主义和社会主义意识。目前，随着科技日新月异，对于应用型人才的市场需求旺盛。高职学生是科学技术的掌握者、使用者和创新者，也是传播科技文化的重要载体。科技文化服务是在现行经济社会发展条件下，对我国高等教育的社会教育实践功能提出的必然要求。高职院校作为新兴技术和先进文化的发源地，组织学生开展不同主题的"三下乡"活动，为城市和农村搭建了传播科技文化知识的快速通道，既能让高职院校的学生发挥专业特长，又能直接为农民带去知识和技术，帮助农村解决生产技术难题，帮助农村培养科技人才，从而缩小城乡经济、文化差距。

从学生角度来看，高职院校组织"三下乡"活动是大学生成长成才的有力保证。知识经济时代已经来临，作为承担科教兴国重任的高职院校，前所未有的机遇和挑战并存。时代的进步，经济的发展呼唤教育培养人才的模式根本转变。开展高职院校学生"三下乡"活动是深化高职院校教育改革的重要举措，解决传统教育体制中教育滞后于经济发展的重要问题。开展高职院校大学生文化、科技、卫生"三下乡"社会实践活动，可以将高校教育与社会需求，经济发展与教育实践沟通起来，架起教育与地方经济、文化建设之间的桥梁。从而促进高校教育走出象牙塔，多接地气，实现从封闭式向开放式转变，助推人才培养模式从传统型向实践型转变，实现高职院校教学改革，从专业设置、课程安排、教学内容、教学方法的全方位调整，形成适应经济社会发展的办学新模式，培养更适应市场需求、更适应知识经济时代的新人才。

（三）"三下乡"活动的主要内容

1. 义务支教

农村教育普遍存在资源有限、师资力量薄弱的特点，在一些偏远的农村甚至存在很多中青年文盲。高职院校的学生通过义务支教为农村学生开展体育、美术等素质教育，帮助学生提高综合素质。近年来，随着对留守儿童的关注度提高，也涌现了一些为留守儿童义务家教等活动。同时，通过开展宣讲，现代网络技术服务等开展科普扫盲，缩小数字鸿沟，引导他们学习知识。

2. 法律维权

农村群众普遍存在法律意识不强，法治观念淡薄等问题，尤其是妇女、儿童等弱势群体，权益被损害却不能自我维护。高职院校大学生在"三下乡"活动的过程中，对他们进行法律和政策宣讲，不断增强他们依法维权的意识和寻求法律援助的能力。

3. 科技普及

目前，我国农村已经从传统的生产方式向现代化农业生产方式转变。在这个过程中，需要掌握科学技术的农村人才。高职学生的专业技能应用性强，通过"三下乡"活动为农民传播新科技，帮助农民创业增收。

4. 卫生服务

农村的医疗卫生条件是新农村建设薄弱环节之一。随着社会的发展，农民对于卫生、健康、养身等方面的需求与日俱增。在高职院校组织的"三下乡"队伍中，由医科专业学生利用所学，在农村开展卫生健康知识的宣传和医疗服务，帮助农民提高身体素质，形成健康的生活方式。

5. 群众文化

群众文化，是以基层大众为主体的社会性文化。在社会生活中，群众文化无处不在，无时不有，是人民群众自我娱乐、自我教育、自我完善、掌握文化和创造文化艺术的活动。但是应当看到，与城市相比，农村基层的群众文化依然存在发展不平衡、文化资源缺乏、活动难以实施等许多困难，虽然都基本拥有活动阵地，但使用率不高，发挥的作用不大。

五、社区志愿服务

社区志愿服务立足基层组织，面向社会全体成员，旨在增进社区福祉，协调社会各阶层关系，促进各阶层和睦共处，推动社区精神文明进步。一般城市街道社区每年在学生放假之后都会组织开展社区志愿服务活动，可以积极报名参加，既可以有社会实践学分奖励，还可以服务他人、成长自己，是一个很不错的社会实践机会。

（一）社区志愿服务的兴起与发展

我国城市社区志愿服务起源于20世纪80年代末期。1989年3月，天津市和平区新兴街道建立了全国第一个社区服务志愿者协会，从此拉开了我国城市社区志愿服务的序幕。在这之后不久，我国的另一支志愿者组织——青年志愿者组织也应运而生，并很快成为社区服务的新生力量。1993年底，共青团中央决定实施中国青年志愿者行动，1994年12月5日，成立了中国青年志愿者协会。青年志愿者社区援助计划开始实施开始于1995年5月，全国大中专学生在寒暑假、周末或课余时间，深入社区开展各种形式的志愿服务活动。与此同时，社区青年志愿者服务站也在全国各地逐渐建立起来。2000年6月，共青团中央、中国青年志愿者协会发出了《关于在全国推广青年志愿者社区发展计划的通知》，提出要"全面推进中国青年志愿者社区发展计划"。2004年11月，共青团中央、全国学联发出号召，要求在全国高校开展大学生志愿者文体、科技、法律、卫生"四进社区"社会实践活动。随后，各级青年志愿者协会也逐步建立起来，目前已形成了全国性的志愿服务组织管理网络，全国90%以上地、市、州、盟，80%以上的县、区、市2000余所高校成立了青年志愿者协会，这标志着中国青年社区志愿活动逐步走上了正规化、组织化和规范化的轨道。三十几年来，随着青年志愿者行动和我国社区服务事业的深入发展，大学生志愿者进社区活动在高等学校得以迅速地发展，其已经成为当前高校青年志愿者行动最基本的工作领域。广大大学生志愿者以弘扬"奉献、友爱、互助、进步"的志愿服务精神，秉承"服务他人、奉献社会"的志愿服务理念，积极参与城市和谐社区的创建工作，得到政府和社会的高度评价。特别是近些年来，共青团中央以青年志愿者社区发展计划为统揽，与有关部门密切合作，组织实施了"志愿者为老服务金晖行动""爱心助成长"志愿服务计划、"百万青年志愿者助残行动"、法律援助志愿者服务计划、禁毒志愿者行动、青年志愿者"四进社区"等活动，推动了社区志愿服务的蓬勃开展，在全社会产生了广泛而深远的影响。

目前，随着大规模的大学生志愿者社区服务活动的开展，全国有很多高校都在驻地附近确定了自己的社区服务实践基地，尤其是较发达地区的高校志愿者组织，在各级共青团组织的领导下，在实践层面上已经开创了许多切实有效的服务项目。

（二）社区志愿服务内容

大学生志愿者作为青年志愿者队伍中最活跃、最积极、最集中、最有影响力的一个群体，由于得到政府和高校的支持，使得这支队伍如雨后春笋般在全国高校蓬勃发展，不断壮大。大学生志愿者进社区活动，围绕党和政府以及学校的中心工作，服务于党和政府以及学校的工作大局，开创高校德育教育的新局面。大学生志愿者进社区活动是根据社会、学校发展的需要和提供志愿者服务对象的社会资源，按照社会的需求和高校德育工作的任务，结合大学生自身的特点与实际，有目的、有计划、有组织、有针对性地在社区开展各种内容丰富、形式多样的志愿活动。志愿活动在发挥大学生服务社会能力的同时，又能使他们自身的素质得到提高。

1. 养老服务

根据第七次人口普查的数据显示，我国 60 岁以上人口已达到 2.64 亿，占总人口的 18.1%。而国际上公认的衡量老龄化社会标准是国家 60 岁以上人口占总数的 10% 或 65 岁以上人口占总数的 7%。从以上数据可以看出我国正面临着严峻的人口老龄化问题，老龄化人口增速快，超前于我国现有的经济发展水平。"未富先老"映射出庞大的刚性养老需求，家庭规模的小型化，人口流动的加速等都对养老服务发起了挑战。大学生志愿者走进社区提供养老服务，能够关心和帮助解决社区中老年人生理及心理上的问题，同时培养充满人文关怀的社区氛围。

2. 扶贫帮困

扶贫帮困主要是针对残障弱势群体和失业者提供的服务。由于市场经济的竞争激烈，失业者比重上升导致家庭的生计无以维持。在社会保险制度不够健全的形势下，失业保险能够提供给失业者的物质保障是有限的。另外，失业压力可能导致失业者出现心理问题，出现心理问题的失业人员可能成为影响社会正常秩序的隐患。社区志愿者通过多种途径，例如开展就业培训，宣讲就业方法，宣传就业信息等，指导帮助社区失业人员再就业。此外，社区志愿者还能发动广大社会成员对那些弱势群体奉献更多关爱，帮助他们走出困境，树立信心。

3. 咨询和宣传教育服务

咨询服务主要指由具有专业背景的志愿者组建的相对固定的咨询服务队伍，为社区居民开展咨询服务。如今人们的法律意识不断增强，懂得用法律维护自身的权益，但多数居民因法律知识缺乏、律师诉讼费昂贵无法获得法律援助。因此，社区志愿服务队要定期开展法治宣传，建立社区法律咨询服务站、宣传栏等。在医疗咨询方面，定期开展心理咨询日、义诊等活动。此外，对于有心理压力和心理问题的居民，社区志愿者可以直接在居民家里为其提供心理咨询服务，避免居民患上心理疾病或者病情加重。宣传教育服务主要是志愿者在社区中通过办理宣传窗、黑板报等方式宣传一些由国家或地方政府颁布的有利于社区发展的理念、措施或政策，辅助基层政府社区工作的开展，创建一个有益于健康的社区环境。

4. 治安维护和环境保护

在治安维护和环境保护的实施方面,社区志愿者成立安全巡逻小组,紧密联系社区所在派出所对社区的治安事件进行调解。及时向社区居民宣传保护公共设施、维护公共卫生的知识,定期对社区的公用设施进行清洁和维修工作等。除上述服务内容外,社区志愿服务还涵盖社区的文化体育建设,家庭教育,科技知识普及等其他服务项目。

(三) 大学生志愿者进社区活动的意义

1. 有利于树立社会主义荣辱观

社会主义荣辱观是社会主义核心价值体系的基础,与大学生志愿者进社区活动中所倡导的"奉献、友爱、互助、进步"志愿服务精神相一致。大学生志愿者进社区活动是社会主义荣辱观教育生动的实践,大学生志愿者把社会主义荣辱观与服务社会、服务他人的实践相结合。他们"以团结互助为荣、以损人利己为耻",不计报酬、扶贫助困、互助自助,积极地为他人送温暖、为社会做贡献。他们"以服务人民为荣、以背离人民为耻",把个人的前途和祖国、人民的需要结合起来,从自己做起从身边小事做起,宣传科学知识、提倡诚实守信。他们立足基层走向社会,从点滴做起,逐步树立为祖国、为人民服务的思想,在多姿多彩的志愿者行动中感受生活、体验人生,提升思想、知荣明耻,深化了对社会主义荣辱观的理解和贯彻。

2. 有助于加强社区文明建设

加强社区文明建设是新的历史条件下推进两个文明建设的一项重要举措。大学生志愿者进社区活动有利于在社区开展群众性文明创建活动,社区内居民群众的多层次需要为大学生志愿者开展社区服务提供了广阔的天地。大学生志愿者参与社区文明创建活动,使志愿服务进一步向基层推进,走近广大居民、进百姓的日常生活,其直接服务于人民群众生活的基本要求,能够提升人们的思想道德修养和提升整个社会的精神文明风尚。高校大学生志愿者为服务对象提供快捷、优质的服务,使他们感受到党和政府以及社会给予的温暖,促进志愿精神深入人心,促进"我为人人、人人为我"风尚的广泛形成与发展,是高校青年志愿者工作保持不竭的动力源泉,使其成为一项深深扎根于社区居民需求人人自愿参与对人人有益人人有所作为的社会公益事业。

3. 有利于提高大学生的思想道德素质

高校德育工作的核心内容就是帮助大学生树立正确的世界观、人生观和价值观。德育教育的最终目的就是要使大学生通过一定的学习和实践,能够正确认识和把握自己,确立正确的人生目标和价值取向,在价值目标的指导下处理好个人利益和社会利益的关系、自我利益与他人利益的关系。大学生志愿者进社区活动是增强大学生社会责任感和时代使命感,培养理想人格、塑造个体内在道德品质的有效途径。大学生志愿者进社区活动的宗旨和内容,要求志愿者要以自愿和奉献的精神参加社区服务活动,这就决定了它是一项高尚的社会道德实践。它引导大学生摒弃金钱至上和贪图享乐的思想,树立正确的人生观。它以社会公益为基点,不计报酬服务他人、奉献社会。引导大学生抵御唯利是图、以权谋私等个人主义思想腐蚀,形成正确的价值观。它注重实践,面向社会引导大学生逐步形成正确的世界观,培养了他们爱国主义精神和远大理想。

4. 有利于培养大学生理论联系实际的能力

当前大学生大多是由学校到学校,生活经验、社会阅历不足,实际接触社会的机会很少。他们所接受的教育没有在实践中得到检验和引导，感性思维并没有上升为理性思维，一定程度上存在着社会化迟滞的现象，要解决这个问题就要使高校教育进入社会现实生活。大学生志愿者进社区活动提供了一条使大学生深入接触社会，与社会提前"磨合"的重要途径，是新时期大学生主动参与社会的一条新渠道，受到了大学生的普遍欢迎。据权威调查显示，有的同学认同志愿者进社区活动是"青年自身主动进行社会参与的新形式"。大学生志愿者通过开展和谐社区构建系列活动，可以帮助他们走出狭窄的生活圈子，了解到更为广阔的社会和人生。在为社区服务的同时，他们也获得了学习新知识、新技能的机会，从丰富生动的社区服务中学会和理解了很多原来陌生的东西，大大开阔了眼界、增长了见识、提高了能力。许多大学生在积极参与志愿服务之后都感受到自身的学习能力、创新能力、沟通协调能力、团队合作能力和承受挫折能力等均有不同程度的提高。

思考与讨论

1. 请谈谈对校园文化的理解。
2. 请谈谈你入学第一年的社团规划。
3. 请谈谈你入学第一年的科技规划。
4. 请谈谈你入学第一年的艺术规划。
5. 请谈谈你入学第一年的社会实践规划。

第七章 就业与创业

广大青年要牢记"空谈误国、实干兴邦",立足本职、埋头苦干,从自身做起,从点滴做起,用勤劳的双手、一流的业绩成就属于自己的人生精彩。要不怕困难、攻坚克难,勇于到条件艰苦的基层、国家建设的一线、项目攻关的前沿,经受锻炼,增长才干。要勇于创业、敢闯敢干,努力在改革开放中闯新路、创新业,不断开辟事业发展新天地。

——2013 年习近平同各界优秀青年代表座谈时的讲话

 本章导读

大学生要增强就业竞争意识,不断提高自己的竞争力,不断补充以实用为导向的职业知识、以专业为导向的职业技能、以价值为导向的职业观念、以结果为导向的职业思维、以敬业为导向的职业态度、以成功为导向的职业心理,不放弃任何一个职业素质培养与形成的机会,一点一滴积累,为自己的职业生涯发展积蓄含金量。

当代中国青年是与新时代同向同行、共同前进的一代,生逢盛世,肩负重任。在平凡的工作岗位上努力实现职业价值,就是对人生梦想的有力回馈,就是对国家、对社会的有益贡献。在时代大潮中找到自己的坐标,在不懈奋斗中尽到自己的责任,必能让个体奋斗与强国宏图同频共振。

第一节 职业生涯规划

一、职业生涯规划内涵与类型

(一)职业生涯规划内涵

职业生涯规划是指个人和组织相结合,在对一个人职业生涯的主客观条件进行测定、分析、总结研究的基础上,对其爱好、能力、特长、经历及不足等各方面进行综合分析与权衡，结合时代特点，根据其职业倾向，确定最佳的职业奋斗目标，并为实现这一目标做出行之有效的安排。譬如做出个人职业的近期和远期规划、职业定位、阶段目标、路径设计、评估与行动方案等一系列计划与行动。

职业生涯规划是一个人主动的、有意识的行为。在制定职业生涯规划时，我们应该全面评估自身的价值，清晰地认识到自身的人生目标，并且确立自身的专业方向。只有这样，我们才能够更好地利用学习、实践等机会，获取职业发展所需的知识、技能和经验（图2）。

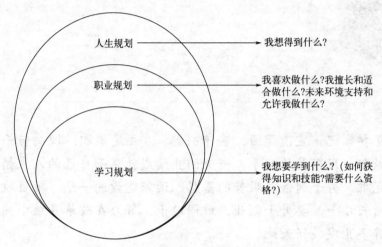

图2　人生、职业与学习规划关系示意图

（二）职业生涯规划类型

通过对大学生的职业发展进行深入研究，根据大学生职业生涯规划的特点及时间维度划分方法，可以将大学生职业生涯规划分为两种类型。

1. 远期规划

通过制定长期的规划，可以帮助大学生清楚地确定自己的未来，并且确保自己的职业规划始终如一。这样，就可以有效地把握自己的未来，并且有助于不断提升自己的技术水平，从而获得更多的竞争优势。

远期规划的成功取决于个人的全面性、准确性以及洞悉当下的社会发展趋势，因此，个人应该全面考虑，仔细审视，结合当下的经济状况、未来的发展趋势以及未来的发展规划，来确立明确的职业规划。由于长期规划的复杂性，以及随着个体及外部环境的持续变动，其执行的挑战也越来越高，从而导致了长期规划的最终成功率较低。

2. 近期规划

近期规划是规划时间年限与大学生生涯年限基本符合的职业生涯规划。大学生正处于职业生涯探索阶段，这个阶段的主要目的就是通过选择、尝试与磨合，找到合适自己的职业。大学生的职业生涯近期规划，就是大学生根据这个阶段的主要特点和任务要求，在确立了总体目标之后，以实现就业为阶段目标，为自己的大学生涯制定相应的行动计划和实施方案。

对大学生而言，近期规划更具针对性和可操作性。近期的规划能够帮助大学生们有效地把握机遇，并且能够根据个人的特点、能力、兴趣爱好等因素，来决策未来的职业发展。制定大学期间的学习、培训、实践计划，不断挑战自我、超越自我，为将来迈出校门、走向社会做好准备，为总体目标的实现打下良好的基础。由于规划的时间跨度不大，因此近期规划也比较易于评估与修正,当学业生涯各个分阶段的目标未能达成时,大学生可以适时调整实施策略,不断修正、完善。由于近期规划能与大学阶段的学习和生活紧密联系,因此,大学生在规划自己的职业生涯时,主要采用近期规划。

近期规划的局限性表现在,它仅仅将求职择业作为一个阶段,而没有考虑中期和长期的发展目标,从而无法将其与远期目标有机结合,这些缺失的部分只能等到大学生真正踏入职场,根据自身的实际情况及外部环境因素来重新制定。

二、自我认知的探索

(一)自我认知概念

在职业发展计划中,自我认知指的是要分析自己最适合做什么,弄清自己所追寻的目标是什么。自我认知就是一个人对自己的认识、评价和期望,具体包括对自我人生观、价值观、受教育水平、职业锚、兴趣、特长、性格、技能、智商、情商、思维方式和方法等进行分析评价,从而达到全面认识自己、了解自己的目的。通过全面的自省,可以更好地确立个人的职业规划,从而增加事业成功的机会。

(二)兴趣的概念

兴趣是注意与研究某种事物或从事某种活动的积极态度与倾向,是在一定需要的基础上,在社会实践中发生和形成的。它在人的职业选择过程中具有重要作用,是进行职业选择的重要依据。人的兴趣在职业活动中起着重要作用。古今中外许多著名的文学家、科学家、艺术家等,都是在强烈的兴趣驱动下取得了事业的成功。

(三)兴趣对职业生涯的影响

1. 兴趣是职业生涯选择的重要依据

就像人们喜欢追求自身热爱的事物一样,拥有某种特定兴趣的人也会更加热衷于寻求与之相关的职业,尤其是当外部环境变得越来越宽松时,他们会更加乐意去选择自己所热爱的职业。通过对自身的兴趣和特长进行全面的评估,我们可以更好地预测并为自己的职业发展提供指导。

2. 兴趣可以增强职业生涯的适应性

因为兴趣可以通过工作动机促进个人能力的发挥,兴趣和能力的合理结合会大大提高工作效率。

3. 兴趣影响工作的满意度和稳定性

通过激发兴趣,我们可以更好地发挥个人潜能,而将这些潜能与工作目标有机结合,将会极大地提升工作效率。

(四)职业性格的探索

1. 职业性格概念

职业性格是指人们在长期特定的职业生活中所形成的与职业相联系的、稳定的心理特征。例如,有的人对待工作总是一丝不苟,踏实认真;在待人处事中总是表现出很高的原则性、果断、活泼、负责;在对待自己的态度上总是表现为自谦、自信、严于律己等。所有这些特征的总和就是他的职业性格。

2. 职业性格测试

在职业心理中,性格影响一个人的适应性,一定的性格适于从事一定的职业,同时,不同的职业对人有不同的性格要求。因此,在考虑或选择时,不仅仅要考虑自己的职业兴趣,还要考虑自己的职业性格特点。当今国际最为流行的职业性格测评工具是迈尔斯布里格斯类型指标(表1)。

表1　迈尔斯布里格斯类型指标(MBTI)自测

内倾感觉思维判断 (ISTJ)	内倾感觉情感判断 (ISFJ)	内倾直觉情感判断 (INFJ)	内倾直觉思维判断 (INTJ)
内倾感觉思维知觉 (ISTP)	内倾感觉情感知觉 (ISFP)	内倾直觉情感知觉 (INFP)	内倾直觉思维知觉 (INTP)
外倾感觉思维知觉 (ESTP)	外倾感觉情感知觉 (ESFP)	外倾直觉情感知觉 (ENFP)	外倾直觉思维知觉 (ENTP)
外倾感觉思维判断 (ESTJ)	外倾感觉情感判断 (ESFJ)	外倾直觉情感判断 (ENFJ)	外倾直觉思维判断 (ENTJ)

注:E为外倾型;I为内倾型;S为感觉型;N为直觉型;T为思维型;F为情感型;J为判断型;P为知觉型。

三、职业生涯规划的步骤与方法

(一) 系统的生涯规划方法

系统的生涯规划方法,具体如图3所示。

(1) 我想要什么?这是同学们的价值倾向,通过对自己的兴趣、价值观、理想、成就动机等因素的分析,确定个人目标,明确自己的方向。

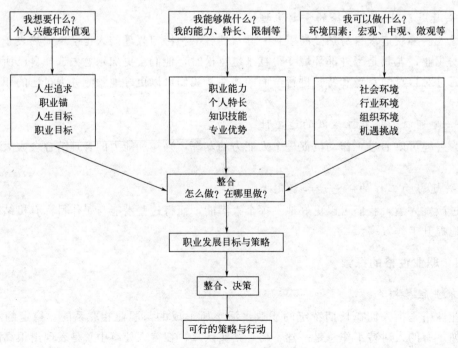

图3　系统的生涯规划方法

(2) 我能够做什么？这是个人的能力倾向，通过对自己的能力专长、专业知识和社会经历等因素的分析，确定自己的职业能力倾向，了解自己能够向哪一条路线发展。

(3) 我可以做什么？对当前及未来的社会环境、经济环境、组织环境等进行分析，确定自己的发展机会，明确自己的职业方向是否受到环境因素的影响。

(二) 职业生涯规划设计步骤

1. 自我分析

自我分析就是要全面地了解自己。一个有效的职业生涯规划必须是在客观充分地熟悉自身条件与相关环境的基础上进行的；要审视自己、了解自己、做好自我评估，包括自己的爱好、特长、性格、学识、技能、智商、情商、思维方式等。即要弄清自己想干什么、能干什么，在众多的职业面前选择最适合自己的。

2. 环境分析

为了成功地实施职业生涯规划，我们需要全面了解和评估周围的环境，并分析它们的特点和变化情况。我们还需要掌握这些环境因素的优势和局限性，并了解我们所在的专业和行业的地位和形势。通过使用 PEST 分析法，我们可以对当前的社会和企业环境进行全面的分析，并结合个人的分析结果，为自己的职业发展提供有价值的信息，从而为自己的未来规划出一条明确的路径。

3. 确立目标

建立明确的目标是构建一份完整的职业发展计划的基础，它包括：短期目标、中期目标、长期目标和人生终极目标。为了达到这些目标，我们必须付出持续的努力，并且在设定短期、中期、长期的目标时，应该结合当下的情况，进行综合的评估，以便达到最佳的结果。许多伟大的领袖从头至尾都在追求着他们的梦想，他们毅然决然地投入到实现这些梦想的过程中，因此，他们的梦想便如同指引着他们前进的灯塔。

4. 职业定位

在进行职业选择时，我们应该根据个人的兴趣、技能、背景和所处的社会环境来确立合适的方向。这样，我们可以更准确地找到我们的工作，并且可以更充分地发挥我们的个人潜力。在这个过程中，我们应该注重个人的个人品质、兴趣、技能和背景，并结合这些因素来制定合适的工作方案。通过建立职业锚，我们可以清晰地认识到自己所处的环境，并且根据这些环境来制定出最佳的职业规划。在此基础上，还需要综合考量个体、社会、企业等多种因素，并且根据自身优缺点，进行综合判断，从而找到最佳的职业，最大限度地提升自身价值。同时，应该随着形势的发展而迅速作出反应，以便更好地实现自己的职业梦想，而非固守旧习。

5. 实施策略

确定一个明确的、切合实际的、能够帮助个人达成职业生涯目标的行动计划，不仅仅需要一个明确的时间表，还需要制订周详的行动方案，更要注重落实行动方案。按照规划的短期、中期、长远发展目标制订出阶段性的行动方案，再将阶段性的方案细化到日常可操作的层面。行动贵在坚持，养成习惯，很多不适应和麻烦会主动为你让路，良好的习惯是成功的保障，大胆去执行，只要认定了目标，坚持行动，不成功都难。

6. 评估与反馈

在职业生涯规划的过程中，要定期进行效果检查，及时发现并解决各个环节的问题，并采取有效的措施来改进和完善规划。其中，正确的自我评估是最重要的一步，如果没有做到位，可能会导致整个规划过程出现问题。

现代社会，在一定程度上，规划决定命运。有什么样的规划就有什么样的人生。我们的时间非常有限，越早规划你的人生，你就能越早成功。要想改变自己的人生，就要先从改变自己开始，做好自己的职业生涯规划。大学生正值规划的黄金时段，大学阶段的职业生涯规划又有哪些常见的问题呢？

四、职业生涯规划中常见的问题

（一）自我评估中存在的问题

1. 认识自我的途径单一

大学生应该利用职业生涯测评系统来更好地了解自身，并且在制定职业规划时，应该多与身边的朋友、家人和老师进行交流，倾听他们的意见，不断调整规划，以便更加全面、准确地把握自身的发展方向。

2. 认识自我的内容不够全面

大学生在自我评估时主要分析个人的兴趣、爱好、特长、性格、价值观、优缺点，忽视了对自己情商、思维方式的分析，而这些因素对职业生涯有着非常重要的影响。美国哈佛大学心理学家丹尼尔·戈尔曼指出："真正决定一个人能否成功的关键，是情商而不是智商。"情商高的人，社交能力强，外向而愉快，不易陷入恐惧或伤感，对事业较投入，富有同情心，情感生活较丰富但不逾矩。思维方式是人们大脑活动的内在程式，它对人们的言行起决定性作用。思维是智力活动的核心成分，不同的思维方式体现了不同学生能力和智力的差异。所以，对思维方式和个人情商的认识是自我认识的重要内容。

（二）外部环境分析中存在的问题

1. 只有普遍性，忽视特殊性

当提起外界因素，许多大学生通常会提起家庭、学校和社会的各种因素。然而，当提起家庭因素时，人们往往更关注的是财务状况和父母的愿景，却忽略了传统价值观。对于学校环境，只简单介绍学校性质，没有介绍社会认可程度、校风、专业以及适合本专业的工作领域。对就业形势的评估，也只是从宏观的角度来分析问题，犯了"大而全"的错误，缺乏针对性。

2. 关注职位能力不够，对行业、职位了解的途径单一

对职位需要具备什么能力关注不够。很多大学生不清楚未来职业的工作内容、工作环境、任职条件（所需的知识、能力、经验和证书等）以及与之相适应的职业兴趣类型。大部分人通过互联网获取有关行业和职业的信息，但是我们也可以从多种渠道获取这些信息，比如新闻报道、招聘会、行业展览会、专家访谈，甚至可以与在职人员、行业领袖和专家进行交流，从而更好地了解这些信息。

（三）确立目标中存在的问题

大多数大学生在制定目标时，由于缺乏明确的定位分析，以及与专业和职业的关联度较低，往往会把它们设定得过于理想化。因此，建议大学生根据自己的专业知识以积极、务实的态度来制定职业规划,并从基础工作开始,逐步积累经验。

(四) 制定路线中存在的问题

有些大学生对自己毕业后的计划,只是对未来职业的某个岗位的具体描述,大部分人仅仅是从互联网搜索得来的,并没有与实际相结合。大学生在制定计划时,应该多和社会职场人士沟通、交流,获取足够的行业、企业和职位信息,这样才能保证职业规划的社会性和可实施性。

(五) 评估修正规划中存在的问题

有些大学生忽视了这个步骤,或者计划实施与备用方案间缺乏内在联系。还有些大学生在评估修正时过于简单化,只是提到如果未能按原计划实行,那么就从事别的工作,并没有切实可行的备用方案。

五、职业生涯规划的意义

(一) 职业生涯规划对个体有指导和调整的作用

职业生涯规划是大学生根据自己的能力、价值观、人格、个性特征,考虑社会需求及自身专业、兴趣等制约因素,为自己确立职业方向,选择职业生涯目标与道路,并制订为实现职业生涯目标而采取的教育发展行动计划。职业生涯规划的作用和意义就是让同学们能够清醒理智地明确目标,才能少走弯路。

对毕业生来说,在满足自己兴趣爱好的前提下,以及认真分析个人性格特征的基础上,可以适当的结合自己的知识结构和专业特长,对将来从事的工作进行方向性的调整。大学生在走进社会前,要将现实环境和长远规划相结合,给自己的职业生涯做一个清晰的定位,是求职就业乃至将来职业升级十分重要的一环。通过规划职业生涯,了解社会现实和职业要求,确立职业发展目标,在日益激烈的社会竞争中找到适合自己发展的平台,并有针对性地开展学习、培训和各种实践活动,充分发挥个人长处,克服缺点和不足,挖掘自身潜能,增强自身综合素质,提升竞争实力。

大学生对自我了解越深入,职业生涯规划越明确;个体职业生涯规划越明确,毕业选择的结果与最初打算的一致性越高、满意度越强。职业生涯规划已成为确定毕业生职业选择与人生事业走向的重要决定因素。

1. 职业生涯规划可以增强发展的目的性和计划性,提升成功的概率

生涯发展要有规划、有目的,不可盲目地"撞大运",大部分时候我们的职业生涯受挫的原因就是生涯规划没有做好。好的计划是成功的开始,"机遇只偏爱有准备的头脑。"因此,积极开展职业生涯规划,实际上是主动地去适应社会发展,逐渐树立明确的发展目标,实现自身的生涯目标。

2. 职业生涯规划可以发掘自我潜能,增强个人实力

职业生涯规划的基础是大学生充分地认识自我和客观地分析环境,这正是使自我与社会实现最佳结合的前提。任何一个人都是有潜能的,但这种潜能只有在自我与社会的最佳结合点才能有效释放。一份完善的职业生涯规划可以帮助你更好地了解自身的特点、拥有的资源和潜力,从而更准确地定位自身的价值,并且不断提升;它还可以帮助你深入分析自身的优

势和不足,从而更清晰地确定自己的职业目标,运用科学的方法实现人生目标。

3. 职业生涯规划可以帮助个人应对困境、战胜挫折、完善逆境情商

每个人进入社会都不可能一帆风顺,在困难与挫折面前,有人迈过去了,有人却被淘汰,甚至一些学业十分优异的好学生,往往在遭遇挫折时一蹶不振。他们缺少的不是智力,而是一种被称为逆境情商(AQ)的"智商"。事业的成功离不开智力与能力,同样离不开逆境情商,只有那些能够应对困境、战胜挫折的人,才有可能达到事业的顶峰。职业生涯规划正是针对个人特质,有针对性地制订培养锻炼计划,以提高应对逆境的能力,完善逆境情商,为事业成功奠定坚实的基础。

(二) 职业生涯规划对社会发展有推动作用

1. 有利于缓解我国大学生的就业压力

众所周知,近年来我国的就业压力一直都非常大。虽然大学生就业难是多方面的因素造成的,如国际经济的不景气、我国正处于经济体制的转型时期,以及高校的扩招、专业设置不能适应市场的需求等,但其中还有一个非常重要的因素,那就是毕业生自身的问题。现在的高校毕业生中,在离开工作单位之前,并未清楚地认识到他们的潜力和技能,甚至没有明确的方向,导致他们在求职过程中出现一种盲从的现象,从而加剧了就业困境。如果我们能够有效地实施大学生职业规划教育,就能在很大程度上缓解我国大学生的就业压力,最终,为社会带来更多的稳定性和发展机遇。

2. 有利于高校的生存与进一步发展

近几年,各地放弃参加高考的人数每年都在上升。虽然弃考的原因是多方面的,但主要的原因是一些家长从短时利益考虑,觉得上大学并不划算,并且在毕业时会面临"就业难"的问题。因此,大学生的就业前景对于高校的发展至关重要,需要通过积极的措施解决这个问题,促进高校取得更大的发展。

🌱 知识拓展

"人职匹配"理论和霍兰德职业性向测验量表

人职匹配是用于职业选择、职业介绍和职业咨询的经典性理论。要缓解大学生就业难局面,不仅要解决就业率问题,更关键的是要提升就业质量,较好地实现"人职匹配"。人职的优化配置不仅有利于个人价值得到最大限度的发挥,而且能为用人单位带来效益,同时有利于整个社会人力资源的优化与整合,是就业质量的最佳体现。

人职匹配理论建立在认同个体与职业双重差异的基础上,假定每个人都有适合自己的职业,职业指导就是帮助个人实现个性、兴趣、能力等与职业的匹配。因此,它为个性化的职业指导奠定了理论基础,指明了方向。人职匹配理论的指导模式一般分为三个步骤:第一步,评价被指导者的生理和心理特点及兴趣,即特性;第二步,分析职业对就业者的要求,即因素;第三步,进行人职匹配,帮助被指导者选择职业,既符合个人的身心特点和兴趣,又能够适应工作的需要。

霍兰德职业性向测验量表是人职匹配过程中不可或缺的一环,它可以帮助个体深入了解自身的职业兴趣和能力,从而更有针对性地进行职业选择,为求职者提供有效的参考依据。

第二节 就业观念指导

一、转变传统就业观

(一) 传统就业观

1. 求稳定怕风险

不少学生和家长都认为十几年寒窗苦读就是为了有稳定、保险、安全的工作，只愿意去国有企业、大公司、机关事业单位，不愿意去民营企业和小公司。针对一些大学生不看好中小企业，认为其管理不规范、工作不稳定、待遇不高、机会不多、品牌不强的情况，建议大学生要目光长远，给自己多一些选择的机会，不要给自己选择设限制，非国企不进、非外企不去。

回顾中国民营企业发展史，一个不争的事实：大型民营企业也都是从小型民营企业发展过来的。1984年，柳传志带着10位技术人员，借款20万，创立联想；1988年，任正非等6个人凑了8万元创业，成立华为。他们成立之初，一样不被人看好，一样是招人难。可以说，当初这些创始人都没有想到，搭着中国市场化改革和经济全球化的大势，他们的企业发展会如此迅猛，10年、20年之后，他们企业的规模和影响力会如此强大。

2. 过于看重薪资待遇

薪酬待遇是人才价值的重要体现，不少毕业生在面试时最关心的就是薪酬，把薪酬待遇高低作为最关键的条件，忽略了个人的发展机会等，开口就问薪酬，钱少了不干，错失了很多就业机会。要知道，在市场经济条件下，对劳动力价值的评估是客观和严格的，只有你为单位创造的价值高，薪酬才高，越是高薪的单位对人才素质的要求也越高。作为刚毕业的职业院校学生，缺乏社会经验，实践动手能力也不强，一毕业就拿高薪并不现实，应把是否有利于个人发展和能力提高作为评判用人单位的关键标准。即使某单位现有薪酬水平不高，但如果该单位有施展才华的平台，有良好的用人环境，有利于个人能力的提高，它就值得你选择。

3. 轻视基层经验

部分学生好高骛远、临渊羡鱼，一心想做管理层，不愿从基层做起，不重视培养自己的实践动手能力与个人技能。其实基层工作经历是对大学生的锻炼与积淀。眼高手低，好逸恶劳，不屑平凡，不愿从基层做起的观念是不利于职业院校毕业生就业的。万丈高楼平地起，基层工作是同学们累积技术和能力的重要途径。

4. 在就业过程中切忌过分强求专业对口

多数毕业生和家长都有"就业一步到位"的思想，认为一就业就能找到一份可以依赖一生的工作。其实，大学毕业生只有把毕业后的前两年工作经历看作是在社会这个大学校里继续学习锻炼的机会，才可能更好的找到自己在社会立足的位置。科技发展使经济结构不断调整，一些传统企业可能萎缩消亡，新兴产业应运而生，社会的发展要求人才不断流动，"就业一步到位"的思想反而会让人错失许多就业机会。

(二) 转变传统就业观

1. 把握注重科技创新的战略机遇，投身创新领域就业

科技自立自强是实现高质量发展的战略支撑。人才是实施创新驱动发展战略的第一资

源。据科技部统计,2020年我国研发经费达到24426亿元,科研人员达到376万人次。我国高科技企业数量同比增长24%,实现营业收入51.3万亿元,同比增长13.8%。工业总产值37.8万亿元,同比增长16.6%;利润总额3.8万亿元,同比增长20.1%。科技研发企业需要大量的人才,也包括职业技能型人才。

2. 把握积极培养内需机遇,融入到国家重大战略中建功立业

当前,党和国家实施东部率先发展、中部崛起、西部大开发、东北振兴等重大战略,积极推进京津冀、长江经济带、长三角、粤港澳大湾区、成渝地区双城经济圈等发展战略,这些地区经济发展提速、战略产业布局等为高校毕业生就业提供了良好的就业发展机遇。

3. 把握推动更高水平对外开放的机遇,参与到国际领域就业

"双循环"不是自我封闭,是更高水平的对外开放,须统筹内需和外需、进口和出口、引进外资和对外投资,积极推进国际合作交流。要实现对外开放,必须有一大批具有开放国际视野、熟悉国际贸易规则和国际经济政策的高层次专业人才。同时,围绕国际贸易也向产业链条催生了一系列新产业、新岗位。上海、广东、江苏、海南、福建等沿海地区,外贸出口基地仍是吸纳高校毕业生的重要地区。高校毕业生以及职院毕业生应扩大国际视野,积极参加国际交流研讨会,着力在促进中国走向世界舞台的伟大实践中书写壮丽人生。

二、树立正确的就业观

(一)摆正自我

大学生职业的选择,是未来发展道路的选择,择业会影响个人的前途和发展。人的一生大部分精力用在事业上,如果所从事的职业与自己的兴趣相投,与自己的能力相符,加之不断努力,奋发图强,就可以在职业实践过程中实现自我的价值;如果对自己所从事的职业不感兴趣,工作就不可能安心,更谈不上事业的发展。当代大学生要志存高远、脚踏实地,转变择业观念,坚持从实际出发,勇于到基层一线和艰苦地方去,把人生的路一步步走稳走实,善于在平凡的岗位上创造不平凡的业绩,不畏艰难险阻,勇担时代使命,把个人的理想追求融入党和国家事业之中,为党、为祖国、为人民多作贡献。

目前我国高等教育已经从精英教育向大众化教育转变,有不少大学生依然抱有"天之骄子"的优越感,认为读了大学就理所应当有个好工作,留在大城市、大单位才能实现自己的人生价值,而且有一些家长也是希望孩子毕业后能抱上"金饭碗"。事实上,我们应脚踏实地,认清个人能力,在工作中虚心学习求得进步,切忌好高骛远,对自身期望值过高。

有文凭不代表就一定有水平,有学历不一定有能力。大学毕业,只能说明具备了一定的学习能力和专业理论知识,并不能说明一定就是人才,一定能够被社会接受。社会是大课堂,对大学毕业生来说,要能够适应社会,把学校所学的知识运用到实践中,还有许多事情需要做,还有一个进入社会再学习的过程。只要认真学习,坚持向书本学、向实践学、向身边的有经验的同事学,当然可干出一番事业,并且还得到社会认可。

(二)勇敢自强

就业是一个动态过程,青年是社会经济发展的关键人群。"少年智则国智,少年富则国富,少年强则国强。"青年一代,面对瞬息万变的互联网经济时代,要紧跟时代的步伐,以提升个人的学习能力和社会竞争力为目标。而在读大学生,是社会未来的潜力股,更应把握

当下的机遇和学习平台，勇于实践，勇于试错，勇于在不断尝试的过程中找到真正让自己热爱的事情，并结合个人对社会环境的分析、对自我的认知，做好第一份工作的规划，做好职业的规划，让小我的价值为社会增添光彩，让小我的力量凝聚星星灯火，用微光吸引强光，向光明的职业生涯迈进。

（三）响应政策

国家鼓励大学生投身于广大农村、边远地区，这些地方是吸纳毕业生就业的广阔空间。有一部分大学生不愿下基层，一是怕吃苦，二是认为没有前途。近年来，国家为鼓励大学生到基层就业制定了一系列优惠政策，大学生在基层能得到锻炼，不仅能积累实践经验，更有发展的空间，对个人成长是极为有益的。在党的二十大报告中强调："广大青年要坚定不移听党话、跟党走，怀抱梦想又脚踏实地，敢想敢为又善作善成，立志做有理想、敢担当、能吃苦、肯奋斗的新时代好青年。"面对基层需要，祖国和人民需要，当代青年要积极投身基层，在社会建设、专业发展上建功作为，将青春与国家交织，把人生融入中国式现代化的宏伟蓝图中，让我们的青春在全面建设社会主义现代化国家的实践中绽放绚丽之花。

三、毕业生去向选择与流程

（一）毕业生去向选择

市场经济的迅猛发展和国家促进大学生就业政策的频频出台，为大学生就业提供了更为广阔的就业市场和更多的就业渠道，大学生的毕生去向也日趋多元化。目前，大学生毕业主要有五个去向：就业、升学或出国留学、自主创业、国家和地方项目、应征入伍。

1. 就业

就业是大学生毕业后为获取相应的报酬或经营收入而进行的活动。就业是多数大学生毕业时的主要选择。大学生就业的基本形式有以下四种：

（1）协议就业　指毕业生通过和用人单位双向选择签订就业协议后就业。这是当前高校毕业生最普遍的就业形式。此外，毕业生通过报考公务员和选调生，被录用后与组织人事部门签订就业协议书，也属于协议就业范围。

（2）合同就业　指毕业生经过与用人单位双向选择，不签订《普通高校毕业生就业协议书》，而直接签订劳动合同后就业。劳动合同受到《中华人民共和国劳动合同法》等相关法律法规的保护。

（3）定向、委培就业　定向和委培的毕业生按照合同规定，毕业后去定向单位或委培单位（地区）的就业。

（4）灵活就业　主要是指劳动者在尚未具备与用人单位建立相对稳定的劳动关系条件，或从事个体经营但尚未具备工商注册条件时，以合法劳动获得报酬，月劳动收入达到当地工资最低标准的多种就业方式。灵活就业包括自由职业、其他灵活就业等形式。自由职业是指以个体劳动为主的一类职业，如作家、自由撰稿人、翻译工作者、中介服务工作者、艺术工作者等。其他灵活就业是指有就业岗位，由于各种原因未与单位签订协议的所有就业。如临时工、季节工、承包工、小时工，以及大学生参与重大科研项目等。

2. 升学或出国留学

我国教育体系的逐渐完善，为接受各个层次教育的毕业生提供了更多继续深造的机会，如升学或出国留学，满足了广大毕业生的不同需求。

（1）升学　升学是大学生毕业后通过继续深造，进一步储备知识、技术的一种手段，也是大学生毕业时的一个重要去向。随着高等教育的大众化趋势增强，高校毕业生数量逐年增加，就业市场供大于求，用人单位的选才标准也日益提高，高层次学历日益成为一些热门单位的敲门砖。因此，许多大学生选择升学，通过提升学历层次增加未来择业的成功砝码。升学包括大学专科层次学生进入本科层次阶段学习、本科毕业生考取硕士研究生和本科毕业生考取第二学士学位三种形式。

① 专升本　专升本考试是大学专科层次学生进入本科层次阶段学习的选拔考试的简称，是中国教育体制大专层次学生升入本科院校的考试制度。成人高等教育专升本有四种途径：自考专升本，成人高考专升本（业余、函授），远程教育（网络教育）专升本，开放大学开放教育专升本。

一是自考专升本。高等教育自学考试，简称自学考试或自考，是一种对自学者进行以学历考试为主，个人自学、社会助学和国家考试相结合的高等教育考试制度。该制度创立于20世纪80年代初，是新型的、开放式的社会化教育形式。参加考试者不受性别、年龄、职业、种族、民族和已受教育程度的限制。自考专升本要参加全国统考，毕业证盖主考大学章和省自考委的章，国家承认，文凭含金量相对较高，在工资、人事待遇、考研究生、考证、考公务员、出国留学、职称评定及其他方面与普通本科毕业生享受同等待遇。

二是成人高考专升本。成人高考专升本招生是指具备大学本科办学资格的高校，根据国家下达的招生计划，以国民教育系列高等学校的大学专科毕业生及以上学历者为对象，通过成人高校专升本统一考试进行录取的本科招生类别。成人高考专升本与普通本科教育的最大区别在于，成人高考专升本是以专科为起点的。成人高考专升本的学习形式最常见的是函授教育。函授教育是指通过参加全国成人高考录取后入读的一种学历提升教育方式。学生利用业余的时间自学为主，学校每学期安排两周左右的集中辅导课时，完成规定的课程学习和考核后，由学校颁发毕业证书。

三是远程教育专升本。远程教育是现代信息技术应用于教育后产生的新概念，即运用网络技术与环境开展的教育。它是使用电视及互联网等传播媒体的教学模式，突破了时空的界限，有别于传统的在校住宿的教学模式。在教育部已出台的一些文件中，也称现代远程教育为网络教育，是成人教育学历中的一种。使用这种教学模式的学生，通常是业余进修者。由于不需要到特定地点上课，因此可以随时随地上课。学生亦可以通过电视广播、互联网、辅导专线、课研社、面授（函授）等多种不同渠道互助学习。远程教育不需参加成人高考，只需参加报考学校的入学测试科目。

四是开放大学开放教育专升本。开放大学，以前俗称电大，并不是指某一所具体的学校，而是由国家开放大学，省级开放大学，地市级、县级及行业开放大学分校和工作站组成的覆盖中国的远程教育系统。与其他成人高校一样，主要面向高考落榜或因为其他种种原因丧失学习机会的社会人员，以及需要提高学历层次的在职人员。

② 考研　根据教育部招收攻读硕士学位研究生的有关规定，高等学校和科学研究机构招收硕士生，是为了培养掌握本学科坚实的基础理论和系统的专业知识，具有创新精神和从事科学研究、教学、管理等工作能力的高层次学术型专门人才；以及具有较强解决实际问题的能力，能够承担专业技术或管理工作，具有良好职业素养的高层次应用型专门人才。

招生对象主要为国家承认学历的应届本科毕业生、本科毕业的人员，以及具有与本科毕业生同等学力的人员等。凡符合条件的可以报名参加国家组织的全国统一招生考试。一般需要经过报名、初试、调剂、复试、录取等程序。本科毕业生报考硕士研究生的类型又可分为本专业报考和跨专业报考。全国硕士研究生入学考试一般于每年的 10 月初开始报名，11 月现场确认，次年 1 月进行笔试。考生可登录"中国研究生招生信息网"查看有关事宜。

（2）出国留学　出国留学一般是指一个人去母国以外的国家接受各类教育，时间可以为短期或长期（从几个星期到几年）。这些人被称为"留学生"。符合国家规定申请留学的毕业生，可以在学校规定的期限内提出申请，经学校批准后，出示获准出境的证明可视为就业。

3. 自主创业

大学生毕业后利用自己所学知识和技能，通过科技创新、社会服务或发挥某方面专长，独立或与他人合作创办公司进行自主创业，不仅解决了自己的就业问题，也带动了其他人一起就业。近年来国家大力提倡大学生自主创业，并陆续出台了一系列优惠政策予以支持。特别是 2010 年，财政部、国家税务总局下发《关于支持和促进业有关税收政策的通知》（财税〔2010〕84 号），规定持《高校毕业生自主创业证》的大学生从事个体经营（国家规定的有关行业除外），在 3 年内按每户每年 8000 元为限额依次扣减当年实际应缴纳的部分税种。自主创业逐渐成为大学生谋职的又一新途径。

4. 国家和地方项目

为拓宽就业渠道，促进大学生充分就业，国家相继出台了一系列促进大学生就业的政策和措施，积极引导和鼓励大学生面向基层就业。如"大学生志愿服务西部计划""三支一扶"计划、"农村义务教育阶段学校教师特设岗位计划""选聘高校毕业生到村任职"等，为毕业生提供了多种去向选择。

5. 应征入伍服义务兵役

从 2009 年开始，国家开始从普通高校毕业生中大规模招收普通士兵，一方面可以提高军队的整体素质，另一方面也可以缓解高校毕业生的就业压力。应征入伍逐渐成为大学生报效祖国、锻炼成才的又一选择。

（二）就业流程

就业流程见图 4。

四、毕业生就业选择的原则与方法

大学生面临去向选择时，由于受到诸多社会因素和自身条件的制约，不可能随心所欲，而是应遵循一定的原则，这样才会有利于个人发展和职业目标的实现。

（一）毕业去向选择的原则

1. 现实性原则

即选择去向要认清现实并接受现实。要做到以下两个方面：

（1）立足社会需求　大学生进行去向选择时要考虑现实社会需要，不脱离实际，即"择世所需"。要了解大学生就业的形势，了解现阶段用人单位的人才需求状况，不仅要看到眼前，又要预见未来发展，而且还要自觉服从社会职业的总体需要。

（2）基于现实的选择　当大学生个人就业意愿暂时不能得到满足时，要根据现实需求做

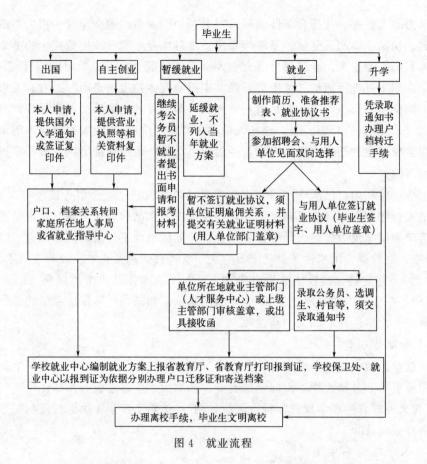

图 4　就业流程

出新的选择,走另一条职业道路。先到容易就业的岗位上去锻炼。不要把目标定得过高,不要只选择机关事业单位、大城市。相对来讲,一些中小城市和基层单位更有毕业生发挥作用、施展才能的机会。

2. 主动性原则

"自主择业、双向选择"的就业机制赋予了大学生充分的自主权,大学生应积极准备就业条件,争取主动就业和及时就业。

(1) 提前准备　就是提前培养自己收集和分析就业信息的能力,并争取在就业前掌握一定的职业技能并具备良好的职业素养,为自己以后顺利择业创造良好的条件。同时提升自主决策能力,善于寻找和把握就业机会。

(2) 主动就业　主动就业是市场经济体制下择业的重要原则。主动就业首先要摆脱依赖心理,要有意识地锻炼自己自我选择和自我发展的能力,凭个人能力求生存求发展,在此基础上主动积极寻求和把握就业机会,利用家庭、朋友、师长等各种人脉关系主动出击,推销自己,广开渠道,多方争取,开拓就业岗位并及时就业。

3. 匹配性原则

匹配性原则是大学生毕业去向选择的重要原则也是核心问题。

(1) 符合兴趣　即择己所爱。毕业生在自己能够胜任的工作中应兼顾自己的兴趣、爱好,只有对某一工作岗位产生兴趣,才能激发对工作热情,产生强烈的愿望和求知欲望,才会有所创造,有所成就。

(2) 关注能力　即择己所长。大学生应发挥素质优势，量能择业；选择方向时应该对自己的能力有一定的评价，看是否符合当前职业要求，不能盲目攀比。每个人在职业社会中都各具优势和特长，应侧重某一特长或某一优势来择业，扬长避短，最大限度地发挥自己的特长，以利于今后在岗位上出色地完成本职工作，增强成就感。

(3) 符合自己的个性特征　不同的个性适合不同的工作岗位，不同的工作需要不同个性的人。一个人的个性会影响到职业的适宜度，某些个性的人更适合在某一行业发展。当其从事的职业与个性特点相吻合时，就可能发挥出相应的能力，容易做出不一样的成就；反之可能限制其施展才能，且必须付出更大的努力才能够取得成功。

4. 发展性原则

职业不仅仅是谋生的手段，也是自我展示和服务社会的途径。在选择职业时，既不能期望过高，也不能急于求成，把个性发展与职业发展、个人发展与社会发展结合起来，才能实现美好愿望。

(1) 分清主次　在具体去向选择时，不可能各种标准和条件都能满足，必须分析哪些是主要条件，哪些是次要条件；哪些是现实，哪些是幻想；哪些是合理的，哪些是过分的。抓住主要的、现实的、合理的条件，抛弃不切实际的想法，不强求面面俱到，才会避免错过很好的就业机会。

(2) 比较择优　去向选择是人和岗位的双向选择，关键是能否遵循人职匹配原则。在多个去向选择中，要将是否有利于发展作为主要考虑因素，而排除地区、环境、收入等因素的过多干扰，确立与个人实际相结合的方向。这样，通过各个方面的综合比较，才能较好地从诸多选择中找出一个最适合自己、各个方面条件都相对优越、自己又能胜任的目标。

(二) 毕业去向选择的方法

茫然是许多大学生面临毕业时的一种状态，面对就业、考研、留学、创业等去向时不知道自己应该怎样选择。只有掌握一定的毕业去向选择的方法，才能在客观分析基础上，理性作出最佳选择。大学生可采取以下方法来明确自己面临的去向选择。

1. 盘点自我

不同的职业对人有不同的要求，不同的人也有不同的职业适应范围。自我认知状况强烈地影响着人的职业选择，一个人适合不适合、喜欢不喜欢一份工作取决于他对自己了解的范围和准确程度。因此，了解自己是确定去向的第一步。了解自己就是要客观认识自己的个性、价值观、兴趣、爱好和能力等影响个人工作和发展的因素，并且逐渐在实践中明确。自我认知需要有解剖自己的勇气和深刻反思自己的能力，需要有正确的途径和方法，如自我剖析法、他人评价法、自省比较法以及运用测评手段和通过专家咨询等。

2. 盘点职业

应结合所学专业的就业方向和对应的职业群，综合考虑个人愿望、朋辈职业现状，理性客观地分析出自己可能面临的去向选择。

3. 合理确定去向目标

应结合个人理想、兴趣、能力等确定个人职业目标，在个人去向选择上依据职业目标来做取舍，主要做好三个方面的定位。

(1) 择业的行业范围　指选择本专业范围内的技术工作、管理工作，还是教学、科研工作等。在确定行业范围时，要清楚自己的综合素质、能力如何，有什么兴趣和特长。

(2)择业的地域范围　指大学生选择工作的地理位置,即对自己发展空间的选定。是在沿海城市就业,还是在内地就业;是到城市就业,还是到农村;是留在外地就业,还是回本省就业。每个大学生择业时都必须考虑地域定位,只有明确择业地域,择业时才能对该去或者不该去的地方作出选择。此外,在确定择业地域时,要考虑自己的这种决定是否可享受有关政策的支持,同时还要考虑生活习惯、今后的发展等因素。

(3)择业的目标　指在确定了择业地域以及择业的范围与自己从事的职业后,可以向择业的目标进一步靠拢:对于愿意到企业工作的大学生,是选择国有企业,还是选择民营企业?是去大企业,还是小公司?这些企业中,有哪些单位前来招聘?自己是否符合什么条件?自己最希望到哪一家企业工作?总之,事先给自己的择业确定一个比较明确的目标,可以使整个就业活动显得有的放矢、有条不紊。

4. 体验目标职业

对自己所确定的目标职业应该提前进行实际体验,亲身体验是验证选择的最好方式。大学生可以通过实习实践来体验职业是否适合自己。如果通过实习发现目标职业非常适合自己,积累和目标职业相关的实践经验对于以后的择业大有帮助。如果通过职业"试穿"发现已确定的职业目标不适合自己,就需要重新调整,重新定位和选择。重新进行职业"试穿"。一般来说,经过这样的过程之后,所做的选择应该是比较适合自己的。

第三节　创新能力培育

一、创新的内涵与意义

(一)创新的内涵

中文"创新"一词,出现的时间比较早,不过词义与现代有所不同,主要是指制度方面的改革、变革、革新和改造。据目前所见资料,"创新"一词最早见于《魏书》:"革创新者,先皇之志也。"后世古籍中又数次出现了"创新"一词,都大抵与"革新"同义,主要指的是改革制度。

《辞海》里讲"创"是"始造之也",首创、创始之义;"新"是"初次出现,与旧相对",才、刚之义。"创新"有着三层涵义,一是抛开旧的,创造新的;二是在原有的基础上改进和更新;三是指创造性、新意。

美国经济学家熊彼特(J. A. Sehumpeter)于 1912 年最先在德文版《经济发展理论》一书中提出了"创新理论",成为了创新理论研究的鼻祖。他认为"所谓创新,是建立一种新的函数,也就是把一种从来没有过的关于生产要素和生产条件的组合引入生产系统。"从总体上来看,熊彼特侧重从经济发展视角论述创新在生产中的重要意义,但是创新概念的提出为学者们进一步对"创新"研究奠定了基础。"现代管理学之父"彼得·德鲁克在《创新与企业家精神》一书中提出,创新是一个过程,是一项"有组织、有系统且富有理性的工作;创新是企业家展现其创业精神的特定工具,是赋予企业一种新的能力使之成为创造财富的活动,创新本身就创造了资源"。学者达普尔认为,在多元的取向中;管理创新是指发生在组织系统中包含人力资源的使用、奖惩制度、管理流程以及组织架构等因素的创新。他在定义中将创新分为技术创新和管理创新,这从另一个角度说明学者们对创新概念的研究更加广泛,已不仅将之视为纯经济学问题而是对于技术和原理的改革都具有重要意义。沃尔夫提出了定义创新的四种取向：产品的取向，以具体新产品的观点界定创新；过程取向，通过研究创新的过程对其进行界定；产品和过程取向同时以产品及过程的观点来界定创新的；多元取向，采用技术创新和管理创新来界定创新。他将创新分类定义，这可使创新的概念更加的全面，有助于对创新概念的理解，但是存在模糊性和不够精练的问题。

国际社会认同的特指"创新"的英文是"Innovation"，有别于"创造"（英文为Creation）和"发明"（英文为Invention）。当前国际社会对于"创新"的定义比较权威的有两个。一是2000年联合国经合组织（OECD）《在学习型经济中的城市与区域发展》中提出的："创新的含义比发明创造更为深刻，它必须考虑在经济上的运用，实现其潜在的经济价值。只有当发明创造被引入到经济领域，它才成为创新。"；二是2004年美国国家竞争力委员会向政府提交的《创新美国》计划中提出的："创新是把感悟和技术转化为能够创造新的市值、驱动经济增长和提高生活标准的新的产品、新的过程与方法和新的服务。"

国内学者对于创新的定义大多是综合性的，主要有以下的几种观点：一是从创新主体的主观反映和行动分析，认为创新就是"一种推陈出新、追求创意的鲜明意识；一种勇于思索的心理取向；一种善于把握机会的机敏和灵性；一种积极改变自己及改变环境的应变能力。"提出创新是"主体为了生存和发展，在处理和客体的关系中弃旧图新、破旧立新的独立创造性活动。"二是从创新的哲学内涵分析，指创新即"人的存在方式，在不断的创新活动中，改造自然，创造自我，从而来推动社会的进步。"三是从创新的发展性、时代性分析，认为创新作为一个时代性概念不是既有的传统概念的人为泛化、宣传之运用，而是反映了人们对社会发展的某种本质性把握，人们对错综复杂的时代流程进行理论梳理的结果。

根据国家社会科学基金成果评估指标的规定，创新可概括为三个方面：一是理论创新、方法创新和新描述，可见创新的内容是丰富多彩的；二是开辟新领域，创立新理论，提出新观点，建立新概念；三是寻求新材料，探索新方法等，都应当属于创新的范畴。其中，所谓创立新理论，即指建立与前人不同的新理论，它理所当然地也应该包括纠正和补充完善前人提出的理论；所谓创立新概念，就是提出一些全新的理念或命题，作为研究和分析的范畴；所谓提出新观点，即就某一具体事实和问题提出与前人不同的见解；所谓探索新方法，就是在自己的科研工作中，提出并采用了与前人不同的研究途径和方式。

创新是民族进步的灵魂，是一个国家兴旺发达的不竭动力，也是中华民族最深沉的民族禀赋。在激烈的国际竞争中，唯创新者进、唯创新者强、唯创新者胜。纵观世界，新一轮科技革命和产业变革正在孕育兴起，在信息技术和"互联网＋"的推动下，我国正形成新一波大众创业、万众创新的新浪潮。大学生应该积极响应时代的召唤，培养创新意识、创新精神，努力成长为创新人才，投入到创新创业的时代洪流中去。

（二）创新对大学生的意义

21世纪是知识经济时代，它的到来使我国高等教育面临着前所未有的挑战和机遇。知识经济主要依靠知识广泛传播和知识创新发展的，以智力资源来创造财富的经济。创新是它的灵魂，而创新的关键在于人才。无论是技术创新还是知识创新，无论是科技竞争还是经济竞争，归根到底还是要靠高素质的创新型人才。培养具有创新素质的人才是时代的迫切需要，也是一个国家富强和在国际竞争中立于不败之地的重要因素。人才来源于教育，高等学校是培养高素质创新型人才的摇篮，而大学生是实践创新活动的重要主体。

创新对个体品格的养成是非常必要的，因为它激发的是一个人最具价值的能力和向人生更高层次发展的直接动力。现在的大学生是全面建设小康社会的人才来源,是中国各项事业迅猛发展的催化剂,肩负着中华民族复兴的伟大使命。针对大学生进行创新精神和创新能力的培养,使之真正与时代潮流相适应,最终成为引领时代发展的高素质人才,我们的国家才可能在新的世纪里缩短与发达国家在知识创新和发展方面的差距。所以,创新素质教育不仅是大学生成长成才的内在与长远需要,更是民族兴旺发达、建设社会主义和谐社会的紧迫召唤。

1. 创新是大学生获取知识的关键

在知识经济时代,知识的增长不断地加快,知识的陈旧周期不断地缩短,知识转化的速度猛增。在这种情形下,知识的选择、整合、转换和操作变得更为重要。学生最需要掌握的是那些涉及面较广、迁移性较强、概括程度较高的"核心"知识,而这些知识并非是靠言语所能"传授"的,它只能通过主动地"构建"和"再创造"而获得,这就需要大学生的创新能力在其中发挥主动的作用。

2. 创新是大学生终身学习的保证

随着高等教育规模的不断扩大,高等教育职能正在由精英教育向素质教育转化,学习也正由阶段教育向终身教育转化,学习将成为个人生存、竞争、发展和完善的第一需求。在知识的无限膨胀、成长周期迅速缩短的情况下,大学生的社会职业将变得更加得不稳定。在创新意识的指引下,大学生是有能力在毕业之后,利用各种有利的条件,根据所从事的工作不断地完善自身知识和能力的结构,更好地达到完善自我和适应社会的目的,从而为终身教育打下坚实的基础。

3. 创新决定大学生的未来

创新是人的综合能力的一种外在表现,它是以深厚的文化底蕴、高度综合化的知识、个性化的思想和崇高的精神境界来作为基础的。创新思维将决定一个人的发展与前途;创新能力将决定一个人的事业与天地。古今中外,凡在事业上有所建树、有所作为的人,可以说,都是创新思维能力较强的人。他们靠智慧、靠特色、靠创新、靠点子,开拓出了事业上的一片辽阔天地。创新思维的水平,将决定一个人的勇气、胆识、谋略。准确了解和把握自己创新思维能力及其表现的形式,将有助于自己的发展定位和目标设计。

二、创新意识培养与思维开发

(一)大学生创新意识的培养

1. 强烈的好奇心、想象力、信念和毅力是大学生创新意识形成的驱动力

好奇心能够激发人们对周围世界产生求知欲,并诱使人们对未知现象进行探索研究,从而丰富人们自身的阅历知识,这是培养大学生创新意识的一个重要因素。恩格斯曾说:"社会一旦有了技术上的需要,则这种需要就会比十所大学更能把科学推向前进。"也就是说,人们将客观需求与自己的经历、能力、兴趣、性格进行对接、挖掘,以积极进取的心态去寻找机会、发现问题,就会有更多的创新成果问世。当然,打破常规同时意味着创新者进入了一片自己并不熟悉的领域,有着一定的风险,可能成功,也可能失败。因此大学生要敢想、敢做,从一定意义上说,这是创新意识形成的驱动力。

2. 完善的知识和能力结构与开阔的知识视野是大学生创新意识形成的基础

在当今科学发展不断综合化、整体化,科技文化与人文文化不断融合的时代,只有知识量积累到一定程度,才能认识到多种问题的相关性和复杂性,才能产生联想和综合,才能产

生新思路，提出多种设想，得出新结论。因此，大学生应该对自己的知识基础、专业背景及能力结构有客观的评价，在此基础上取长补短，使自己具有深厚的理论基础知识、完善的知识能力结构和宽广的知识视野。

对于高职院校大学生来说，应该适当注重学术知识的获取，尤其是新学科知识、边缘学科、跨学科和交叉学科知识的汲取，要注重文理渗透与结合，不断拓宽自己的专业面，提高个人的学术修养。要认清大学学习和高中学习的不同，注重自主学习，摆脱单纯的知识接受，而应努力使自己有所创新，由接受知识到创造知识，由被动学习到主动探索。

3. 严谨的课内学习与丰富的课外训练是大学生创新意识形成的关键环节

长期学习任务的压力，使大学生缺乏个性、好奇心、批判性和探究精神，缺乏创新型人才所具有的独创性、抗压性以及自变性。因此，大学生需要充分利用各种条件亲历创新实践，要善于发现新问题，并积极搜集资料，通过多方渠道进行探索研究，最终寻求解决问题的最佳方案，在成功与失败中塑造创新意识。

创新实践活动是培养创新人才的重要环节。目前全国高校积极探索通过设立课外创新实践学分、开展大学生创新性实验计划、建设校内外实习实践基地、开展各类学科竞赛和实践活动等多种途径，搭建培养大学生创新实践能力的多样化平台，致力于提高大学生的创新实践能力。

（二）大学生创新思维的开发

创新思维使人能突破思维定式思考问题，用新的思路去寻找解决问题的方法。常见的创新思维有逆向思维、侧向思维、求异思维、类比思维、综合（集中）思维、发散（扩散）思维等方式。

1. 逆向思维

所谓的逆向思维，就是指有突破常规思考问题的固定思维模式，采用与平时习惯相反的方向进行分析和思考。通俗地讲，就是反过来想问题。

我们从小就学过"司马光砸缸"的故事。小孩落水会淹死，如果要救出落入水缸的小孩常规方法就是把人拉出水面。把一个小孩拉出水缸，对大人来说不是问题，但对还是小孩的司马光来说却不是一件简单的事情，弄不好自己还可能被对方拉下水。司马光考虑的不是常人想的"人离开水能活"这一条方法，而是反过来"水离开人，人也能活"这种思维方法，最终，砸破水缸救出小孩，这就是一种逆向思维。

逆向思维可分为功能反转、状态反转、因果反转、结构反转等几种。

当思考的问题用常规的方法得不到解决时，就应考虑转换思考角度，缺点逆用等思维方式来重新思考，这是人们在创新时常用的方法。

2. 侧向思维

侧向思维与逆向思维一样，都是相对常规思维活动而言的。它们的区别在于：逆向思维在许多场合表现为与他人的思维方向相反，但轨迹一致，而侧向思维不仅在方向上，而且在轨迹上也有所不同，偏重于另辟蹊径。

在日常生活中，常见人们在思考问题时"左思右想"，说话时"旁敲侧击"，这就是侧向思维的形式之一。在视觉艺术思维中，如果只是顺着某一思路思考，常常找不到最佳的感觉而始终不能进入最好的创作状态。这时，可以让思维发散，有时能得到意外的收获，从而促成视觉艺术思维的完善和创作的成功。侧向思维是进行创新的有效思维方式，尽量利用已有新技术及邻近领域的成熟技术以图从别人想不到的角度观察、分析，达到解决问题的目标。

3. 求异思维

善于"标新立异"是许多发明家的共同之处。这就需要我们有一种求异思维，在常人习以为常的用具、工具、方法中标新立异，创出新品。求异思维的关键是不受任何框架、任何模式的约束，能够突破、跳出传统观念和习惯势力的禁锢，从全新的角度看待问题，以新的思路、新的方法创造人类前所未有的更美、更好的东西。人们所说的"出奇制胜"，就是求异思维，使"圆变方，纵变横，平面变立体，飞机入水，船上天"。求异思维的主要规律和方法是对比联想。对比联想往往与对比语言学中的反义词有关系，正如上面所说的方与圆、纵与横、平面与立体、黑与白、蓝与红、天与地、大与小、长与短、宽与窄、厚与薄、多与少、高与矮、导体与非导体、金属与非金属、正与负、强与弱、少与多、加与减、乘与除、交流与直流、脚与手，以及名词、动词、形容词等都是对比联想的素材，以此开启求异思维的思路。

4. 类比思维

类比思维是一种逻辑思维方式，人们通过类比已有事物开创未知事物的创新思路。它把已有的事和物与一些表面看来与之毫不相干的事和物联系起来，寻找创新的目标和解决的方法。常见的方式有：形式类比、功能类比和幻想类比等多种类型。

5. 综合思维

通过学习物理，我们知道了不同方向的力能够产生合力。在发明和创造中，我们同样可以把几个不同的主意融合起来，取其长处，相互补充、组合起来，用以解决一个难题或者完成一件作品，这就是综合思维，又称集中思维。

6. 发散思维

围绕一个问题，突破常规思维的束缚，沿不同方向去思考、探索，寻求解决这一问题的各种可能性，由一点到多点的思维形式就是发散思维，又称扩散思维、多向思维、辐射思维。大部分时候人们考虑问题，总是由提出问题的起点到解决问题的终点，喜欢按一条思路进行，走不通就打住，问题被搁置。也许，换一个思路从多个不同角度去考虑就很容易解决问题。思维扩散的范围越广，产生的设想越多，解决问题的可能性就越大。面对一个新方法、新技术、新规律、新产品、新现象，一个训练有素的创新者，会考虑能否有其他更多的用途，制作更多类型的作品，设计新的装置，开创一个个新的技术种类，一项项新的系列化产品，一片片新的应用领域。

发散思维与综合思维不同，综合思维是由多点集中到一点，而发散思维是由一点扩散到多点。应用发散思维，首先，应寻找合适的发散源，掌握发散源的科学原理、技术基础，寻找新的应用领域去发明、去创造、去制造社会所需要的新产品。

三、大学生创新能力的培养

（一）培养创新个性

人一旦没有个性，就没有创造性，就没有发展。创新个性就是在对待事物的态度方面，能具备从事创新活动所正常的、必需的、健全的心理。

一要树立远大理想和抱负，提高创新欲望。大学生要胸怀远大理想，要有立志为国家、社会作贡献的创新渴望。创新欲望越强烈，越利于激发创新激情与创新意识。

二要坚信自己具有创新能力。培养创新能力的首要心理条件，就是充分坚信自己具有创新潜能。坚定的创造信心，有利于增强锐意进取、百折不挠的意志，促进创新思维和创新想象的活动。

三要培养探索问题的敏感性。大学生要培养自己对新生事物的好奇心和观察问题的敏锐性，逢事多问几个为什么，不要对什么事都习以为常，安于现状。要能及时发现和抓住新生事物的苗头，把握创新机会。

四要善于开动脑筋，保持思维的独立性，养成独立思考问题、解决问题的习惯。一个缺乏独立思考能力，习惯于附和多数，人云亦云的人，是很难有创新意识和创新作为的。

五要保持良好的竞争心态，积极参与竞争，在竞争中进行自我激励。

（二）消除主观障碍

影响大学生创新思维发展的障碍包括：受传统观念的束缚、不加批判的学习和固执己见等。这些都是大学生需要克服和消除的。

传统的理论、观点和方法，往往束缚人们思想，如果大学生在思考问题时，总是过于轻信教科书和迷信学术权威的观点，不敢超越前人半步，常步入别人的思维轨道，就会阻碍自己的创造性思维。大学生在学习探索活动中，要突破传统观念的束缚，敢于对传统学术观点大胆提出质疑。

固执己见、偏见和过于依赖、过于谨慎、过于谦虚、病态的安全感等不健康心理，都会阻碍大学生创造性思维的发展，应加以克服。

（三）优化知识结构

必要的知识储备是创新活动的重要前提。著名的生理学家巴甫洛夫曾对青年们说："你们要在攀登科学顶峰之前，务必把科学的初步知识研究透彻。"大学生应注重知识结构的建构与优化，应做到：

努力学习和掌握渊博的基础理论知识，力求融会贯通、化知为智。

努力拓宽知识面的同时，强化知识的系统性和整体效应。大学生除了要学好专业知识、还应对社会、经济、政治、人文、管理等方面的知识有所了解，掌握与专业相关的学科知识和技术要领，并注重各学科知识间的交叉、渗透与综合。大学生要注重对最新理论、最新技术和最新信息的了解，不断探求新的知识，努力掌握社会、文化、科技发展的最新动向。

（四）掌握创新方法

学习和掌握一些科学的创新理论和方法，是培养提高大学生创新能力的关键途径。科学的创新理论和方法是科学家们在长期的科学创造实践中探索总结出来的，对大学生创新能力的培养提高具有很强的指导意义。

一要掌握辩证唯物主义世界观和方法论，遵循辩证唯物主义的认识路线，用正确的认识论指导自己的实践，避免在创新活动中走弯路、误入歧途，否则，真理可能从自己的鼻子底下逃走。

二要学习有关创造学原理，掌握创新活动的内在机制、基本过程和内容，学会如何进行创新，同时还应掌握从事学科研究的一般方法、技能和规律，以提高科研能力。

三要学会用创新思维方法，如求异思考、求同思考、反向思考、联想思考、类比思考等创新思维方法。

四要掌握创新技法，如移植创新法、逆向创新法、外向创新法和极端化创新法等一些科学的创新技法。

（五）参加创新实践

社会实践就是指人类能动地改造自然和社会的活动，人类的实践活动具有客观能动性和创造性等特点。可以说，所有创新的内容都来源于社会生活，来源于社会的需求。在校大学生应充分认识社会实践对创新活动的重要性，多途径参加社会实践活动，如积极参加社会调查活动、社会实习活动、课外兴趣小组活动，以及亲自参与科研课题的研究工作等。大学生通过参加社会调查活动，有助于了解和掌握现实生活中出现的新问题、新情况和新需求；通过社会实习，有助于发现现有的理论、观点和研究方法在现实条件下遇到的新挑战，为寻找"创新点"，确立"创新选题"创造条件。通过亲自参加科研课题的研究，有助于大学生对学过的知识进行综合与深化，在科研中提升知识。

案例　　　　　　　　　改变世界的乔布斯

史蒂夫·乔布斯被人们认为是计算机业界与娱乐业界的标志性人物，同时人们也把他视作麦金塔计算机、iPad、iPod、iTunes Store、iPhone 等知名数字产品的缔造者。

在 1976 年，乔布斯和他的朋友一起成立了苹果电脑公司，他陪伴了苹果公司数十年的起落与复兴，深刻地改变了现代通信、娱乐乃至生活的方式。2011 年 10 月 5 日他因病逝世，享年 56 岁。

乔布斯被誉为改变世界的天才，他凭借敏锐的触觉和过人的智慧，勇于变革，不断创新，引领全球资讯科技和电子产品的潮流，把电脑和电子产品变得简单化、平民化，让曾经是昂贵稀罕的电子产品变为了现代人生活的一部分。

迄今为止，世界上还没有哪个行业的领袖能够像乔布斯那样举办过一场万众瞩目的盛会。在每次苹果推出新产品之时，乔布斯总是会独自站在黑色的舞台上，向充满敬仰之情的观众展示出又一款"充满魔力"而又"不可思议"的创新电子产品来，他的发布方式充满了表演的天赋。计算机所做的无非是计算，但是经过他的展示和解释，高速的计算就"仿佛拥有了无限的魔力"。乔布斯终其一生都在将它的魔力包装到了设计精美、使用简便的产品当中去。

苹果精神的缔造者乔布斯去世了。乔帮主经历过痛苦的失败和辉煌的成功，他短暂的一生给人类留下无限精彩，他的名字跟创新连在了一起，他也让人们知道，一个企业家，原来也可以让全世界如此崇拜。

思考与讨论

1. 常见的生涯规划方法有哪些？选择其中三种方法说明。
2. 大学生有哪些基本的就业形势？并解释其含义。
3. 如何培养大学生创新意识？

大学生
入学教育

第八章
经济资助

萧楚女在农民运动讲习所、黄埔军校工作时，曾对学员们说：做人要像蜡烛一样，在有限的一生中有一分热，发一分光，给人以光明，给人以温暖。他在白色恐怖中壮烈牺牲，就像一支永不熄灭的红烛，燃尽了自己，照亮了革命前行的道路。

——摘自《中国共产党简史》

 本章导读

"绝不让一个贫困的大学生因经济困难辍学"已经成为党和政府的一项庄严承诺。在大学生活的新篇章中，我们不仅承载着对知识的渴求，更肩负着个人成长和社会责任的使命。经济资助，作为一道温暖的阳光，照亮了无数学子前行的路程。唯有怀着感恩的心，坚守诚信的原则，我们才能真正获得自己向往的未来，用感恩和诚信的力量创造更美好的明天。

第一节 我国高校学生资助概述

一、背景介绍

我国高校大学生资助是指为了帮助学生顺利完成学业，解决经济困难和其他困难的学生所提供的各种资金和服务支持。学生资助政策的实施是我国高等教育公平发展的重要组成部分。

在改革开放以来的几十年间，我国高等教育得到了迅猛且长足的发展，高校的数量和规模不断扩大，学生规模不断增加。然而，随着高等教育普及率的提高，一些学生面临经济困难、家庭困难、地域差异、残疾和孤残等特殊情况，这些因素可能影响他们完成学业的能力和机会。

为了解决这些问题，我国政府采取了一系列的政策措施来支持高校学生。国家层面制定了一套完整的学生资助政策，包括国家奖学金、国家助学金、国家励志奖学金、国家助学贷款、生源地信用助学贷款、勤工助学等。这些政策旨在通过资金和服务支持，帮助学生减轻经济负担，鼓励他们努力学习，顺利完成学业。

此外，各个高校也设立了自己的奖学金、助学金、临时困难补助等资助机制。这些机制通过校内资源的调配，向有需要的学生提供经济援助，确保他们能够充分参与学习和发展。

除了政府和高校提供的资助，社会组织、企业和个人也积极参与学生资助事业。他们通过设立助学基金、提供企业奖学金、捐助资金等方式，为贫困学生和有特殊困难的学生提供支持和帮助。

总的来说，我国高校学生资助旨在促进教育公平，确保每个有能力的学生都有机会接受高等教育，并充分发展自己的潜力。通过政府、高校和社会各方的共同努力，学生资助政策不断完善，为学生提供了更多的资金和服务支持，推动了我国高等教育的公平和发展。

二、学生资助政策的意义

学生资助政策的意义在于确保教育公平、促进社会公正，帮助学生克服经济困难，实现个人发展和社会进步。通过政府、高校和社会各界的共同努力，学生资助政策在我国高校教育中发挥着重要作用，并不断完善和创新，以满足不同学生群体的需求。

具体体现在以下四个方面：

1. 扶助贫困家庭学生

学生资助政策旨在帮助经济困难的学生顺利完成学业。通过提供资金援助和其他支持政策，有助于解决贫困家庭学生面临的经济压力，减轻其学费、住宿费和生活费等方面的负担，使他们能够专注于学业，降低因经济困难而产生的学业压力。

2. 促进教育公平

学生资助政策是促进教育公平的重要手段之一，有助于提供公平的教育机会。通过给予经济困难学生经济支持，政府和高校能够向那些具备学习能力但因经济困难而面临辍学风险的学生提供支持，有助于弥补他们在家庭背景和资源条件上的差距，确保他们能够与其他同学一样平等地接受高等教育，避免因贫困而导致的教育机会不公平现象。

3. 激励学生努力学习

学生资助政策通过奖学金和助学金等形式的资助，为优秀学生提供奖励和激励，鼓励他们继续努力学习、取得优异成绩。这不仅有助于个人成长和发展，也有助于提高整体教育水平。

4. 促进人才培养与社会发展

学生资助政策有助于培养和留住优秀的人才。通过提供资助和支持政策，能够帮助有才华和潜力的学生顺利完成学业，为国家和社会培养各个领域的人才，推动社会的发展和进步。

三、学生资助的政策体系

我国学生资助政策体系涵盖了多个层面和各种形式的资助措施。我国学生资助的主要政策体系有如下几种：

1. 国家层面的资助政策

(1) 国家奖学金　由中央财政资助，面向优秀学生提供的奖学金。

(2) 国家助学金　中央与地方政府共同出资设立的，用于资助家庭经济困难的全日制普通本专科在校学生的助学金。

(3) 国家励志奖学金　鼓励经济困难但学习成绩优秀的学生，由中央财政和地方共同资助。

(4) 国家助学贷款　为家庭经济困难的学生提供低息或无息贷款，由中央财政和银行共同支持。

(5) 生源地信用助学贷款　为了解决贫困地区学生上大学经济困难问题而推出的一种特殊教育贷款政策。

(6) 退役士兵资助　对退役一年以上，考入全日制普通高等学校的自主就业退役士兵，根据本人申请，由政府给予教育资助。

2. 高校内部的资助机制

(1) 奖学金　学校设立的各类奖学金，根据学生的学习成绩和综合素质评定并发放资助。

(2) 助学金　学校设立的经济援助资金，用于帮助家庭经济困难的学生支付学费、住宿费等费用。

(3) 临时困难补助　学校针对突发性或临时经济困难的学生提供的临时资助。

(4) 勤工助学　提供校内或校外的勤工助学机会，让学生通过劳动赚取部分学费或生活费。

3. 其他形式的学生资助

(1) 民间助学基金　社会组织或个人设立的助学基金，通过捐款资助学生的学费和生活费用。

(2) 企业奖学金　由企业设立的奖学金，旨在鼓励优秀学生并提供经济援助。

(3) 社会捐助　社会各界的捐赠资金，用于帮助贫困学生和有特殊困难的学生。

这些政策和机制组成了我国学生资助的政策体系，旨在提供全方位、多层次的资助支持，帮助学生克服经济困难，实现公平和平等的教育机会。具体的政策和机制会因地区和学校的不同而略有差异，但整体目标都是为了促进学生的发展和教育公平。

四、国家层面的资助政策

国家层面的资助政策为全国范围内的学生提供了资金和支持，旨在保障学生的学习和发展，实现教育公平和公正，确保每个有能力的学生都能够接受高等教育，通常是基于统一的标准和政策制定，主要包括国家奖学金、国家助学金、国家励志奖学金、国家助学贷款、生源地贷款、勤工俭学等。具体资助对象、资助范围、资助标准等如下：

(一) 国家奖学金

1. 资助对象

国家奖学金是为了激励普通本科高校、高等职业学校和高等专科学校学生勤奋学习、努力进取，在德、智、体、美等方面全面发展，由中央政府出资设立的奖励特别优秀学生的奖学金。

2. 资助范围

二年级以上（含二年级）的全日制普通本专科（含高职、第二学士学位）在校生，热爱社会主义祖国，拥护中国共产党的领导；诚实守信，道德品质优良，在校期间学习成绩优异；社会实践、创新能力、综合素质等方面特别突出。

3. 资助金额

每人每年8000元。

4. 申请与发放

国家奖学金每学年评选一次，实行等额评审。各高校于每学年开学初启动评审工作，当年10月31日前完成评审。高校每年11月30日前将国家奖学金一次性发放给获奖学生，颁发国家统一印制的奖励证书，并记入学生的学籍档案。

（二）励志奖学金

1. 资助对象

二年级以上（含二年级）的全日制普通本专科（含高职、第二学士学位）在校生。家庭经济困难，生活简朴，但学习成绩优秀、品学兼优的本科生和研究生。

2. 资助范围

涵盖全日制本科生和研究生，不限专业和学科。

3. 资助标准

每人每年5000元。

4. 申请与发放

国家励志奖学金每学年评选一次，实行等额评审。每年9月30日前，学生向学校提出申请，各高校于当年10月31日前完成评审。高校每年11月30日前将国家励志奖学金一次性发放给获奖学生，并记入学生的学籍档案。

（三）国家助学金

1. 资助对象

体现党和政府对普通本科高校、高等职业学校和高等专科学校家庭经济困难学生的关怀，由中央与地方政府共同出资设立的，用于资助家庭经济困难的全日制普通本专科（含高职、第二学士学位）在校学生的助学金。

2. 资助范围

家庭经济困难，生活俭朴且勤奋学习、积极向上的学生。

3. 资助金额

平均每人每年3000元，分一等、二等、三等助学金。

4. 申请与发放

国家助学金每学年评定一次。每年9月30日前，学生向学校提出申请，各高校于当年11月15日前完成评审。国家助学金各年按10个月发放，高校按月将国家助学金发放到受助学生手中。

（四）国家助学贷款

1. 资助对象

经济困难且努力学习能够正常完成学业的本专科生和研究生。

2. 资助范围

全日制普通本专科生、硕士研究生和博士研究生。

3. 资助标准

申请人需符合相关的贫困家庭认定标准，并经过资格审查。

4. 资助额度

贷款额度根据学生的家庭经济状况和学业成绩综合评定，以及学费和生活费用等因素确定，全日制普通本专科学生（含第二学士学位、高职学生、预科生，下同）每人每年申请贷款额度由不超过8000元提高至不超过12000元；全日制研究生每人每年申请贷款额度由不超过12000元提高至不超过16000元。

5. 资助利率和还款方式

助学贷款的利率较低，还款方式灵活，贷款学生在校学习期间的国家助学贷款利息全部由财政补贴，毕业后的利息由贷款学生本人全额支付。学生根据个人毕业后的就业和收入情况，在毕业后的1~2年内选择开始偿还本金的时间，六年内还清贷款本息。

6. 违约后果

（1）国家助学贷款的借款学生如未按照与经办银行签订的还款协议约定的期限、数额偿还贷款，经办银行将对其违约还款金额计收罚息；

（2）经办银行将违约情况录入中国人民银行的个人信用信息基础数据库，供全国各金融机构依法查询。对恶意拖欠贷款的违约借款人采取限制措施，不予提供住房贷款、汽车贷款等金融服务；

（3）对于连续拖欠还款行为严重的借款人，有关行政管理部门和银行将通过新闻媒体和网络等信息渠道公布其姓名、居民身份证号码、毕业学校及具体违约行为等信息；

（4）严重违约的贷款人还将承担相关法律责任。

（五）生源地信用助学贷款

生源地信用助学贷款（简称生源地贷款）是指国家开发银行等金融机构向符合条件的家庭经济困难的普通高校新生和在校生（以下简称学生）发放的，学生和家长（或其他法定监护人）向学生入学前户籍所在县（市、区）的学生资助管理中心或金融机构申请办理的，帮助家庭经济困难学生支付在校学习期间所需的学费、住宿费的助学贷款。生源地信用助学贷款为信用贷款，不需要担保或抵押，学生和家长（或其他法定监护人）为共同借款人，共同承担还款责任。除少数省份外，全国大部分省份开展了生源地信用助学贷款工作。学生可向当地县级教育行政部门咨询具体申请办理生源地信用助学贷款的相关事宜。

1. 资助对象

学生本人入学前户籍、其父母（或其他法定监护人）户籍均在本县（市、区），学生本人入学前户籍、其父母（或其他法定监护人）户籍均在本县（市、区）家庭经济困难，所能获得的收入不足以支付在校期间完成学业所需的学费、住宿费。

2. 办理程序

生源地信用助学贷款按年度申请、审批和发放。学生在新学期开始前，向家庭所在县（市、区）的学生资助管理中心提出贷款申请（有的地区直接到相关金融机构申请）。县级学生资助管理中心负责对学生提交的申请进行资格初审。金融机构负责最终审批并发放贷款。从2010年开始，国家开发银行的生源地信用助学贷款全部都通过国家开发银行助学贷款信息网申请。

3. 贷款金额

全日制普通本专科学生（含第二学士学位、高职学生、预科生）每人每年申请贷款额度由不超过8000元提高至不超过12000元；全日制研究生每人每年申请贷款额度由不超过12000元提高至不超过16000元。

4. 贷款利息

生源地信用助学贷款利率执行中国人民银行同期公布的同档次基准利率，不上浮。学生在校期间的利息由财政全部补贴，毕业后的利息由学生和家长（或其他法定监护人）共同负担。

5. 还款期限

生源地信用助学贷款利率执行中国人民银行同期公布的同档次基准利率，不上浮。毕业后，要求开始偿还助学贷款。生源地助学贷款是通过支付宝账户还款的。需要注意的是，生源地助学贷款每年正常还款日是12月20日之前，最后一年还款日为9月20日之前。如果逾期未还，记住尽早还款，每月20日支付宝都可以进行逾期还款的。

（六）退役士兵资助

退役军人安置工作至关重要，事关国家社会的长治久安。党中央、国务院、中央军委长期关心这项工作的贯彻落实。为适应新形势要求，对考入全日制普通高等学校的自主就业退役士兵实施教育资助政策，可以使更多士兵在退出现役后能够接受系统的高等教育，提高知识和技能水平，实现"二次专业化"，由军事专业人员转变为经济建设人员。这是提高退役士兵就业能力的有效手段，是国家人力资源开发的重要内容，对加强国防和军队建设，促进社会稳定，意义重大，影响深远。

从2011年秋季学期开始，对退役一年以上，考入全日制普通高等学校（包括全日制普通本科学校、全日制普通高等专科学校和全日制普通高等职业学校）的自主就业退役士兵，根据本人申请，由政府给予教育资助，具体内容如下：

1. 资助内容

一是学费资助；二是家庭经济困难退役士兵学生生活费资助；三是其他奖助学金资助。

2. 资助标准

学费资助标准，按省级人民政府制定的学费标准，原则上退役士兵学生应交多少学费中央财政就资助多少，最高不超过年人均6000元，高于6000元部分自行负担。生活费及其他奖助学金资助标准，按国家现行高校学生资助政策的有关规定执行。

3. 资助方式

学费由中央财政按标准和隶属关系补助退役士兵学生所在学校，生活费及其他奖助学金直接补给退役士兵学生本人。

4. 资助期限

全日制普通高等学历教育一个学制期。

五、高校内部的资助机制

高校内部的资助政策是指各个高校自行制定和实施的资助措施，根据各个学校的特点和资源情况，灵活制定和实施，以满足学生的不同需求。这些政策通过奖学金、助学金、临时困难补助与勤工助学等形式的资助，为学生提供经济援助和激励，帮助他们克服经济困难，专注于学业，推动个人发展和学业成功。同时，高校内部的资助政策也为学校提供了选拔和培养优秀人才的重要手段，促进了学校的整体教育质量提升和人才培养目标的实现。具体详细说明如下：

（一）奖学金

1. 资助对象

在校的本专科生、硕士研究生和博士研究生。

2. 资助标准

根据学生的学习成绩、学术表现、社会活动参与等综合素质进行评定。

3. 资助范围

奖学金资助可以涵盖学费、生活费、书籍费等方面的支出。

（二）助学金

1. 资助对象

经济困难的在校本专科生、硕士研究生和博士研究生。

2. 资助标准

助学金的资助标准通常是根据学生的家庭经济状况和学业成绩进行综合评定。

3. 资助范围

助学金资助可以包括学费减免、生活费补助、住宿费减免等方面的支持。

（三）临时困难补助

1. 资助对象

临时困难补助通常面向学生在遭遇突发经济困难时的临时资助需求。

2. 资助标准

资助标准通常是根据学生的具体情况和实际需要进行评估和决定。

3. 资助范围

临时困难补助通常用于支付学费、购买教材、解决生活费等方面的紧急需求。

（四）勤工助学

勤工助学是指学生在学校的组织下利用课余时间，通过自己的劳动取得合法报酬，用于改善学习和生活条件的社会实践活动，是学校学生资助工作的重要组成部分，也是提高学生综合素质和资助家庭经济困难学生的有效途径。

1. 活动管理

学生在学有余力的前提下,向学校提出勤工助学的申请,接受必要的勤工助学岗前培训和安全教育,再由学校统一安排到校内或校外的岗位上进行勤工助学活动。学校不得安排学生参加有毒、有害和危险的生产作业以及超过身体承受能力、有碍健康的劳动。任何单位和个人未经学校同意,不得聘用在校学生打工。

2. 时间安排

原则上每周不超过 8 小时,每月不超过 40 小时。

3. 资助形式

提供校内或校外的勤工助学机会,学生可以通过劳动参与学校或社会的工作,获得一定的报酬用于支付学费和生活费用,其劳动报酬由学校按小时计算。每小时酬金原则上不低于人民币 8 元。学生参加校外勤工助学的酬金标准不低于学校所在地政府或有关部门规定的最低工资标准,具体数额由用人单位、学校与学生协商确定,并写进聘用协议。

六、其他形式的学生资助

除了国家层面和高校内部的资助政策外,还存在其他形式的学生资助,这些形式的资助通常由社会组织、企业和个人提供,为经济困难的学生提供经济援助和支持。这些资助形式能够有效补充国家层面和高校内部资助政策的不足,为学生提供更多的经济支持和机会,促进教育公平和机会均等性的实现。同时,这种社会参与也反映了社会的关注和支持,凝聚了全社会的力量,共同推动学生资助事业的发展和进步。

(一) 民间助学基金

1. 资助对象

主要面向经济困难的学生,包括本专科生、硕士研究生和博士研究生等。

2. 资助范围

包括学费减免、生活费补助、奖学金、助学贷款等方面的支持。

3. 资助方式

资金通常通过捐款、捐赠和筹款活动获得,然后根据评定标准进行资助发放。

(二) 企业奖学金

1. 资助对象

面向具有优异学业成绩和潜力的学生。

2. 资助标准

根据学生的学习成绩、专业能力、社会实践等进行评定。

3. 资助方式

由企业直接提供,并通过评选程序进行资助发放。

(三) 社会捐助

1. 资助对象

面向经济困难的学生,无论是中小学生、大学生还是研究生。

2. 资助范围

包括学费减免、生活费补助、书籍费、住宿费等方面的支持。

3. 资助方式

资金来源多样，可以是个人捐款、组织捐助、慈善活动筹款等。

七、资助政策的变化与动态

我国的资助政策在过去几十年间经历了多次变化和调整，以适应教育发展和社会需求的变化。政策的变化旨在提高资助覆盖面、强化差异化和个性化、促进科技创新、提升资助管理效率等方面，以实现教育公平和优质教育的目标。未来，资助政策的变化还将继续与时俱进，以满足不断变化的学生需求和社会发展的要求。

1. 资助政策范围的扩大

随着我国高等教育的快速发展，资助政策的范围逐渐扩大。最初，资助政策主要关注贫困学生的资助，但现在已经逐步扩大到更多的学生群体，包括优秀学生、农村学生、留学生、特殊群体等。

2. 资助政策的差别化和个性化

为了更好地满足学生的需求，资助政策逐渐向差别化和个性化发展。政策开始考虑学生的学业成绩、专业方向、社会贡献等因素，为不同类型的学生提供不同形式的资助，以更好地激励和支持学生的发展。

3. 助学贷款政策的改革

我国的助学贷款政策经历了多次改革和调整。从最初的困难生源助学贷款到后来的全覆盖助学贷款，政策的调整旨在提高贫困学生的获得贷款的机会，并提供更灵活的还款方式和优惠政策，减轻学生的经济压力。

4. 科技创新类奖助政策的加强

为了推动科技创新和人才培养，我国加强了科技创新类奖助政策。通过设立科技创新奖学金、科技创新助学金等，鼓励学生在科研和创新领域取得突出成就，并提供相应的经济支持和奖励。

5. 资助政策的数字化和智能化

随着信息技术的发展，我国的资助政策开始向数字化和智能化方向发展。学生可以通过在线申请、电子资料提交等方式便捷地申请资助，政府和高校也通过信息化系统实现对资助政策的管理和监督，提高效率和公正性

6. 高校内部资助政策的创新

为了更好地支持学生的发展，高校内部资助政策不断创新和完善。高校设立了各类特色奖学金、助学金、创业资助等，鼓励学生在学术、艺术、体育、创新创业等方面取得优异成绩，并提供相应的经济支持。

八、资助政策的申请

作为新进校的大学生，申请学生资助是一项重要的工作，可以帮助学生解决经济困难，提供学费和生活费的支持。

(一) 申请准备工作

1. 了解资助政策

详细了解国家层面和高校内部的资助政策，包括奖学金、助学金、助学贷款等，以及申请资格、申请条件和申请截止日期等信息。

2. 收集申请资料

根据资助政策的要求，准备好相应的申请材料，如身份证明、家庭收入证明、学业成绩单、个人陈述、推荐信等。确保申请材料的准确性和完整性。

3. 了解申请流程

查询学校的资助办公室或网站，了解资助申请的具体流程和时间安排。遵循规定的申请方式和截止日期进行申请。

(二) 申请流程

1. 填写申请表

根据学校提供的申请表格，如学生奖助申请表、助学贷款申请表等，准确填写个人信息和相关问题。

2. 提交申请材料

将准备好的申请材料按照要求递交给学校的资助办公室或指定的部门。可以通过在线申请系统或提交纸质材料的方式进行。

3. 资助评审和决定

学校的资助办公室会对申请材料进行评审，并根据评审结果进行资助决定。评审标准包括学业成绩、经济状况、综合素质等。

4. 通知和领取资助

如果申请成功，学校会通知你获得的资助类型和金额，并告知领取方式和时间。遵循学校的要求，按时领取资助款项。

(三) 申请注意事项

1. 了解申请时间

及时了解学校资助申请的时间安排，避免错过申请截止日期。

2. 准确填写信息

确保填写的个人信息和申请材料的准确性，如家庭收入证明、成绩单等。提供虚假信息可能导致申请被拒绝或资助被取消。

3. 保留复印件和文件

在提交申请材料前，务必保留一份复印件和相关文件的备份，以备日后参考和需要。

请注意，以上内容是一般性的指导，具体的申请流程和要求可能因不同的学校和资助政策而有所不同。因此，建议在申请之前详细阅读学校和资助机构提供的具体指南和要求，以确保申请顺利进行。

九、常见问题的解答

当涉及学生资助政策时，学生可能会有一些常见的问题和疑虑。以下是一些常见问题的解答，帮助更好地理解学生资助政策。

1. 学生资助政策适用范围

问题：哪些学生可以申请学生资助？资助政策适用于哪些层次和类型的学生？

解答：学生资助政策适用范围广泛，包括本科生、硕士研究生、博士研究生等各个层次的学生。资助政策也针对不同类型的学生，如贫困生、优秀生、农村学生、留学生等，提供不同形式的经济援助和支持。

2. 申请流程中的疑虑

问题：如何申请学生资助？申请流程是怎样的？有哪些疑虑和注意事项？

解答：申请学生资助的具体流程和要求因学校和政策而异。一般情况下，需要填写申请表格，准备相关申请材料，并按时递交给学校的资助办公室或指定的部门。申请者应仔细阅读学校提供的指南和要求，并注意申请截止日期、填写信息的准确性、材料的完整性等。

3. 资助款项的使用要求

问题：获得学生资助后，资助款项可以用于哪些方面？是否有使用要求和限制？

解答：资助款项通常可以用于支付学费、生活费、书籍费、住宿费等与学习和生活相关的支出。然而，不同的资助政策可能有不同的使用要求和限制。有些资助可能要求按照规定用途使用，而其他资助可能给予学生更大的自由度。在获得资助后，学生应仔细阅读相关政策和合同，并遵守使用规定。

4. 资助续拨和变更

问题：在学习期间，如果家庭经济状况发生变化，可以申请资助的续拨或变更吗？

解答：在学习期间，如果家庭经济状况发生变化，一般可以向学校的资助办公室申请资助的续拨或变更。学校会要求学生提供相关证明材料，如家庭收入证明、就业变动证明等，以便重新评估学生的资助资格和金额。

这些常见问题的解答可以帮助学生更好地理解学生资助政策，并在申请和使用资助时避免困惑和疑虑。然而，由于学校和政策的差异，在实际操作中仍应仔细阅读学校提供的具体指南和政策文件，以确保正确理解和遵守资助要求。

第二节 感恩与诚信

一、感恩

（一）感恩的定义

感恩，是一种对他人给予帮助、支持或关爱的心存感激的情感和态度，是一颗温暖的种子，播种在我们内心深处，绽放出无尽的美好。感恩是一种赋予生命光彩的情感，是我们对于那些给予支持和帮助的人心存感激之情。

在大学生涯中，经济资助是我们追求梦想的翅膀，而感恩教育则是让我们心存感激，珍惜每一份支持与关爱的力量。感恩教育不仅是一种美德，更是一种生活态度，将引领我们在求学之路上不断超越，回馈社会，成就自我。

回首往昔，我们或许感叹曾经的坎坷与挣扎，然而，在我们漫漫求学路上，有着那些无私的关怀与悉心的呵护，有家人的默默付出，有老师的悉心教导，有朋友的陪伴，更有社会的资助与支持。这些无私的奉献，温暖了我们成长的岁月，激励着我们在知识的海洋里砥砺前行。

（二）感恩的意义

1. 感恩是中华民族的优秀传统美德

感恩是中华传统文化中重要的价值观之一。中国自古以来就强调感恩戴德、尊师重道、回报社会，通过感恩教育，可以传承和弘扬这些优秀的传统美德，让学生在学习中融入传统文化，培养优秀的民族精神。

2. 培养谦逊和宽容的品德

感恩让大学生更加谦虚和宽容。他们会意识到自己的成绩和成功不是孤立而来，而是他人支持和帮助的结果。这样的认知有助于减少傲慢和自负，增进与他人的和谐相处。

> **典故　　　　　　　　　韩信与大娘**
>
> 韩信是"汉初三杰"之一，一生未尝败绩，为刘邦夺取天下，统一中国立下不世之功，被后世尊为"兵仙"。也留下了诸如"推陈出新""背水一战""多多益善""置之死地而后生"等流传千古的成语典故。
>
> 但是他的人生早期阶段却非常的坎坷。他出身贫穷，父母双亡且品行不佳，既无法被挑选中成为官吏，也不能靠经商维生，经常去别人家里蹭吃蹭喝，同乡人都很讨厌他。后来，韩信与南昌亭的亭长有了一点交情，于是经常到人家家里去吃闲饭，时间一长，亭长的妻子非常不满，便有一次提前把饭煮好了吃完，等吃饭时间到，韩信过去发现没有准备他的饭菜，便明白了其中的用意。
>
> 后来，韩信在城边钓鱼，一位老大娘得知韩信没有饭吃，便将自己的饭菜交给韩信去吃，一连许多天都是如此，这让韩信非常感动。他对那位大娘说："我以后一定会报答您老人家。"谁知老大娘非但没有高兴，反而生气地说："我是可怜你才给你饭吃，难道是希望你报答吗？"这让韩信非常惭愧，从这时，他决定要做出一番事业。秦末起义风起云涌，韩信首先加入了项羽的麾下，并多次向项羽献言献策，但项羽并未采纳，后转投刘邦，受萧何赏识并引荐之后，正式开始了自己波澜壮阔、战无不胜的戎马生涯。功成名就之后，韩信被封为楚王，这时候的他早已今非昔比，再也不是当初那个被人看不起的穷小子。想起曾经受过大娘的恩泽，便命人送酒菜给她吃，更送了一千两黄金送给她。
>
> 受人恩惠，切莫忘记。韩信知道大娘的饭菜和一席话对自己有多么重要，这一饭一言，值千金！

3. 能够构建更加和谐的师生关系

教师是学生学习生活中的重要导师，学生是教师的重要责任对象。感恩教育有助于增进师生关系，让学生更加理解和珍视老师的教诲和关心，老师也会更加关注学生的成长和发展，形成更加积极、融洽的师生关系。

典故　　　　　　　　孔子与颜回

颜回出身贫寒，家境并不富裕，但他立志要通过学习改变自己的命运。他听说了孔子的名声，便决定前往拜师求学。在拜见孔子之后，颜回诚恳地请求能够成为孔子的学生，希望能够得到他的教导。孔子看到颜回的诚意，对他的才华和品德也非常赞赏。他了解到颜回家境贫困，不能买书，于是主动将自己的书籍借给他，让他能够学习。颜回在孔子的教导下取得了非凡的成就，成为孔子的得意门生之一。他在学问和品德上都有了很大的进步，孔子对他的成长感到非常欣慰和满意。

后来，颜回成为了一位杰出的学者和思想家。在他晚年的时候，他主动返回家乡，帮助父老乡亲改善生活。他用自己学到的知识帮助百姓致富，提高了他们的生活水平，得到了家乡人民的尊敬和爱戴。颜回对孔子的恩情铭记在心，他在学术成就和社会贡献中都表现出了对孔子的感恩之心。

他通过实际行动，用自己的学识和能力回报了师恩，成为了孔子教育的成功典范之一，也被誉为"孔门七十二贤"之首。

4. 能够帮助学生塑造健康的心态，培养回报社会的意识

在高校学习和生活中，学生可能会面临各种挑战和压力，懂得感恩能让他们更加乐观、坚韧地面对困难，不怨天尤人，不自怨自艾，减少负面情绪的发生。同时感恩激励大学生回馈社会。当他们深刻理解他人对自己的帮助时，更愿意将爱心传递下去，为他人提供帮助和支持。这样的意识能够推动社会的进步与发展。

案例　　　　　　带着妈妈上大学的女孩——邹晴

2022年9月2日，是南华大学新生报到的日子，邹晴用轮椅推着行动不便的妈妈，开始了她的本科生活。

2001年，邹晴出生于湖南省衡阳市衡阳县曲兰镇船山村的一个贫困家庭，母亲患有先天性脑偏瘫，无法行走，只能靠轮椅行动。赚钱养家的重担落在了邹晴父亲一个人身上，而父亲在她十岁那年查出肝癌晚期，不久之后就离世了。从此母女二人相依为命。此后的八年，邹晴每天早上起床帮母亲穿好衣服、洗漱、做好早餐；放学后，回家煮饭，为妈妈洗脚、擦身，家务完成之后再去学习。在她的照顾下，母亲没吃过一顿冷饭，没生过一次褥疮。邹晴回忆道："我时常会想起父亲在的那些日子，一家人围在餐桌上有说有笑的画面，现在的我已经变得成熟稳重了，一个人也能把母亲照顾得很好。"十岁的邹晴就承担了这么大的责任，即使眼前的路非常困难，也坚持用积极向上的心态去面对生活中的艰难险阻。

虽然身处逆境，但是邹晴依旧没有放弃生活的希望，"唯有读书才能改变自己的命运。"尽管家境困难，邹晴对待学习从未懈怠。2016年，她以优异的中考成绩被当地最好的高中录取。但由于家庭的状况，考虑到想尽早工作，她放弃了这次读高中的机会，进入衡阳市核工业卫生学校学习。学校离家远，为方便照顾母亲，邹晴把母亲接到了身边，在学校旁边租了间屋子，一边上学，一边照顾母亲的饮食起居。

她说:"我希望在未来能成为一名优秀的医护人员,能够把自己所学到的护理知识用到妈妈等需要帮助的人身上,帮助她们康复。"

2019年,邹晴顺利拿到了护士执业证书,进入家乡的卫生院工作了一段时间。在工作中,邹晴凭借自身认真细致与耐心,得到了同事与患者的一致认可。她在工作中发现,要想解决在工作中不懂的医学问题,就需要学习更多知识,还是要继续深造,常常有一种书到用时方恨少的落寞与焦虑萦绕在心头。邹晴说:"看着昔日的同学陆陆续续收到录取通知书,心里羡慕不已。自己已经错过了对口升学考试和第一次单招考试,大学梦已成戛然而止了。"

幸运总是会眷顾努力的人,一次偶然,当她得知湖南环境生物职业技术学院第二次单独招生考试的消息后,自己内心深处的大学梦似乎又被重新点燃,决定为了梦想再试一次。功夫不负有心人,"录取了!"兴奋不已的她收拾好行李,毅然辞掉了卫生院的工作,再一次带着母亲去上学。

带着妈妈求学的过程并非一帆风顺,邹晴在学校附近租了一间屋子,安顿好母亲,但经济的拮据依然困扰着她,也不得不为生活费而发愁。细心的辅导员发现她的特殊情况后反映给学校,立刻引起了学校党委的高度重视。第一时间给她们在学校安排了一套一楼的宿舍,并且免除了房租和水电费,同时也准备了日常生活用品。同时,学校为邹晴提供了20000元的助学金与9000元的爱心捐款,能够让她更加安心学习和照顾母亲。放寒假的时候,由于邹晴带着母亲回老家很不方便,学校特地安排了爱心专车送她们回家,还帮助母女俩解决了搬家困难。参加实习之后,学校领导与老师也经常通过电话、微信关心邹晴和母亲的近况,还与邹晴的实习医院联系,拜托医院也能给予她一定的帮助。

面对一波又一波前来看望、帮扶的同学和老师,邹晴感动不已:"我一定会好好努力,学更多的知识,报答大家对我的帮助!"

如今,邹晴凭借优异的成绩成功考取了南华大学船山学院本科护理专业。南华大学了解邹晴的情况后,为她免费提供了一套两室一厅的宿舍,邹晴也再一次带着母亲踏上了新的人生旅途。她怀揣着对未来的憧憬,也怀揣着一颗感恩之心,以成为一个优秀的医护人员为目标,一边照顾母亲,一边深造。

邹晴崇德感恩守信的感人事迹先后被中央电视台、新华网、人民网、湖南日报、湖南卫视、湖南教育电视台、湖南都市频道等数十家媒体争相报道,感动了无数人也激励了无数人。先后获得湖南向上向善好青年、中国大学生自强之星、湖南省道德模范、第八届全国道德模范提名奖等荣誉称号。

总的来说,感恩是一种重要的人生素养,对大学生的全面发展和社会责任感具有积极的影响。大学生应当学会从内心感恩,懂得珍惜所获得的经济资助,认识到这些资助并非理所当然,而是来自于他人的关心和支持。懂得感恩,会使大学生更加谦虚、知足和懂得珍惜。

(三)感恩的方法

感恩是一种美德,也是一种责任和义务。通过在大学生活中积极践行感恩,大学生不仅能够珍惜所得到的资助,更能树立正确的价值观,培养社会责任感,成为有爱心、有担当的社会一员。同时,感恩教育也有助于营造积极向上的校园文化和社会环境。

1. 培养感恩意识

首先要培养感恩的意识，认识到所得到的经济资助是他人的支持和关爱，是社会的一种帮助。明白这些资助为自己提供了学习的机会和条件，自己的成功并非自己一个人的功劳。

2. 及时感谢

向资助者表示诚挚的感谢，可以是书面的感谢信，也可以是当面口头表达。让资助者知道他们的帮助对自己多么重要，让他们感受到自己的善举有意义。可以鼓励学生制定一个感恩计划，写下自己的感激之情，列出具体的回报社会计划，并设定目标和时间表。这样的计划可以帮助学生更好地落实感恩教育的理念，让感恩之心贯穿他们的大学生活和未来的成长道路。

3. 知恩图报

要用实际行动回报社会和资助者。可以通过努力学习，取得优异成绩，让自己成为优秀的学生，不辜负资助者的期望和信任。

4. 节约使用

明白所得到的经济资助不易，要珍惜每一分钱。学会理性消费，避免浪费，合理规划生活，为自己创造更多学习和发展的机会。

5. 回馈社会

除了回报资助者，也要积极回馈社会。参与志愿者活动、慈善事业、帮助其他有需要的学生等，用自己的力量去帮助更多需要帮助的人，传递感恩之心。

6. 传承感恩

把感恩的精神传承给他人，帮助身边的朋友认识到资助的重要性，引导他们对生活中的帮助心怀感激，共同维护社会的温暖与关爱。

7. 助人为乐

尽量帮助身边的人，无论是学业上的困难还是生活上的需要，都可以尽力给予帮助。这样的行为不仅是感恩的体现，也有助于营造和谐友善的人际关系。

在接下来的日子里，让我们怀着感恩的心，珍惜所拥有的一切。让我们铭记那些默默奉献的人，将感恩的情怀化作奋发向前的动力。让我们将感恩教育内化为我们的生活信条，用感恩的姿态与行为去影响他人，回报社会。

愿感恩教育成为我们的底色，让我们在求学路上始终怀揣感激之心，用感恩的目光去触摸世界的美好。愿感恩之情，在我们的成长中生生不息，激励我们在知识的殿堂里翱翔，绽放属于自己的芬芳。让我们共同守护感恩的种子，用感恩的态度去拥抱未来的每一天。

二、诚信

（一）诚信的定义

在大学生涯中，经济资助是许多学子追求知识梦想的桥梁和支持。与此同时，诚信教育也成为我们建设良好大学文化和塑造优秀人才的重要一环。诚信，作为一种宝贵的品质，将引领着我们迈向未来的舞台。它不仅是个人的修养，更是塑造社会信任与和谐的关键。

在这个快节奏、竞争激烈的社会中,我们常常会面临种种诱惑和压力,甚至动摇在诚信之路上前行的信念。学业压力、生活困扰,或是名利之诱,这些都可能成为我们抵触诚信的风暴。然而,正是在这些风暴中,我们更需要筑牢诚信之基,用心智和品德铸就坚不可摧的堡垒。

诚信在经济资助中显得尤为重要。它是我们与他人建立信任的桥梁,是获取经济支持的底气,更是我们自身成长的立身之本。诚实守信不仅是一种行为准则,更是一种处世态度。通过诚信教育,我们将自觉遵守公平竞争的规则,坚守学术诚信,拒绝欺骗与作弊,塑造一个真诚、坦荡的自我形象。

诚信是一种重要的品质和价值观,是一个人在言行和行为中表现出的诚实、正直和守信的态度。它是人类社会发展和个人成长不可或缺的基石,贯穿于各个领域和关系中。主要包括以下核心要素:

1. 诚实

诚实是诚信的基础,意味着说真话,不撒谎,不隐瞒真相。一个诚实的人在面对任何情况时都坦诚相待,不掩饰自己的错误和缺点,勇于承认并改正。

2. 守信

守信是对自己承诺和他人信任的尊重。一个守信的人会履行自己的承诺,言行一致,不轻易食言或背弃诺言。他们在交往中建立信任,让他人愿意依赖和信赖。

3. 负责

负责是对自己行为后果的承担和对他人权益的尊重。一个负责的人会对自己的决定和行为负责,不推卸责任或逃避后果。他们也会尊重他人的权益,避免对他人造成损害。

4. 公平

公平是诚信的表现之一,意味着公正、无私地对待他人,不偏袒或歧视任何人。一个诚信的人会尊重他人的权益和感受,不因个人利益而不公平对待他人。

5. 坦诚

坦诚是表现诚信的一种态度,意味着直率、真诚地表达自己的意见和感受。一个坦诚的人不隐瞒真实想法,敢于面对问题,愿意与他人沟通交流。

6. 敬业

在职业领域,诚信表现为敬业精神,对工作和职责认真负责,不图虚名或怠慢职业职责。一个诚信的职业人员会以诚实守信的态度去服务和回报社会。

(二)经济资助中的诚信

在高校经济资助中,诚信的重要性无法被低估。诚信是一种价值观和道德原则,涵盖了诚实、守信、恪守承诺等方面。在接受经济资助的过程中,学生的诚信行为对于个人、家庭、学校以及整个社会都具有深远影响。

首先,诚信是信任的基础。高校提供经济资助的机会,是建立在学生具备一定的道德操守和诚信意识的基础之上。如果学生在经济资助过程中出现不诚信的行为,如拖欠还款、虚报资助需求等,将破坏学校与学生之间的信任关系,可能导致学校对于其他真正需要资助的学生更加审慎,降低资助制度的效率和公平性。

其次，诚信影响个人声誉。学生在大学时期的行为不仅影响自己的学习和成长，也会在未来职业生涯中产生影响。拥有良好的诚信记录有助于建立良好的个人声誉，这将对求职、升职以及与同事、雇主之间的关系产生积极影响。

此外，诚信对于社会的稳定和繁荣也至关重要。一个社会中的诚信环境会吸引更多的人参与积极正面的活动，促进经济和文化的繁荣。相反，如果个体和机构普遍缺乏诚信，将可能导致信息不对称、合作难以建立，社会信任受到侵蚀，最终影响社会的发展和稳定。

在高校经济资助中，诚信还体现在正确报告个人的资助需求和家庭经济状况。这有助于学校准确评估学生的资助资格，将有限的资源分配给真正需要的人，确保经济资助的公平性和效率。在经济资助中，诚信对于建立信任至关重要。无论是学校、政府、组织还是个人提供经济资助，他们都需要确保这些资助用于真正需要帮助的人，并确保受助者按照规定使用资金。

1. 申请过程中的诚信

在经济资助的申请过程中，申请者需要诚实地提供个人资料和经济状况。虚报或夸大情况可能导致资助不公平，而诚实的申请者会赢得资助方的信任。

2. 使用资金中的诚信

获得经济资助后，受助者需要诚信地按照规定使用资金。滥用或挪用资金会导致信任的破裂，不仅影响个人，也可能影响其他有需要的人的获得资助的机会。

3. 失去信任可能带来的后果

失去信任会导致一系列严重的后果，不仅影响受助者个人，也可能对整个社会产生负面影响。

（1）资助中断　失去信任的受助者可能会面临经济资助的中断，导致他们在学业或生活中遇到困境，无法继续获得支持。

（2）影响声誉　失去信任会影响个人的声誉和社会形象。一旦信任被破坏，重新赢得信任将变得更加困难。

（3）社会影响恶劣　如果经济资助的信任频繁被滥用，可能导致资助机构的信心受损，减少对真正有需要的人的帮助。

所以，诚信在高校经济资助中具有重要意义。同学们应该明白，诚信不仅关乎个人的道德准则，更关系到自身发展、社会秩序以及人际关系。通过诚实、守信的行为，学生不仅能够受益于经济资助，还能为自己的未来和社会的进步贡献力量。

思考与讨论

1. 为什么经济资助对于我国高校学生如此重要？列举一些学生可能面临的经济困难情况，并分析资助对这些学生的影响。

2. 在经济资助的领域，政府、学校和社会各方面的角色和责任是怎样分配的？你认为在这个分配中还存在哪些可以改进的地方？

3. 什么样的学生有资格获得经济资助？在选择资助对象时，通常会考虑哪些标准和因素？

4. 在接受经济资助时，应该具备怎样的责任和义务？如何保障遵守感恩诚信的原则？

5. 在现代社会，人们对感恩的态度是否有所变化？科技和社交媒体的发展是否影响了人们对感恩的体验和表达方式？

6. 感恩和诚信是否只适用于个人层面？它们在社会和职业发展中有何重要性？

7. 你认为社会对感恩和诚信的认知和重视程度是否足够？如果不够，我们应该如何提高社会整体的感恩和诚信水平？

参 考 文 献

一、著作

[1] 毛泽东选集（第二卷）[M]．北京：人民出版社，1967．
[2] 中共中央文献编辑委员会．邓小平文选（第3卷）[M]．北京：人民出版社，1993．
[3] 习近平．谈治国理政[M]．北京：外文出版社，2014．
[4] 人民日报评论部．习近平讲故事[M]．北京：人民出版社，2017．
[5] 中央党校采访实录编辑室．习近平的七年知青岁月[M]．北京：中共中央党校出版社，2017．
[6] 教育部思想政治工作司组编．加强和改进大学生思想政治教育重要文献选编（1978—2014）[C]．北京：知识产权出版社，2015．
[7] 冯刚主编．改革开放以来高校思想政治教育发展史[M]．北京：人民出版社，2018．
[8] 李文霞，任占国，赵传兵．大学生心理健康教育[M]．北京：北京师范大学出版社，2013
[9] 聂振伟．大学生心理健康——成长从"心"开始[M]．北京：中国人民大学出版社，2014
[10] 樊富珉，费俊峰．学生心理健康十六讲[M]．北京：高等教育出版社，2017
[11] 鲁忠义，安莉娟．大学生心理健康教育[M]．北京：教育科学出版社，2015
[12] （美）Dennis Coon．心理学导论：思想与行为的认识之路[M]．郑钢，等译．北京：中国轻工业出版社，2004
[13] 赵立香．高校学生社团建设与管理[M]．兰州：甘肃人民出版社，2007
[14] 谭维智、赵瑞情．学生社团生活，一种学生的新视野[M]．济南：山东教育出版社，2013
[15] 刘德宇著．高校校园文化发展论[M]．青岛：中国海洋大学出版社，2004
[16] 郑晓燕．大学生科技创新教育[M]．成都：西南财经大学出版社，2012
[17] 教育部科技委．中国未来与高校创新[M]．北京：中国人民大学出版社，2011
[18] 丁元竹，江汛青．志愿活动研究：类型、评价与管理[M]．天津：天津人民出版社，2001
[19] 张网成．中国公民志愿行为研究：2011现状、特点、政策启示[M]．北京：知识产权出版社，2011

二、学术论文

[20] 马欣悦．高职学生学习者特征及教学策略研究[D]．上海：华东师范大学，2021
[21] 周锦年．论当代中国高等职业教育发展的新趋势[J]．高职论坛，2021（19）：193-196
[22] 徐问．论当代中国高等职业教育发展的新趋势[J]．中国职业技术教育，2019（3）：98-99
[23] 孙卓名，毛欣娟．对"非法宗教"的界定标准研究——依据《宗教事务条例》的相关规定[J]．科学与无神论．2020，（05）：31-34
[24] 刘锋．当代青年大学生婚恋心理问题探讨[J]．科技风，2020（09）：244
[25] 高建梅．大学生恋爱问题解决路径探索[J]．现代职业教育，2023（19）：145-148
[26] 王继新，王菲．大学生恋爱冲突的影响因素及其教育对策[J]．山西高等学校社会科学学报，2022，34（08）：71-75＋81
[27] 杨柳．大学生归因方式与恋爱满意度的关系：感恩的中介作用及其干预[D]．石家庄：河北师范大学，2022
[28] 魏晓娟．当代大学生的恋爱问题及教育应对[J]．山东青年政治学院学报，2021，37（06）：35-41

三、政策文件

[29] 国务院关于印发国家职业教育改革实施方案的通知[Z]．2019年2月13日
[30] 全国学生资助管理中心．高等学校学生资助政策简介（本专科学生）[Z]．2016年6月8日
[31] 教育部，财政部．本专科生国家奖学金评审办法（教财〔2019〕105号）[Z]．2019年9月20日
[32] 财政部，教育部．普通本科高校、高等职业学校国家助学金管理暂行办法（教财函〔2007〕92号）[Z]．2007年6月27日
[33] 教育部，财政部．普通本科高校、高等职业学校国家励志奖学金管理暂行办法（财教〔2007〕91号）[Z]．

2007年6月27日

[34] 中国人民银行，教育部，财政部.关于国家助学贷款的管理规定（试行）[Z].1999年5月13日

[35] 财政部，教育部，民政部，总参谋部，总政治部.关于实施退役士兵教育资助政策的意见（财教〔2011〕538号）[Z].2011年10月25日

[36] 教育部、财政部.高等学校勤工助学管理办法（2018年修订）（教财〔2018〕12号）[Z].2018年8月24日